主　编◎李丽
副主编◎潘彩云
编　委◎宋少敏　李彤　王忠　叶斌　刘世雄　马卫红

基于应用型人才培养的
高校教学改革探索与实践
——深圳大学管理学院研究论文集（5）

JIYU YINGYONGXING RENCAI PEIYANG DE
GAOXIAO JIAOXUE GAIGE TANSUO YU SHIJIAN

暨南大學出版社
JINAN UNIVERSITY PRESS
中国·广州

图书在版编目（CIP）数据

基于应用型人才培养的高校教学改革探索与实践：深圳大学管理学院研究论文集（5）/李丽主编．—广州：暨南大学出版社，2013.12
ISBN 978-7-5668-0890-5

Ⅰ.①基…　Ⅱ.①李…　Ⅲ.①高等学校—人才培养—研究—中国　Ⅳ.①G649.2

中国版本图书馆 CIP 数据核字（2013）第 300129 号

出版发行：暨南大学出版社

地　址：中国广州暨南大学
电　话：总编室（8620）85221601
营销部（8620）85225284　85228291　85228292（邮购）
传　真：（8620）85221583（办公室）　85223774（营销部）
邮　编：510630
网　址：http：//www.jnupress.com　http：//press.jnu.edu.cn

排　版：广州市天河星辰文化发展部照排中心
印　刷：佛山市浩文彩色印刷有限公司

开　本：787mm×1092mm　1/16
印　张：17.5
字　数：394 千
版　次：2013 年 12 月第 1 版
印　次：2013 年 12 月第 1 次

定　价：38.00 元

绪　言

培养应用型人才是地方高等教育的重要职责，也是地方高校服务社会的理性选择。

深圳大学与深圳社会经济发展共成长，管理学院教学改革与企业（各组织）人才需求共依存。因此，如何培养应用型人才，已成为广大教师教书育人的重要议题之一。

近年来，管理学院不断调整人才培养方案，在培养目标、人才培养模式、专业设置、课程体系设计、管理机制等方面实施了一系列改革。在学校及学院的培养目标指导下，构建相适应的知识、能力、素质结构相呼应的教学模式，旨在探索解决培养什么样的人、怎样培养的问题。

学院将六个本科专业、研究生、专业硕士分别定位，彰显特色。学院通过积极建设、拓展教学资源，建立完善实践教学体系，持续搭建校内外实践平台，整合优化资源，开设实践实训课程，开展特色办学项目等措施，积极推动应用型人才培养方案落实。目前已在特色办学、实践教学、协同管理等方面取得了可喜进展。

本文集经过两年的积淀整理，其研究有的来源于省市教学研究立项课题，有的来源于教学改革之心得体会，有的是应用型人才培养命题探究，还有的是学生实践感悟。

管理学院教师素有学习、探索之传统，今将部分研究集结成册，愿以此开篇论道，交流共勉。

2013 年 9 月

目 录

第三编　学生园地

第一编

课程建设与实践教学

“企业战略管理”课程基于应用型人才培养的教学实践

崔世娟[1]　谢文洁[2]
（1. 管理学院工商管理系；2. 管理学院管理科学系）

【摘　要】应用型人才培养是高等院校人才培养的重要任务之一，“企业战略管理”是一门融合管理科学与领导艺术、既有理论范式又强调灵活应用的综合性、实务型课程。针对缺乏战略实践的本科生，“企业战略管理”课程如何培养应用型人才是每个战略管理授课教师都应该认真思考的问题。本文以深圳大学本科“企业战略管理”课程模拟教学法为例，探索了新形势下高等院校应用型人才培养的模式和路径，旨在为高校培养应用型人才的教学实践和课程改革提供参考及借鉴。

【关键词】战略管理　应用型人才　模拟教学法

一、本科“企业战略管理”课程授课特点

“企业战略管理”课程是一门将经济学、人力资源管理、公司理财学及市场营销等学科知识综合运用，以解决企业发展的总体规划与战略政策等全局性、长远性问题，帮助高层管理者制定正确决策，以获取企业持续竞争优势的新兴学科。它是融合管理科学与领导艺术、既有理论范式又强调灵活应用的综合性、实务型课程。它具备各学科知识整合度大、理论和实践结合性强、概念及方法抽象性高等课程特点。

正由于“企业战略管理”课程具备以上性质及特点，因此在教学过程中，尤其是针对本科生的教学过程中不可避免地存在以下三方面难点：

（1）受众学生缺乏战略管理实践经验。“企业战略管理”课程是工商管理专业的一门“整合式”课程，涉及财务管理、人力资源管理、市场营销等工商管理学科。由于受众学生对战略管理缺乏实践和经验，不具备将之前学过的工商管理课程知识进行整合提升的能力，这就使得受众学生难以理解并掌握“企业战略管理”课程的理论、方法及工具，不能将其与商界实践密切联系起来并建立自身的战略意识，无法培养自身解决实际问题的能力、批判性思考的能力及企业战略管理能力。

（2）“企业战略管理”课程固有的性质。众所周知，企业战略管理工作就是对企业全局的、长远的发展方向、任务以及企业资源配置作出决策。它是一门集高层次性、全局性、长远性及动态性于一体的管理艺术。因此“企业战略管理”课程先天就存在知识综合性、理论及概念抽象性、框架系统性、商业实践性等固有特性，学生在学习过程中主观认为课程内容空洞、遥远、缺乏实际应用意义，从而对课程学习产生厌倦怠慢的消极心态。

（3）课程的教务安排紧张。“企业战略管理”课程是工商管理专业学生在大学四年级的最后一门必修课。通过54课时的学习，缺乏战略管理实践和经验的受众学生需把

知识综合性强、抽象概念多且注重商业实践的“企业战略管理”课程学习完毕是一个极大的挑战。

二、模拟教学法简介

美国密执安大学学习与教学研究室的罗伯特·B. 科兹马较早提出了模拟教学法的定义：模拟教学法通过表现现实及描述现实生活过程，为参与者设想的各种角色提供某个假设的情景，让参与者在各种各样的情景活动中去感受复杂的事物，习得解决问题和作出决定的各种技能，以及理解模拟教学模型所依据的各种理论概念，逐渐可以把学习内容迁移、结合并应用到现实生活中去。

将模拟教学法应用到“企业战略管理”课程教学的做法在国外获得了高校和师生的一致认可，并取得了良好的教学效果，而在国内还只是被一些有条件及具有先进教学理念的高校所采用。其具体操作是将班级同学分为若干个代表“企业”的学习小组，每个“企业”由一组学生负责经营管理，每个学生在“企业”中分别担任研发、生产、营销、人力资源及财务总监等模拟角色并各司其职，对“企业”经营进行环境分析、战略规划，将战略规划输入以计算机为基础的模拟软件中实施，使得若干“企业”在高度模拟真实市场的竞争环境中参与竞争。

模拟教学法相较其他教学法，在提高“企业战略管理”课程的教学质量、实现课程目的方面具有无法比拟的优势。

（1）“企业战略管理”课程是一门具有高度实践性的课程。学校在真实的环境中无法为学生提供企业资源让其自主进行经营管理。模拟教学法则可以通过计算机软件为学生提供企业资源，将课堂上文字性的一次性静态决策转化为近似真实的竞争环境中的多次动态决策，让学生在逼真的市场环境中参与竞争。模拟教学法可以让学生亲身参与企业战略管理工作，将课堂理论、方法及工具与现实商界实践密切联系，有效建立学生的战略意识，快速提高学生的团队协作能力、独立获取知识和信息的能力、实际分析能力和应变决策能力，同时对于学生的心理承受能力和挫折容忍能力都大有裨益。

（2）从更加深层次角度讲，在“企业战略管理”课程教学中采用模拟教学法对于人力资源管理、财务管理、市场营销等极具管理艺术的一大类工商管理课程的教学是一种崭新的探索和勇敢的尝试，具有高度的现实示范作用。

三、本科“企业战略管理”课程模拟教学法的应用

为了发挥模拟教学的优势，2006 年，深圳大学本科“企业战略管理”课程教师团队在学院的支持下，决定采用“经营之道——企业运营电子对抗系统”（金蝶公司产品），将电子模拟实训这种体验式教学方式引入“企业战略管理”课程中。这种教学方式充分地运用现代管理教学实验中心的软硬件环境，将复杂、抽象的战略管理理论用模拟企业之间竞争的形式展现出来。学生可以担任一个企业的财务、营销、运作等管理人员角色，亲身体验在激烈竞争环境中企业战略决策的过程、种类、层次及战略决

3. 课程建设方面

深圳大学本科“企业战略管理”课程于2006年引入“经营之道——企业运营电子对抗系统”（金蝶公司产品）实施模拟教学法，至今，模拟环节已经成为战略管理课程的必要内容，也形成了该课程的重要特色及优势。课程教师团队凭借认真的教学态度、专业的教学水平及该课程突出的教学特色，先后成功申报并建设了深圳大学精品课程、广东省高校省级精品课程，最近还升级为广东省省级精品资源共享课程。

“企业战略管理”课程通过引入模拟实训，持续提升了学生综合应用及解决问题的能力，受到学生广泛好评；同时在课程建设方面也取得了长足的进展，形成了自己的特色和品牌，影响力不断扩大。这些丰硕成果正是对本科“企业战略管理”课程中采用模拟教学法这一崭新探索和大胆尝试的肯定，同时也是对本科“企业战略管理”课程教师及学生所付出的智慧和汗水的最好回馈。

参考文献

[1] http://jingpin. szu. edu. cn/strategy/strategy2009/index. asp.

[2] Greiner L. E. , Bbanbri A. et al. Searching for a Strategy to Teach Strategy. *Academy of Management Learning & Education*, 2003 (4): 402.

[3] [美] 罗伯特·B. 科兹马，劳伦斯·W. 贝尔，乔治·W. 威廉斯. 大学教学法. 蔡振生译. 北京：高等教育出版社，1987.

[4] 陈雪梅，姚茜. 对《企业战略管理》课程中加强实践教学方法的思考. 兰州教育学院学报，2010，26 (2).

“市场调研”创业课程建设：实践与反思

贺和平
（管理学院市场营销系）

【摘　要】“市场调研”课程的教学效果令人不安。利用创业课程建设项目，对“市场调研”课程的教学内容、教学方式及考核方法进行了调整。课程改革实践表明，课程建设取得了一定成效，但长期效果仍有待观察。

【关键词】市场调研　创业课程建设　反思

“市场调研”是市场营销专业重要的基础性专业必修课程。市场营销系在讨论培养目标和专业竞争力时，也强调市场调研能力是市场营销专业学生的核心能力之一。然而，尽管任课教师早就引入了项目小组调研等做法，以推动学生进行市场调研实践，但“市场调研”课程的教学效果评价一直不能让人满意。尤其应引起注意的是，在指导毕业论文的过程中，任课教师普遍发现，部分学生缺乏基本的市场研究素养。在这一背景下，“市场调研”课程的教学改革，尤其具有必要性和紧迫性。

在业界，市场调研是满足管理人员对市场认知要求的常见工具，也是推动营销计划执行的重要手段。在人才培养方面，市场调研是创业教育技能培养的基础性内容。“解码创业路径，市场调研先行”，凸显出市场调研对创业成功的重要影响。利用学校创业课程建设的机会，任课教师申请将该门课程纳入创业课程体系，进行课程改革。

一、课程建设情况

2012 年 9 月，“市场调研”课程经教务部审核和校级专家评审，且选课人数达到开课要求，最后被确定为深圳大学 2012 年创业教育研究课程建设项目（一般项目）。获得正式立项后，项目申请人根据教育部《普通本科学校创业教育教学基本要求（试行）》精神，参考其他院校“市场调研”课程的改革实践，认真设计课程内容模块，组织课堂教学活动。在课程建设中，全程强化市场调研意识，遵循的基本原则是：以培养市场调研意识为核心，以讲授创业中所需的市场调研知识为基础，以锻炼市场调研能力为关键。具体如下：

1. 改革教学内容

在系统思考创业过程中常见的市场调研需求的基础之上，课程建设负责人将“市场调研”教学内容分为六个模块。模块一：市场调研概述（3 周），主要讲解市场调研的概念与发展、市场调研过程、研究设计等，为学生提供市场调研方面的基础知识。模块二：行业发展研究（2 周），“不是所有行业赚的钱都一样多的”，当选择一个行业时，一定要作相应的市场分析，此模块的内容为创业时的行业选择判断提供依据。模块三：新产品概念测试研究（3 周），这是创业者将个人创意变成消费者可接受的创意的关键。模块四：消费者满意度研究（5 周），这为创业者了解产品上市后消费者感知提供支持。模块五：销售预测（2 周），这为创业者了解产品销售前景提供工具。模块六：项目化实训演示（3 周），培养学生的沟通能力，为创业者吸引外界资金及人才加入提供支持。

要培养学生的市场调研能力，必须让学生理解基本的市场调研方法。课程建设者将调研方法融入讲授内容，如在行业发展研究模块，主要讲二手资料收集与整理方法；在新产品概念测试研究模块，主要讲解焦点小组访谈、深度访谈、投射法、观察法等定性研究方法；在满意度调查模块，主要讲解问卷调查方法和描述性统计方法；在销售预测模块，主要讲解回归分析方法；在实训演示环节，主要介绍演示及讲解技巧。

2. 改进教学方法

“市场调研”是一门兼具实践操作性及知识综合性的课程。要让学生掌握相关技能，“干中学”是最佳途径，即让学生亲自去用、去体会、去操作相关市场研究工具。因此，在教学形式上，本课程采取“基于项目的合作式学习”方式，利用“理论讲授＋项目研讨”组织形式，将调研实训融入日常教学过程中。“基于项目的合作式学习”在实践层面整合了“基于问题的学习”和“合作性学习”理论，通过引入调研项目，将学习置于一个具体、真实的问题情景中，运用理论讲授、案例教学和项目研讨穿插进行的教学组织方式，以项目带动团队合作、自主学习。

在整个课程教学中，项目建设者要求学生建立正式的 3～4 人的项目小组，选择具体的研究项目，随着项目阶段性任务的展开，教师进行理论精讲，指导学生项目小组进行方案设计和项目实施。除了课堂教学，学生需要进行大量的自主学习，小组合作完成调研任务。由于调研项目中涉及的数据分析部分需要使用 SPSS 统计软件，本门课程后半段安排在实验室进行。老师讲解相关分析过程的 SPSS 程序操作，学生上机训练实践。为了鼓励学生积极参与项目小组活动，项目建设者从课程建设经费中安排绝大部分经费，用于支持项目小组的市场调研。相比学生实际的调研费用投入，经费可能远远不够，但这些经费给了学生一定的鼓励。

为保证学生重视实训环节，课程实施形成性评价机制，激励学生成为“有责任感的自主学习者”。课程强调过程考核，不进行期末试卷考核。通过制定明确的过程考核细则，使每项考核都与学生的能力目标紧密联系，对学生的课堂讨论、参与小组学习、项目报告完成情况、演讲报告情况进行全方位考核，通过考核机制鼓励学生成为“有责任感的自主学习者”。最终成绩的比例为：平时考核（纪律性、自我管理能力）占 10%；讨论课表现（自主学习能力、团队合作能力）占 30%；市场调研报告（分析问题能力、书面表达能力、其他综合性能力）占 50%；报告演示（口头表达能力）占 10%。

3. 选择教学参考书

课程教材为美国学者迈克·丹尼克和盖兹所著的《市场调研精要》（第 6 版）（电子工业出版社，2010 年 4 月）。该书是国外最流行的市场调研教科书之一，作者均为国际知名的市场调研专家，既有很高的理论水平，又有丰富的实际调研经验。作者以生动、精练的语言，多年实践经验，介绍了市场调研的管理思想、调研设计、数据资料的获取、市场调研的实际应用等内容。对课程内容进行设计，除了教材外，项目负责人主要参考以下三本教材：①郑宗成、陈进、张文双的《市场研究实务与方法》（广东经济出版社，2011）；②邱志胜的《行销研究——实务与理论应用》（台北，智胜文化事业有限公司，2008）；③郑长娟主编的《市场研究——理论与基于项目的实训》（经济科学出版社，2010 年 2 月）。第一本参考书的作者为国内知名市场调研公司资深实务人士，具有很丰富的实战经验；第二本参考书的作者为台湾学者，给项目参与者讲授相关内容以新的启发；第三本书的作者则对基于项目的实训课程的操作很有经验。

二、项目实施的效果

项目实施后，收到一定效果。通过课程建设的探索与实践，项目建设者形成了“思维形成全程化、教学内容模块化、研究方法嵌入化”的课程设计意识，初步构建了结构化的“市场调研”创业教育课程的教学内容体系、教学方法与组织形式。扎实完成了课程学习的学生，可以初步具备基于数据分析的决策思维，掌握最基本的市场调研技术。具体而言，能够运用市场营销相关专业知识，对创业过程和企业管理中的市场问题进行市场营销调研；在掌握市场营销调研数据的基本分析方法基础上，能够运用相关软件作数据分析，给出可靠和可信的结果，并能对结果加以解释；学生的独立观察和思考能力有所提升，能在团队合作的基础上对现实市场问题进行观察和分析，进而对问题进行研究，最后给出自己的判断。

学生对本课程的初步反映令人鼓舞。按照老师指导意见与成员兴趣，学生组成小组，分析市场营销现象，提炼市场调研问题，并探索可能的原因。尽管刚开始学生全程紧张的学习习惯尚未形成，需要老师多次督促才开始小组项目研究，但项目开始研究后，学生们便进入角色，开始探索研究之旅，虽然辛苦，但有收获，基本实现了“从以知识传授为主向以能力培养为主的转变、从以教师为主向以学生为主的转变、从以讲授灌输为主向以体验参与为主的转变”，调动了学生学习的积极性、主动性和创造性。学生对教师的教学态度、教学内容、教学方法和教学效果等测量指标均比较认可。任教两个班，学生网上测评成绩及排名较过去 3 学年本门课程的表现均有显著提升。

三、课程建设的反思

与以往相比，无论在任课教师感知还是学生评价上，《市场调研》课程改革的效果都是显著的。原因主要包括以下三点：

（1）基于问题意识的教学内容模块化设计，使学生学有所获。建构主义学习理论认为，只有当一个人已有的知识无法解决其所面临的问题时，真正的学习才会发生。过往的课程内容设计，按市场调研流程逐一讲解，令学生觉得比较枯燥。虽然教师在讲解方法时也谈到方法运用的情境，但学生始终觉得所学无法用到实处。重组设计后的教学内容，让学生了解企业在创业、发展的过程中可能面临的市场调研问题，教师在讲解时，将方法嵌入问题解决中，引导学生针对问题，采用科学方法加以解决，提高了学生主动探索的兴趣。

（2）实训环节的加强，使学生数据分析能力有所提升。过往课程，主要是教师在课堂上演示利用 SPSS 的数据处理操作，让学生课后自己实践。但由于多方面原因，多数学生课后缺乏充分的练习，因而效果不佳。此次课程改革中，项目建设者安排了专门的实验室课程时间，老师演示相关操作，学生可在计算机上跟着学习。此种安排，使学生数据分析练习时间得到保证，提高了学生的数据分析能力。

（3）考核方式的改变，使学生注意力焦点更多地转向能力提升。以往的“市场调研”课程有期末考试，并且占最终成绩的 60%。尽管任课老师强调对市场调研课程的考核是能力远重于知识，但由于期末考试占更高权重，学生还是会在准备期末考试上花更多功夫，而在平时的小组调研作业上投入不足。课程改革中，不设期末考试，而以小组调研项目报告作为考核标准，具有重要的导向作用，引导学生重视项目小组实践，提升市场调研实际操作技能。

课程建设虽取得一定成绩，但其对学生研究能力培养的长期效果还有待观察，并且仍存在一些问题，需要引起重视并加以改进。

（1）保证上机实训安排。进行市场数据分析，要使用统计软件。学生对课程的意见和建议，相当集中地体现在实验室实训时间不足这一点上。为达到更好的教学效果，应确保实训时间。考虑到实验室任务繁重，可能存在无法安排的情况，后续课程中，在市场调研课程时间安排好后，主讲教师应第一时间联系实验室，做好上机时间的安排。

（2）协调“市场调研”课程与“社会科学方法论”课程。主修专业的同学同一学期学习“社会科学方法论”和“市场调研”课程，给学生带来困惑。“社会科学方法论”是方法论性质课程，“市场调研”课程更偏向于应用，两门课程本各有侧重（两门课的任课老师也经常讨论与协调），但其内在的方法一致性却使部分学生产生困惑，影响其对两门课程的投入。建议在新一轮培养方案修订中，将“社会科学方法论”课程前置，使之为“市场调研”课程提供方法论基础，也可使“市场调研”将教学重点更多地放在方法应用上。

（3）加强调研项目实践过程控制。在实训项目的选题问题上，应强调学生主导，教师把关。学生主导，可以让学生选择个人感兴趣的主题，在学习中持续投入时间和精力；教师负责把关保证方向及学生市场调研目标的可实现性。在研究设计环节，教师应加强审核，增加指导，防止出现研究设计不当导致项目难以推进的情况。在调查问卷设计环节，教师应与学生共同讨论，避免问卷设计失误致使后续数据分析受阻。在报告演示评价环节，或可引入学生评价，增强学生参与感。

（4）适当限制班级规模，确保教学质量。课程性质和安排决定了老师必须对各项目小组进行更多课后辅导。任课教师虽勉力而行，也获得学生认同（如“仔细提出改进意见”），但客观地讲，由于班级规模过大、小组过多（两个班 39 个小组），辅导仍有不足之处。后续可适当限制班级规模，在过程中更多地指导学生。也可考虑在教学中引入研究生教学助理，给各项目团队更多的过程指导。

参考文献

［1］郑长娟，吴丽娟，蒋晓光，王新刚，鞠芳辉．基于问题的合作性学习在大学课程中的应用——以《市场研究》课程的教学改革为例．浙江万里学院学报，2008，21（6）：141～145.

［2］彭显琪．市场调研课程教学问题之探讨．教育与教学研究，2010，24（1）：92～95.

［3］孙雷红．素质能力形成机理与实践教学模式的探析——以《市场调研与预测》课程为例．教学研究，2007，30（5）：425～428.

［4］刘波，王永昌．市场调研课程教学改革初探：面向实践导向．高等教育研究，2009，26（1）：55～57.

区，学生在课前可以查阅或下载。课前在BB平台讨论区，学生可以先进行组间讨论，或是组员同老师进行讨论，课程就这些问题或话题在师生之间、组与组之间进行讨论。总之，这种讨论式教学是借用BB平台实现网上讨论和课堂讨论两者结合的教学。

现场教学法是课程学习中最受欢迎也是最难操作的方法，具体说来，可分为以下实施步骤：

（1）现场备课。每一次现场教学课都要精心备课。首先，必须选择好现场教学的场地。充分考虑现场素材与教学内容的对接以及交通条件等。其次，必须提前熟悉现场，教师应该事先对现场的商品和消费者特征比较熟悉。再次，是查阅资料，准备好教学素材，写好现场教学方案，并在课堂中提前详细讲明现场观察涉及的相关理论知识和指标概念。

（2）课前动员。在进行现场教学之前，一般用10~15分钟对学生进行现场教学动员，介绍教学内容、教学程序，让学生明确学习任务、学习要求和注意事项。

（3）现场教学。现场教学要根据天气情况、场地、交通等情况来决定，所以往往需要克服多方面的困难。在出发前、中途课间休息时和结束时需要清点人数，严格执行考勤制度。现场教学中，教师应该时刻注意学生的活动，并对其加以督促和指导，及时答复学生的疑问。现场教学结束时，专业教师要集中学生进行现场小结，对学生的学习情况进行点评，并强调返校的安全问题。

（4）课后作业。现场教学结束之后要布置课后作业。一般是进行学习总结，不布置书本上的思考题，不允许学生抄书本，强调根据实际记录进行总结，并让学生以小组或个人的形式在BB平台上在线提交报告。

（5）总结交流。只有总结才会提高“消费者行为学”的一次现场教学课，相当于让学生系统、科学地对消费者作一次调查。包括调查前的准备、调查中出现的各种问题以及调研结果的分析。学生在实际操作中肯定会遇到不少问题，总结交流之后学生对调查就会有一个更加全面深刻的认识。同时，每一组的作业，都必须制作成PPT，在课堂上讲解，并接受同学和老师的质疑。

事实上，无论是案例教学法或是讨论式教学法都是将线上与线下进行整合的方法。进行整合的最主要原则和目的是使学生能通过更便捷的方式学习和掌握“消费者行为学”这一课程，增多学生之间、师生之间的互动，让学生更好地吃透其中的理论精髓。

三、课程教学效果评价分析

1. 问卷调研分析

目前，深圳大学已具备了良好的网络教学条件，虽然有部分学科（外语）运用了线上与线下相结合的教学方式，但大多数教师的教学理念和教学方法并没有随着教学环境和条件的变化而产生足够的改变，教育信息化建设也面临着进一步深化的要求。而项目组本次的调研目的就是希望对本学期“消费者行为学”课程教学改革中采用的混合教学法亲身的体验以及实际教学效果作一次全面总结和归纳，以便有利于推广线上与线下相结合的教学方法。调研方案设计如下：

（1）调查对象：主要是修学“消费者行为学”课程的本科学生，向他们了解他们对新教学方法的学习感受。样本数量为173份。

（2）调查方式：在学期末，在授课教室给学生统一发问卷。

（3）调查内容包括五部分：案例教学法、讨论式教学法、线上与线下教学方法的整合、现场教学法的效果调查、人口统计信息。

（4）数据处理方式：首先根据调查内容，对收集到的样本信息进行编码，然后通过SPSS进行数据输入和分析。

此次调查问卷共收集有效样本173份（缺失2），样本的类型都是本学期修学“消费者行为学”课程的学生。营销专业的学生占75.4%，非营销专业的占24.6%。

学生对这几种教学方法的认可度比较高，特别是现场教学法的得分相对最高（均值为4.18，满分为5），这说明现场教学法的效果得到了学生的广泛认可。更有同学用文字在问卷中现场调查法的效果调查一栏写道：“非常好！望多进行。”

在了解营销专业学生和非营销专业学生对待教学方法的态度是否存在差异时，通过各个测向数据的均值分析发现，营销专业学生平均值基本上比非营销类专业学生要高，主要是因为营销专业学生的营销类基础知识比非营销专业学生要扎实，因而在消费者行为课程中运用这些方法时，比起非营销专业的学生能更好地吸收和掌握。

2. 深度访谈研究

为了补充问卷调查得出的定量分析结果，作了进一步的访谈。有针对性地列出一个大纲（见附录），对8位学生分别作了较详细的访谈。

其中有几位学生提出：在“消费者行为学”课程学习中，教师能把他们日常生活中的常识性问题或现象梳理到抽象化和理论的层面；本学期的第一个月主要采用了讨论教学法，师生之间的互动很多，有现场观察（包括前期的准备和周末现场观察花了一周的时间），案例教学法运用得也很多。学生认为BB平台形式很好，但是用起来很复杂，在进行讨论时不及QQ等聊天工具那么便捷。BB平台的讨论模块设置得很好，方便交流，也可以参与到其他小组的讨论和看到其他小组的任务完成情况及他们的交流过程。总而言之，这个操作系统有待改进。

还有几位学生反映，在“消费者行为学”课程上最大的收获是参与了课外的调研，进行了更多开创性思考，更多地了解了消费者行为学，掌握了课本的基础知识。他们觉得BB平台还是有使用价值的，能很好地下载教案、课程信息和参与讨论，网上交流很多，组内和组间讨论较多，还能查看其他组的调研情况。BB平台与课堂结合的教学方式相对传统教学方式而言变被动为主动，使得知识掌握的程度更深。他们还认为，通过现场观察法收集来的数据更加真实有效，更直观地了解了消费者的真实需求。加深了团队间的了解，PPT和报告的分工都很明确。

综合其他几位学生的观点，可以得出以下主要结论：首先，BB平台确实提供给他们很多便利——课前可通过BB平台浏览和下载相关的资料，与老师、同学互动交流更加方便和频繁；其次，这种混合式教学使得学生由原来被动接受变为主动学习，掌握的知识更加全面和深入。特别是现场教学法，使得学生身临其境地去体验消费者行为，实现了理论与实践的高度结合。

当然，这里也存在着一些不足：BB平台系统自身的一些缺陷，主要体现在互动交流界面上，大多数同学认为它没有QQ聊天工具方便（例如没有截图和视频的功能），作业提交上也存在一些问题（同一个学生的两个作业不能同时上交，要分两次上传）。而面对面的授课也存在一些不足，尽管同学们参与讨论的热情高了，但是仍然有一部分同学可能因为自身性格腼腆、不善表达或其他原因不是很积极地参与其中，针对这一情况，教师还需采取一些更好的方法让这些学生也参与进来。

四、结论与讨论

经过问卷调研和访谈调研得出了结论：学生对“消费者行为学”课程采用这种线上与线下整合的混合式教学方法普遍表示支持。另外，特别肯定了现场教学法对专业学习的益处，因此，在今后的“消费者行为学”课程教学中，教师可以考虑继续运用并推广现场教学法。当然在使用整合式混合教学法时也要考虑班级中学生的不同学习背景，需要进一步思考怎样让非营销学专业的学生也能很好地吸收这些教学方法和营销知识。此外，尽管也有同学反映BB网络平台在操作中存在的一些不足，但项目组相信这些硬件方面的问题提出后，学校和软件开发商会不断地完善这些平台，使得操作更加便利有效。

随着电脑和互联网的普及，线上与线下整合式教学法的广泛应用成为了可能。在实行这种教学法时，学校必须保证硬件和相关配套软件的使用和它们的新升级工作；教师和学生要懂得电脑的使用及相关软件的操作，因此，在这种教学方法实施初期应花一定的时间去了解和熟悉软件和线上的操作，只有这样才能适应还未广泛推广的线上教学和较成熟的线下教学进行教学。

在本次“消费者行为学”课程的教学改革实验里，线上与线下整合式教学法和其他教学法相辅相成、相得益彰，后续的课程效果调研也证实了这种线上与线下整合式教学法对“消费者行为学”课程的教与学中是行之有效的。而鉴于消费者行为学与其他的营销类专业有较相似的本质和内部联系，这些方法也值得在其他营销类专业课程中去推广运用。

附录

“消费者行为学”课程教学效果访谈大纲

1. 你在本学期学习“消费者行为学”的最大感触及心得是什么？

2. 你对“消费者行为学”课程采用的教学方式的整体看法是什么？（你觉得本门课程在上课中采用的主要的教学方法有哪些？让学生给予归纳和总结）

3. 你对案例教学法的态度，你觉得本课程中使用的教学案例数量如何？生动性如何？哪次案例教学法给你的印象最深刻？

4. 与传统的课堂讨论学习相比，你觉得网上讨论式学习有什么优点？（提示：可以从时间、空间两方面，师生间、同学间来考虑），对你个人的学习有什么样的帮助？

5. 对于本门课程的课堂问题讨论教学方法，你觉得效果如何？同学们参与讨论的积极性高吗？

6. 关于课程教学中的海岸城购物中心现场观察学习，你有没有参加？你喜欢吗？你觉得这种学习方法有什么样的优点？（加深对知识的理解，提高学习积极性，提高团队合作能力，提高观察分析能力，让师生间的知识探讨更深入，完成课程作业的兴趣更浓）。你还有什么其他好的建议？

7. BB 网络平台的操作是否熟练？你觉得在学习中自己有没有很好地利用 BB 教学平台？

8. 你对课堂授课与 BB 网络平台相结合的教学方式的看法，较传统的课堂讲授的方法对知识的理解、学习兴趣的提高、师生间的互动、是否便于预习及复习、出勤率如何？会不会增加学习负担（使学习时间更长、使学习强度更高）？为什么？

9. 为了在未来的教学中进一步提高“消费者行为学”课程的教学效果，你还有其他的建议吗？如果有，请再谈一谈。

参考文献

[1] 沐永华．基于 Blackboard 平台的大学英语听说课混合型教学模式研究．琼州学院学报，2011，18（6）：126，127，129.

[2] 佘双好．中国传统教学方法及其现代价值．郧阳师范高等专科学校学报，2002，22（1）：129～134.

[3] 王军．浅谈网络教学的现状以及混合式教学方式的发展．中国环境管理干部学院学报，2009，19（3）：110～112.

[4] 贾健．混合学习在教学中的作用初探．价值工程，2011，30（28）：223，224.

[5] 刘振华，俞鼎起．现场教学法研究．天津行政学院学报，2008，10（5）：47～50.

[6] 何佳讯．广告案例教程——如何创建品牌资产，上海：复旦大学出版社，2010.

[7] 芮守文．运用讨论式教学法应注意的几个细节．陕西教育，2010（11）：56，57.

[8] 胡丹丹．《消费者行为学》课程教学改革研究．市场周刊：理论研究，2011（8）：153，154.

[9] 曾繁英．案例教学法的实施条件及其应用研究．辽宁教育行政学院学报，2007，24（7）：68～70.

[10] Driscoll，M. Blended learning：let's get beyond the hype. *Learning and Training Innovations*，2002.

深圳大学本科“创新研究短课”述评

马卫红
（管理学院公共管理系）

【摘　要】为探索人才培养新模式，强化创新型、应用型人才的培养，深圳大学于2012—2013学年开设了“创新研究短课”。本文在简单介绍“创新研究短课”基本情况的基础上，对实施中出现的问题进行分析，并就此提出改进建议。

【关键词】人才培养　创新研究　实践能力

一、“创新研究短课”简介

人才培养是学校的根本任务，教学质量是学校的生命线。为探索人才培养新模式，改革教学方式，提高教学质量，以学生为本，着重提高学生的创新精神和实践能力，深圳大学从2012—2013学年开设了本科生“创新研究短课”。该课程强调学术性、研究性和实践性。深圳大学首批“创新研究短课”共开设50门，其中科研项目短课24门，专题研讨短课26门；文科类23门，理工科类27门。

1.“创新研究短课”的开设形式

“创新研究短课”分为两种形式：第一，科研项目短课，其目的是培养学生的研究兴趣和研究能力。课程主讲教师将科研项目带入课堂，转化为课程教学。以科研项目为载体，把科研项目蕴含的科学问题、研究内容、涉及的基本理论、先进技术和研究方法与手段融入到课程教学中，传授给学生从事研究、创新的方法和技巧，学习项目选题立项、文献检索、申报论证、制订研究计划、完成研究过程和论文写作、提交成果等。课程结束后，课程主讲教师可以挑选热爱研究且具有一定创新能力的学生进入项目组，参与教师科研项目的研究活动。

第二，专题研讨短课，其目的是让学生在教师的带领和启发下，学会思考学科相关的问题，并初步学会探寻答案的方法。由课程教师拟定与本学科、专业相关的主题或问题，布置学生在课下查阅资料和文献，进行学习和研讨准备。课堂上教师组织学生围绕该主题或问题进行讨论，并对分析问题和解决问题的方法进行训练。教师做好课前准备工作，提前发布讨论话题及研究背景材料，学生也充分做好课前思考准备。通过讨论式学习，重点训练学生的文献综述能力、学术研究能力、口头表达能力和创新思维能力等。

2.“创新研究短课”的开设方式

课程申报时间一般为春季学期，课程的开设方式是：主讲教师申报（科研项目短课的申报教师须有主持在研的国家级项目)，学院审核并择优排序推荐，学校评审。随后公布课程信息，学院和主讲教师组织课程的选课工作，以师生双向选择的原则确认选课学生名单，其中科研项目短课选课人数不低于8人，专题研讨短课选课人数不低于16人。大学二年级以上的学生才具有选课资格，且每位学生只能选修1门短课。

3. “创新研究短课”的课程设置和考核

该系列课程实行“短课制”，于每年5月初开课、6月底前结束。共开课6次或9次，每次3学时或2学时，共18学时，计1学分。学生所获学分可折抵专业选修学分，但不计入绩点。实行小班教学，主讲教师可根据课程特点自行安排授课地点，如实验室、会议室等。课程考核不设期末考试，采取过程性考核方式，由主讲教师根据学生课程学习情况进行成绩评定。

二、“创新研究短课”实施中存在的问题

“创新研究短课”弥补了常规性开课设置的不足，课程设置更具开放性、灵活性，满足了学有余力且学习兴趣浓厚的学生，同时促进了教师教学与科研的结合，对培养创新型、应用型人才具有重要的推动作用。然而，“创新研究短课”在实施过程中也显露出一些问题。下文将逐一进行分析，以期进一步完善该类课程。

1. 对选课学生人数的规定缺乏弹性

“创新研究短课”设置的初始目的是激发学有余力的本科生的潜能，强化其创新精神和实践能力。就深圳大学的实际情况而言，学有余力且学习兴趣浓烈的学生为数不多。“创新研究短课”规定第一类选课人数不少于8人，第二类选课人数不少于16人。据笔者了解，首批课程在招募选课学生时遇到了困难，不少课程达不到选课人数要求，尤其是文科类课程。为满足选课人数规定，主讲教师要去动员学生。这样就失去了设置短课的初衷，而且违背了选课的自愿、自主原则，还增加了部分学生的心理负担，因为当收到不同主讲教师的动员之后，学生也只能选择其中一门课程。

2. 授课时间与常规教学课程重合

“创新研究短课”授课时间安排在每年5月和6月，与常规教学课程的授课时间重合，易引发时间冲突。一般而言，创新短课是围绕某个学科的核心问题，引导学生思考、讨论、研究和解决。对学生来说，选修这类课程具有很大挑战性，不能像学习一般课程那样仅仅是课堂听讲，学生必须在课下准备充分才能跟得上问题的研讨。该类课程的“要求高”与“时间少”形成了冲突，据选修课程的学生反映，每周除按要求完成常规教学课程的任务之外，很难有时间全心投入创新课程的学习准备工作，影响课程参与度和预期学习效果。

3. 授课形式仍有待丰富

该类课程的授课时间和地点具有充分的灵活性，可以由主讲教师和选课学生自由确定。授课形式可以有讲授式、互动式、案例式和分组式等多种形式，但总体而言，该类课程的传授仍然以课堂教学形式为主，设有固定的授课时间和地点。如此一来，

问题的讨论可能会被分割，缺乏连贯性。另外，某些问题的研讨需要走出校园或需要临时安排观察、现场走访等，而现行对该类课程授课形式的监督缺乏灵活性。

4. 课程缺乏后续承接机制

大体而言，选修“创新研究短课”的学生学习能力比较强，且有进一步深造的打算。创新短课的主题具有前沿性，有助于开拓学生的视野，培养学生的创新精神和钻研能力。但是，该类课程以短课的形式开设，且每学年只在春季学期接受课程申报，对于真正有兴趣跟踪学科前沿问题的学生来说，这些教学课时安排远远不够。创新和研究需要持续性，因此，要探索对接该类课程的后续承接机制。

三、完善“创新研究短课”的初步建议

首批“创新研究短课”的开设受到了相关教师和学生的好评，被认为是突显深圳大学办学特色的重要举措。针对实施过程中存在的上述问题，本文提出下列初步建议，以期完善该类课程，提升教学改革在人才培养上的实际效果。

1. 增加选课人数的弹性

“创新研究短课”突出的是培养学生的创新精神和实践能力，在学生自愿、师生互选的基础上进行小范围的针对性指导和训练。如果要求教师对选课的每一个学生都投入足够的精力进行辅导，选课人数就不宜要求过高。如上所述，首批短课课程在招募选课学生时遇到难以满足选课人数要求的困难。因此，建议调整选课人数的下限规定，增加选课人数的弹性，比如，第一类短课选课人数 4 人以上、第二类短课选课人数 8 人以上即允许开课。这样既可以让教师有充分的时间指导学生，也避免了教师动员学生选课的尴尬。

2. 完善“创新研究短课”的管理方式

目前，对短课授课时间和地点的安排要求过于死板。课程开设之初确定授课时间和地点之后原则上不予改动，若因临时性的研究活动需改变授课时间或地点时就要提前申请审批。当然，这些规定是为了加强对课程的监督和规范性管理，但创新短课的特殊性需要有更加灵活的管理方式。对于授课时间或地点的变更，建议允许教师使用备案制，向所在学院教务办公室备案变更事项即可，不需要学校审批，因为该类课程原本就是要赋予教师更大的教学自主性，以便帮助学生快速成长。若发现未进行备案而私自调整授课时间或地点的情况，则可按相应教学事故定级处理。在课程监管方面，重在检查课程任务是否完成，而不要拘泥于完成任务的方式，建议可用抽查学生上课笔录的形式加强对课程的监督和管理。

3. 探索学术性导师制

作为对“创新研究短课”的后续承接，建议探索学术性导师制，延续对具有潜力的学生的培训和提升。深圳大学从 2010 年开始实施本科生的新生导师制。新生导师的主要职责是帮助刚入校的大学生顺利适应大学生活，尤其是在学习方式和方法方面。学术性导师不同于新生导师，不是浅显地对学生进行学习的辅导或指导，而是要带领

学生进入学科理论知识的殿堂或是应用领域的王国，对学生进行一对一的长期跟踪指导和培养。初步建议和基本要求如下：学术性导师必须开设过“创新研究短课”，学生必须选修过该导师的创新短课；学术性导师每年只能从选修短课的学生中选择最多2名学生进行继续培养，培养期从确定导师之日起至该学生本科毕业；考核要求方面，学术研究领域要求有相关学术论文公开发表，应用实践领域要求有相关的实践成果或项目；保障措施方面，给予学生相应学分奖励，给予教师相应工作量核算。

基于TRIZ创新理论的“运筹学”实践教学研究与思考*

秦全德　李　丽　唐岩平
（管理学院管理科学系）

【摘　要】作为解决技术问题和实现创新开发的各种方法、算法组成的综合理论体系，TRIZ理论成功揭示了创造发明的内在规律和原理。本文针对目前高校管理类通识教育课程的特点，以“运筹学”课程为载体，应用TRIZ创新理论的基本原理优化课程结构、创新教学模式、改善考核方法，进而促进学生创新思维的开发和创新能力的培养，为管理类专业创新人才的培养提供新的思路。

【关键词】TRIZ理论　运筹学　实践教学

随着计算机科学的形成和发展，运筹学被广泛应用于复杂系统的运行控制和对未来世界的预测。传统的运筹学教学模式过于注重理论的传授，缺乏实践教学，难以开发学生的应用能力与创新能力。结合学生创新创业教育体系和管理类专业背景，如何有效改革当前运筹学的实践教学模式、提升学生的创新能力，已成为当前教学改革的热点问题。

TRIZ理论是新型创新方法，具有鲜明的特点和优势，可以成功揭示创造发明的内在规律和原理。针对目前深圳大学管理类专业通识教育课程的特点，以“运筹学”课程为载体，应用TRIZ创新理论的基本原理优化课程结构、创新教学模式、改善考核方法，进而构建具有创新活力的运筹学实践教学模式。实践表明，基于TRIZ理论的实践教学能很好地体现“教为主导，学为主体”的教学理念，有利于学生创新思维的开发和创新能力的培养，为学校创新人才的培养提供新的思路。

一、TRIZ创新理论与实践教学

TRIZ是俄文中发明问题解决理论（英文音译 Teoriya Resheniya Izobreatatelskikh Zadatch）的词头，该理论是由苏联发明家阿利赫舒列尔（G. S. Altshuller）创立的。1946年，Altshuller开始了发明问题解决理论的研究工作。当时他在苏联里海海军的专利局工作，在处理世界各国著名的发明专利过程中，发现任何领域的产品改进及技术的变革、创新和生物系统一样，都存在产生、生长、成熟、衰老和灭亡的过程，是有规律可循的。人们如果掌握了这些规律，就能能动地进行产品设计并能预测产品的未来趋势。此后数十年中，Altshuller穷其毕生的精力致力于TRIZ理论的研究和完善。在

* 本文获得深圳大学教学改革研究项目“高校创新创业教育理论与实践研究”和“TRIZ理论在实践教学中的价值及应用研究”的支持。

他的领导下，苏联的研究机构、大学、企业组成了 TRIZ 的研究团体，分析了世界近 250 万份高水平的发明专利，总结出各种技术发展进化遵循的规律模式，以及解决各种技术矛盾和物理矛盾的创新原理和法则，建立一个由解决技术，实现创新开发的各种方法、算法组成的综合理论体系，并综合多学科领域的原理和法则，建立起 TRIZ 理论体系（如下图所示）。

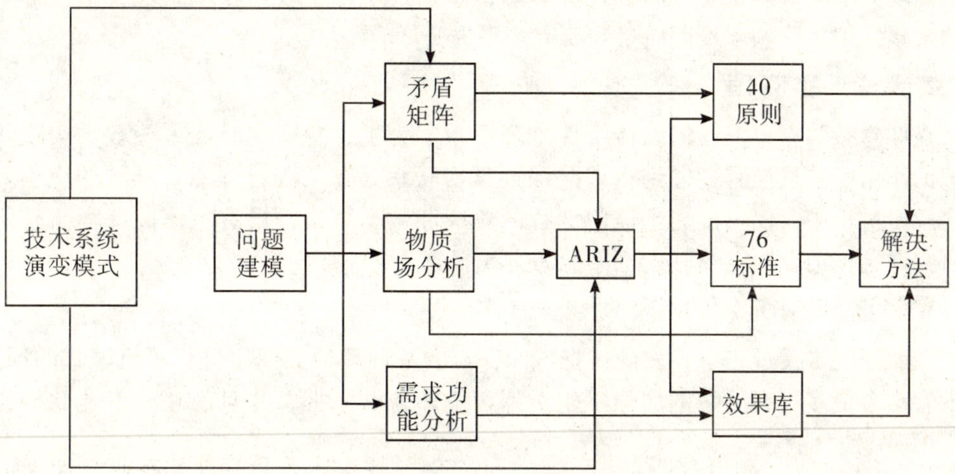

TRIZ 理论体系的基本结构

TRIZ 理论在我国已得到学术界的重视。目前已有基于 TRIZ 的计算机辅助设计软件 Tech Optimizer 的介绍；利用 TRIZ 中的 ARIZ 算法，分析产品设计中的创新过程；将 TRIZ 中的物质场分析法用于解决我国企业中的一个实际问题等。分析 TRIZ 理论在教学中的应用，建立面向技术创新的课程体系，采用分割原理、局部质量原理、合并原理和反馈原理优化教学体系。

分割原理：将完整的课程体系分割成基础课、专业基础课、专业课、专业课程设计、毕业设计、创新实验等模块。模块化教学有利于学生获取不同层面的知识，便于目标教学工作的开展。

局部质量原理：根据专业特性，结合培养目标，有针对性地强化某些模块课程或某项技能训练，使学生毕业时有一技之长，满足其就业需要。

合并原理：针对学时有限的现状，利用合并原理，对相近课程进行合并，使有限的课时得到充分利用，同时强化综合能力的训练与培养。

反馈原理：利用反馈原理，对市场要求进行反馈，修订教学大纲，调整教学目标，完善教学实践环节。

二、当前“运筹学”实践教学存在的问题

1. 师资力量有待加强

管理科学专业有着较强的实践性，师资队伍建设是保证人才培养质量的基础。目前，深圳大学运筹学专业方向的任课教师，特别是中青年教师较缺乏现实中运筹学应用的背景知识，影响了授课质量和研究水平提升。

2. 教学手段不科学

在课堂教学方式上，仍以传统课堂理论教学为主，忽视实验实习等教学实践环节的辅助作用，并且没有考虑到将该门课程紧密联系其在工程管理专业领域的应用。学生在学习过程中，仅仅接受了该门课程的轮廓和数学算法，没有将该门课程与教研室的研究课题相结合，以致其理论不能为实践服务。

3. 讲授案例不足

在课程的讲授过程中，教师仅把该门课程的基础理论和模型进行了机械式的描述，并没有结合更多更好的案例加强学生对课程的印象和掌握，并且忽略了专业软件的学习应用。

4. 考核方式落后

在以往的考核中，该门课程仅仅以闭卷考试的形式来检测学生的掌握程度，但这只能考察学生对公式和概念的机械记忆能力，并没有达到检测学生对该门课程知识的应用能力的目的。建议在后续的课程中加大对 CPLEX 等专业应用软件的教学。

5. 教与学的反馈不及时，师生互动不强

在传统教学中，教师讲授的时间太长，相应留给学生思考的时间太短。学生可能有问题也没有时间解决，并且教师除授课外，与学生的联系很少；学生在课后自学和做课后练习中随时会可能遇到各种问题，但因无法及时与老师交流而使问题堆积，使得后续内容学习愈加困难。

6. 教学内容的选择标准不明确

“运筹学”课程包括若干分支，而教学课时有限，“运筹学”课堂教学不可能涉及各个分支，并且不同层次、不同专业、不同类型的人才培养目标不尽相同，学生素质及知识结构也存在差异，因而要求“运筹学”课程在教学内容的选择、难度的掌控、教学侧重点等一系列问题上应做到因材施教。但目前在运筹学的教学中，教学内容的选择带有一定的随意性和盲目性，甚至存在着教学内容因人而设或因教材而设的现象。

三、“运筹学”实践教学的改进措施

1. 优化课程结构

传统的“运筹学”课程内容单一，不能满足不同专业学生的个性需求，也不利于

学生创新思维的开发以及创新能力的培养。本文将其分为理论教学和实践教学两部分，应用 TRIZ 理论的分割原理，将理论课程体系分割为规划论、库存论、图论、决策论、对策论、排队论、博弈论、可靠性理论等内容。实践教学的内容针对不同专业学科背景的特点设计路径规划、库存控制、决策分析等多个实用性和应用性较强的案例供学生选择，这种利用分割原理形成的模块化教学，有利于学生对不同技能及知识点集群的集中学习和掌握，同时便于目标教学工作的开展。

"运筹学"课程面向全校所有的学科和专业开放，每个学期班级中都有来自不同专业和学科的学生。学生的专业素质、专业背景不同，因此，他们选择本课程的目的也各有不同。依据 TRIZ 理论的局部质量原理，根据不同专业学生的特点结合培养目标的要求，有针对性地强化某些模块课程的教学训练。另外，针对课时有限的问题，应用 TRIZ 理论的合并原理，将相近内容进行合并。一方面充分利用了课时，另一方面强化了综合能力的训练与培养，使有限的课时最有效地发挥实际作用。

2. 创新教学模式

"运筹学"课程主要采用研究性教学，它是有别于传统的教学方式的一种新的教学观或教学方法。在课程教学过程中由教师创设一种类似科学研究的情境和途径，指导学生通过类似科学研究的方式主动地获取知识、应用知识并解决问题，从而完成相关的课程学习。在教学过程中，通过优化课程结构建立一种基于研究探索的学习模式，在教学科研结合的氛围中使师生互动。TRIZ 理论提供创新的解决方案，研究性教学以培养学生自主学习、发现问题和解决问题的能力为目的，各个方面都涉及创新能力的培养，因此，TRIZ 理论能在研究性教学进行的过程中为学生和教师提出解决问题的思路。

研究性教学方法的首要任务是创设问题情境，给学生思考的引子；建立待求题目后，根据 TRIZ 理论，进行程式化描述，解决冲突，获得合适的情境设计。问题创设过程是以教师为主，师生共同参与的过程。在创设问题情境阶段所面临的课程的子课题划分、待求的题目获得等问题，都需要采用 TRIZ 理论进行解决，进而对师生的创新思维进行开发。

研究性教学过程重点是帮助学生对提出的问题进行求解，安排好学生的讨论、成果交流和总结环节，使研究性教学有序地进行，达到传授专业知识和激发学生创新能力的目标。在这一过程中，需要研讨探究和验证假设，即学生对自己提出的问题进行研究求解，并给出结果。TRIZ 理论给出问题的解的多种方案，解决问题求解过程中的各种矛盾，给出较佳的方案。针对实际问题，TRIZ 理论指导学生进行创新性解决，首先通过问题分析和定义把这些实际问题转换为 TRIZ 问题模型，然后利用 TRIZ 的分析工具得到问题通解，最后得到特定解。

3. 改善考核方式

实践教学评价是重视过程的评价，而非结果评价，侧重关注学生在研究性学习过程中投入的程度和取得的阶段成果。采用 TRIZ 理论对评价学生的学习情况进行描述、分析、解决冲突、求解，获得了一套"全程式—多元化"的考核方法。课程考核模式通过学生自主选题、课题式设计、撰写报告和论文等完成全程式考核。考核成绩评定主要包括六部分内容：平时成绩（出勤率 + 学习态度）、课题设计、实践模块考核、报告、课题成果和论文。具体实施方法和计分方法如下：考核成绩（100%）= 平时成绩（15%）+ 课题设计（2%）+ 实践模块考核（40%）+ 报告（3%）+ 课题成果（30%）+ 论文（10%）。

应用 TRIZ 工具对学生学习情况的各种因素的权重进行计算而得出的结果是，既重视考试分数，又重视平时表现；既重视理论知识，又重视实践操作能力；既重视基础，又重视创新；既注重结果，又注重过程；既兼顾集体，又突出个人。

4. 完善教学实践环节

教学实践环节主要包括课堂实践、模拟竞赛、课外专题讨论三种形式，充分利用学生的实践机会，给学生提供良好的实践学习环境。课堂实践以上机实验或案例分析形式为主，给学生布置一个接近生活的案例，或学生在生活中寻找案例，让学生讨论并解决问题。诸如护士值班问题、学校排课问题、学校电梯运行问题、考试安排问题、食堂窗口租赁问题、学费评价问题等。

在开展理论学习以及课堂案例分析的同时，还要鼓励学生积极组织参与各种数学建模竞赛。通过组织学生参加各种竞赛，达到培养学生的驾驭知识能力以及运用和处理实际问题的能力。

课外专题讨论的内容可以是多样化的，选择内容的原则是对教学方法有用的、对教学内容有帮助的、学生感兴趣的，如教学信息反馈、学习情况反馈、数学建模问题讨论、学习总结等。针对数学与应用数学专业的学生，还可以倡导学生思考、讨论、交流各种算法的改进。针对信息与计算科学专业的学生可以倡导学生讨论沟通各种软件使用时的方法以及优劣。学生在讨论中起到主动作用，促进了学生间的沟通，真正体现了“以学生为本”的教学理念。

四、结论

分析和总结当前“运筹学”课程实践教学中存在的问题，以提高课程教学效果、培养学生的创新能力为目标，应用 TRIZ 理论优化课程结构，创新教学模式，改善考核方法。实践证明，TRIZ 理论对于管理类专业学生的实践教学有着极大的帮助，基于 TRIZ 理论的实践教学改革有着极其重要的实用价值和应用前景，为创新性人才的培养提供了更好的途径。

参考文献

[1] 檀润华 . TRIZ 及应用——技术创新过程与方法 . 北京：高等教育出版社，2010.

[2] 卢惠林 . TRIZ 创新理论在计算机程序设计教学中的应用 . 职教通讯，2007（12）：53，54.

[3] 胡发胜，刘桂真 . 国家精品课程运筹学的教学改革与实践 . 中国大学教学，2006（7）：9，10.

[4] 江帆 . 基于 TRIZ 理论和研究性学习的创新型人才培养 . 科技信息，2009

(16)：36，37.

［5］胡运权．运筹学教程．北京：清华大学出版社，2007.

［6］《运筹学》教材编写组．运筹学．北京：清华大学出版社，2005.

［7］郭丽．浅谈运筹学课程教学改革．安徽电子信息职业技术学院学报，2006（7）：91～93.

［8］张辉．运筹学教学方法探讨．中国石油大学胜利学院学报，2008（1）：55～58.

［9］石磊，蔡定教．关于运筹学课程教学改革的几点思考．广西教育学院学报，2010（2）：9～11.

［10］秦必瑜，付海燕．管理类专业运筹学课程教学改革研究．中国林业教育，2010（2）：38～41.

［11］朱灿，汪建兵．运筹学课程教学改革实践研究．知识经济，2010（11）：112～115.

“过程性考核”理念在“绩效管理”课程中的应用研究*

蒋建武[1] 刘 军[2]
（1. 管理学院人力资源管理系；2. 管理学院副院长）

【摘 要】“绩效管理”是为人力资源管理专业学生开设的一门理论知识与实践技能并重型课程。“绩效管理”过程性考核方式的运用，创建了激励学生参与实践、创新的教学模式，较大地提高了学生主动学习、思考的积极性。学生学习兴趣明显提高，理论知识掌握与实践动手能力得到同步提高。

【关键词】过程性 考核 绩效管理

作为人力资源管理专业的专业必修课程，“绩效管理”强调学生在理论知识、实践技能与管理思维上的同步提高，这与学生进入工作岗位后要面对缺乏清晰界定、有待于系统规划、信息不完备的绩效管理问题密切相关。对这些问题的解决需要掌握系统化的基础理论、实用性的操作技能，以及通过“干中学”而掌握的经验性知识。学生在学习完“绩效管理”课程后，应能基于绩效考核的基本理论，从考核的功能与流程、考核的主要方法、考核系统设计、考核实务中常见问题与解决、考核与评估中面谈与反馈技巧等方面，获得绩效考核与评估方面的制度设计及实践操作技能。

国内大多高校“绩效管理”课程考试较多地采取期末考试“一考定终身”这种单一的方式来评价学生的知识掌握情况。该评价方法重知识评价，轻能力考核，容易造成学生平常松懈、考前突击，只注重书本知识短期记忆，轻视创新能力提升。如何克服传统考核模式的固有弊端，已渐成为相关教育工作者关心的重要话题。知识、能力与思维的提升是动态性的发展过程，因此，需要改变单一量化的评价方法。本文基于“过程性考核”思路，探索多元化、多层次、常态化的知识加能力的考核评价体系在“绩效管理”课程中的运用。

一、“过程性考核”理念内涵

总体而言，“过程性考核”是将平时作业、案例分析综合性大作业、团队作业、实训项目考核以及期末考试相结合的多样化考核方式，以此全面系统考核学生对知识的掌握。以“绩效管理”课程为例，本课程突出“过程性考核”理念，考核分为过程性考核和终结性考试两部分，两者比例为7：3。过程性考核形式为平时作业和团队作业两种形式。终结性考试采用闭卷考试形式，全面系统考核学生本学期对绩效管理知识

* 本文获得深圳大学教学改革研究项目“基于模拟实训的‘绩效管理’课程实践教学设计研究”（项目编号：JG2012126）的资助。

的掌握情况。

“绩效管理”课程过程性考核方法的基本思路是：在学生学习完“绩效考核的基本理念与思维”、“基于关键绩效指标的绩效考核技术”、“基于平衡记分卡的绩效考核技术”、“基于目标的绩效考核技术”，以及“以素质为基础的考核技术”后，每一章将提供现实案例，要求学生在课堂上根据所学习内容对案例进行分析，形成绩效管理案例分析平时作业；在理论知识学习完成后，要求学生以组为单位，利用3周时间寻找企业，实战设计完成某一组织的绩效考核指标体系，然后邀请企业人力资源管理中、高层管理人士担任答辩委员会成员，对设计内容的全面性、系统性和完整性进行评审，以此形成实训项目考核；最后，期末考试根据学校统一安排，对本学期所学知识进行系统性考核，打破以往由老师出题学生据题作答的局面，创新性地采用老师提供的一段与课程知识相关的素材，要求学生找出材料中存在的管理问题，并加以分析，最后提出解决策略。

二、“过程性考核”的实践意义

在“绩效管理”课程中运用“过程性考核”理念，可以帮助学生在知识、能力与技能以及态度与情感方面实现多元提升。第一，知识方面。通过全面地介绍绩效管理的理论知识和实践知识，包括绩效管理的理论框架、基本概念、主要观点和重要方法等方面的知识，以及关于绩效管理实践活动等方面的知识，使学生对绩效管理理论有理性认识，能根据有关理论分析现实的绩效问题。第二，能力与技能方面。通过对绩效管理知识的学习和对绩效管理案例的分析，注重培养学生理论联系实际的素质，提高学生思考问题和解决问题的能力。学生可以运用所学绩效管理概念和理论，思考、解释和分析绩效管理实践中出现的问题，针对特殊的案例提出符合理论逻辑与现实可能性的解决方案。第三，态度与情感方面。通过分组作业、综合研讨等形式，可以培养学生负责、敬业的工作态度，树立起理性、效率的观念。

三、基于“过程性考核”的“绩效管理”教学组织

可以采用多元化的教学方法与手段，结合课堂讲授与实战设计的教学形式，注重学生在专业知识、专业能力与技能、态度与情感等三方面的提升。

1. 教学内容与教学形式

主要教学内容由四部分构成。第一部分：绩效与绩效考核概述。介绍绩效、绩效考核和绩效管理的概念、原则与必要性。第二部分：绩效管理体系的设计。包括绩效考核方法、绩效考核指标设计、绩效标准衡量。第三部分：绩效考核技术。包括非系统的绩效考核技术、基于关键绩效指标的绩效考核、基于平衡记分卡的绩效考核、基于目标的绩效考核、以素质为基础的考核、基于团队的绩效考核等内容。第四部分：绩效管理。包括绩效管理的流程设计、绩效面谈与指导及绩效管理的导入等内容。

概念、理论部分以教师讲解为主，思维部分以学生分组讨论理解案例为主，技能

部分以赴企业实践操作为主。课堂讲授主要以明确知识体系、以纲导学，重点讲解知识要点和难点为主，促进学生在主动探究中学习。组织学生通过分组讨论、情景模拟等方式开展案例分析，促进学生自己发现问题、研究问题。组织学生在实践中动手设计，获得参与学习的积极体验，帮助学生解决问题。尤其重要的是，本课程采用的大量案例分析与研讨、方案设计与制订等教学形式中，都采取学生分组讨论、集体交流、答辩等形式，一方面使学生从讨论中相互取长补短，集中智慧，制订更佳的方案，另一方面也锻炼了他们的人际交流、沟通、协调能力。

主要的教学形式有：

（1）课堂讲授。这是本课程的重要教学环节。教师在认真钻研教学大纲和教材，熟悉掌握课程内容的基础上，以教学大纲为指导，以文字教材为依据，精讲重点、难点，归纳学习方法并讲评设计作业。要求学生必须认真听讲与领会。

（2）典型案例研讨与分析。案例研讨与分析是学习本课程的重要手段，教师在典型案例的分析讲授中，突出对绩效管理热点、前沿问题的分析，以着力培养学生独立思考、创新思维的能力。

（3）"1+2"课堂教学。拟邀请两位人力资源管理实践从业者走进课堂，与主讲老师一起，针对企业管理实践的热点与难点问题进行探讨。在此形式下，管理实践从业者就某一实践问题或学生提出的问题进行解答或分析，主讲老师对管理实践从业者的回答进行理论升华，以此引导学生养成理性管理思维。

（4）课程设计。实践参访与报告设计是本课程的重要教学形式，意在通过对有关企业的人力资源部进行参访调研，分析企业在绩效管理中存在的问题，使学生从实践层面加深对绩效考核在企业中作用与地位的认识。同时，绩效考核方案设计是巩固和检验学习本课程效果的有效手段。本课程在教师讲授基本知识点后，进行为期三周的课程设计，主要是培养、训练学生的实践动手能力和解决问题能力。要求学生报告设计时按组进行，由4~5人组成一组，最后在课堂上作答辩，由教师和企业实践人士点评。

2. 教学手段与方法

本课程充分利用现代化教学手段，拟变传统的教学方法为多维的教学方法，充分将课堂讲授与讨论式、辩论式、案例分析教学相结合。同时，有效利用现代化教学手段，尝试运用 Blackboard 网络教学平台进行授课和与学生沟通，以此创新教学模式，丰富教学内容，为学生提供更多的前沿问题。

本课程强调任务导向式的教学方法。任务导向式的教学方法与以过程性考核为主的教学改革相一致，旨在营造全程紧张教学过程，促进学生自主学习。在本课程的核心知识部分，每一讲均布置一项具体、明确的任务，然后要求学生通过相关案例分析讨论，提交案例分析报告。以此使学生从中领悟相关知识，并将其创造性应用到绩效管理报告设计中去，从而在完成相关任务过程中体会并掌握相关知识和能力。

四、基于“过程性考核”的“绩效管理”教学的挑战及其克服

（1）大班教学所带来的教学资源有限问题。大学扩招带来师资的紧张和教学资源的不足，导致教学班级人数增多。以深圳大学为例，深圳大学学习“绩效管理”课程的学生人数一般在60~80人。由于教学时间紧张（每周2学时），师生在课堂上难以充分讨论与交流，管理问题分析不够深入，教师难以关注所有学生个体。

针对此问题，教师可以从以下三方面采取措施：①充分利用Blackboard网络教学平台，发挥虚拟课堂的功效，鼓励学生课后与老师讨论、交流，实现无缝式学习。②利用分组团队式学习。一般以4~5人为一组，在问题构建与项目实训时以组为单位分别设计。③对于一些需“面对面”深入讨论而虚拟课堂无法有效解决的问题，鼓励学生在办公时间及其他时间与老师交流。学生提前准备讨论主题、分组分批次提前预约教师，能有效克服大班教学带来的教学时间有限问题。

（2）学生传统学习习惯下的学习期望调整问题。在传统灌输式、保姆式、应试式教育下，许多学生形成了结果导向的教育期望。重视知识结果而忽视探索过程、重视考试分数而忽视思维训练、重识知识记忆而忽视能力训练，已成为大多数学生的学习习惯。这些习惯将严重影响基于问题导向的项目实训模式的效果。

针对此问题，教师可以在课堂伊始即进行基于过程导向的考核理念导入，促使学生从思想上高度重视，帮助学生树立正确的学习态度。同时，运用过程性考核模式，在学习过程中营造全程紧张的学习氛围，以此帮助学生逐渐转变学习理念与方法。

（3）“团队式”学习方式下成员“搭便车”问题。在传统的教学组织和教学考核方式下，学生习惯于以个体为中心开展学习，尚未具备开展团队学习的能力，这容易导致团队成员“搭便车”问题。

针对此问题，教师可从三个方面采取措施：①从教学规定上，要求学生以团队小组方式开展课程学习，采取单独提问等方式，不定期地抽查小组团队合作情况。②重新设计课程考核构成。将团队学习情况纳入考核内容，并充分发挥团队成员的相互鼓励与约束功能，探索团队成员“背靠背”的考核办法。③引用现代企业员工招聘实例，突出现代企业招聘时对员工协作性的要求，帮助学生认识到团队学习的必要性和重要性。

（4）项目实训企业寻找问题。作为基于问题导向实训项目的载体，实训企业的寻找甚为关键。在校学生由于与企业联系相对较少，这限制了学生寻找实训企业的机会，学生难以寻找管理实践的前沿与热点问题，从而难以顺利完成实训项目。

针对此问题，教师可鼓励学生充分发挥家庭纽带关系，利用家庭成员所在企业或推荐企业开展项目实训。另外，部分学生已有企业实习经历，与相关企业建立的良好关系可以拓展实训企业来源。

参考文献

［1］张玉昆．论巴罗斯的“问题导向学习”与新课程改革．新课程（教育学术），2011（11）：14，15.

［2］方海文，杨立峰．远程教育的过程性考核现状及对策．云南电大学报，2008，10（3）：5～8.

［3］张益丰，周卫民．本科计量经济学“问题导向型”教学模式研究——基于问卷调查的教学效果实证分析．现代教育技术，2010（2）：77～80.

［4］朱晓莹．应用型人才培养课程考核评价方式改革研究．长春理工大学学报，2011（10）：118，119.

商业模拟运营竞赛与实践教学相结合的培养模式探讨

——以深圳大学现代管理教学实验中心为例

黄凯珊　王小汀

（现代管理教学实验中心）

【摘　要】随着高校实践教学不断深入，商业模拟教育模式已成为当前高等院校管理类专业实践教学改革的重要方向。本文以深圳大学现代管理教学实验中心为例，探讨如何将商业模拟运营竞赛与实践教学相配合，并从“赛教结合”的内涵、实施及成效等环节探索一种提升人才实践能力培养和职业素养质量的培养模式。

【关键词】商业模拟运营竞赛　实践教学　培养模式

前言

深圳大学现代管理教学实验中心（以下简称“我中心”）在近几年的实践教学过程中，围绕“夯实基础理论、激励创新精神、培养应用能力、激发创业实践”四个方面，培养高素质创新型应用型管理人才的实验教学理念，不断探索研究，形成了一套合理成熟的实践教学体系。同时，我中心在实践教学改革中坚持以学生为本，锻炼与培养学生的实践能力、创新创业能力，积极组织学生参与各类商业模拟运营竞赛，达到“以赛促学，以赛促教，赛教结合”的目标。笔者根据这几年在商业模拟运营竞赛带队及实践教学改革过程中的经验，探索出“赛教结合”的培养模式。

一、商业模拟运营竞赛

1. 商业模拟训练简介

商业模拟训练，是系统动力学在商业中的一种表现形式，背后的核心是数学建模，这和战争模拟游戏等类似。

商业模拟训练，核心构架在“企业资源规划、分析与经营决策”上，引领学员进入一个模拟的竞争性行业，涉及整体战略、产品研发、生产排程、市场与销售、财务、团队沟通与建设等多个方面。采用体验式、互动式的教学方式，融角色扮演、案例分析和专家诊断于一体，让学员身临其境，真正感受到市场竞争的精彩与残酷，体验承担经营风险与责任，感悟做人的道理以及个性特点与角色胜任的关联性，培养共赢的理念和坚持诚信原则信念。通过对“公司”当年业绩的盘点与总结，反思决策成败，解析战略得失，梳理管理思路，发现自身误区，并通过多次调整与改进的练习，切实提高学生综合管理素质。

2. 商业模拟运营竞赛国外发展现状

商业模拟是欧美风行的商业与管理教育模式，已经成为世界顶级商学院（如沃顿、哈佛）必备的教学模式之一，且几乎 90% 的学校至少有一门课会用到商业模拟训练，95% 以上的 MBA 学生至少上过一门用到商业模拟训练的课程。

国外专业的商业模拟系统很多，如法国 STRATX 公司的 MARKSRTAT ONLINE 模拟软件、美国 McGraw Hill 公司的企业战略决策模拟软件、英国的国际企业管理挑战赛 GMC 模拟软件、芬兰 CESIM 公司的全球挑战赛模拟软件。目前瑞典的一家上市公司 BTS，是专业厂商中做得比较大的，它能够基于商业模拟游戏为客户提供深层次服务，根据其网站上的介绍，这个公司一个项目的费用可达 800 万美金。很多咨询公司同时提供商业模拟训练服务，如埃森哲、麦肯锡等。

商业模拟运营竞赛具有 50 多年的历史，在国外已经进入一个比较成熟的阶段。如国际企业管理挑战赛（GMC）、全球尖峰时刻挑战赛、欧莱雅全球在线商业策略竞赛等都举办了数十届，每年吸引来自不同国家或地区的数十万人参与，颇具影响力。

3. 商业模拟运营竞赛国内发展现状

国内这个领域也已经发展有好些年，早年一般以手工沙盘模拟为主，沙盘直接模仿国外同类产品，经过少量的改动直接用于国内企业培训及高校学生培训。手工沙盘目前做得比较成熟的企业培训有人众人、无忧沙盘等。高校实验室以用友、金蝶等 ERP 厂商为主，应用较普及。

2005 年后，国内陆续出现一些专门从事商业模拟游戏的公司，这些公司推出的产品比手工沙盘复杂得多，更接近真实商业环境，同时所涵盖的管理知识也更深入专业，应用领域也包括企业培训与高校大学生培训。目前做得比较好的公司有贝腾科技，基本上主要管理专业都有对应产品方案，如“创业之星”、“理财之道”、“经营之道”、“用人之道”、“营销之道”、“3 维电子沙盘”，其中“创业之星”和“经营之道”影响力很大，2008 年、2009 年、2010 年教育部举办的全国大学生创业大赛都使用了该公司的产品，2010 年团中央的挑战杯比赛也使用了其“创业之星”。

4. 商业模拟运营竞赛意义

商业模拟运营竞赛实际上营造了一个动态的、无实际商务风险环境的市场竞争形态，学生通过与众多竞争对手的博弈，在虚拟商海中展开激烈竞争，争夺市场份额，争取企业的利益最大化，不断检验和刺激经营团队的竞争意识，从而提升学习效率。其主要意义包括以下几点：

（1）强化学习效果。比赛中学习、竞赛式培训、竞争中成长，使学生亲身体验“优胜劣汰”的竞争机制和获奖带来的荣誉感、成就感，树立竞争意识，提高了学生的学习积极性和主动性，有效强化技能教育效果。

（2）提升应变能力。在复杂多变的市场竞争环境中，面对不同区域、不同产品同多家不同的公司展开竞争，针对竞争对手及市场的变化，经营团队要不断调整公司的战略战术，从而不断提高团队的应激能力。

（3）历练执行能力。激烈的竞争，决定了经营者必须有快速、准确的执行力，从而不断历练团队的执行能力。

（4）提高决策能力。要想在竞争中胜出，就要准确、快速地作出决策，不断地提高团队的决策能力。

（5）加强团队精神。各部门之间的有效、快速沟通，对企业战略的执行和最终胜出起着重要作用，比赛有利于加强团队及个人的沟通，培养团队意识与合作精神。

如今，我中心每年组织参与各类商业模拟运营竞赛，其中较具影响力的主要有：国际企业管理挑战赛（GMC）、全球尖峰时刻挑战赛、全国大学生“用友杯”沙盘模拟经营大赛、“金蝶杯”创业大赛、“商道”全国大学生管理决策模拟大赛等。每年这些系统提供商都会联合各级教育部门举办全国总决赛，吸引国内各高校选手参与，且发展趋势逐步递增，规模越来越大。

二、实践教学

1. 实践教学的内涵

实践教学，是一种基于实践的教育理念和教育活动。它通常是指在教学过程中，建构一种具有教育性、创造性、实践性，并以学生主体活动为主要形式，以激励学生主动参与、主动思考、主动探索为基本特征，以促进学生总体素质全面发展为主要目的教学观念和教学形式。从广义上说，实践教学就是除理论教学之外的所有教学环节，包括教学计划之内的课上实践教学、技能训练、综合实训、见习和实习等，也包括学生的第二课堂、毕业设计、学生军训、公益性劳动课、社会调查、社会实践等。狭义的实践教学是指教学计划之内的课堂实践教学、技能训练、综合实训、学生见习和实习等，是一种以培养学生综合职业能力为主要目标的教学方式，是高等院校教学中一项不可缺少的环节。

本文的实践教学主要是指基于素质教育的专业培养理念，为全面实施素质教育，培养学生实践及创新能力所服务的。在形式上，与理论教学有所不同，由原来以教师为主体转变成了以学生为主体；在途径上，改变了理论教学灌输式教学，使学生由原来的被动接受转变为主动感悟。主要的授课形式为案例教学法、小组讨论法、参与企业法、模拟教学法等，其中以模拟教学法为主。

2. 实践教学的目的

实践教学的教学目的是要培养创新人才，培养学生探索知识、发现知识的能力。实践教学涉及两个方面的内容，一是理论知识，二是实践操作，两者是相辅相成的。

作为一种独特的教学形式，实践教学应具有以下作用：通过实践教学使学生拉近理论与实践的距离，把理论知识和实践一体化，易于突出专业的重点以便于学习；通过实践教学使学生更直观地了解所学的理论知识，引发学生的创新能力；通过实践教学使学生成为课堂主体，对知识、专业技能和能力达到统一性和实用性。

3. 实践教学的改革（以我中心为例）

我中心依据“服务于专业理论的理解，服务于创新思维的培养，服务于专业能力的历练，服务于创业实践的探索，全面培养具有创新性、综合素质高的管理人才”的实践教学定位，主要针对以下几点进行了改革：

（1）遵循“导引、体验、解惑、感悟、探索、创新”的教学理念，充实完善“情境感悟 + 实训演练”的教学环境，完善专业综合实验平台建设。

（2）由教师主导型向师生互动型转变。由以课程内容为主的封闭型向学生主动的开放型转变整合社会资源，共建共享、开放发展实践实验教学平台。

（3）改革管理运行模式。提出综合管理、开放实验、情境感悟、实训演练、学生自主管理的管理运行模式。

（4）拓展实践教学资源环境。依托校企合作，实现专业学习、行业证书、人才孵化三位一体的有效结合，引进实践实验课题。通过校企合作，走“学、研、证”相结合的道路。

（5）提出以竞赛带动实践教学改革。近几年，我中心通过组织学生参与各类商业模拟运营竞赛，抓住比赛带来的机遇，进一步调整实践教学课程。

三、“赛教结合”培养模式

1. “赛教结合”的内涵

“赛教结合”模式主要是指将商业模拟运营竞赛与实践教学相结合，使教学内容得以整合延伸，达到竞赛促进教学，教学为竞赛储备人才，促进人才培养质量提升的目标。

“赛教结合”模式包含以下三方面内容：首先，主讲教师将竞赛引入教学组织和教学内容，将模拟竞赛系统嵌入到教学过程当中，强化实践实训环节，优化课程体系；其次，学生在该模式下自主学习，以竞赛为突破口，盘活激情，激发兴趣，在做中学、学中练，提升学习效果；最后，在实践教学过程中，教师为学生搭建平台，以赛代考，并为商业模拟运营竞赛储备优秀人才。

2. “赛教结合”的目的

各院校组织参与具有针对性和高度仿真性的商业模拟运营竞赛，以求通过该类竞赛的准备过程和结果达到以下目的：一是对学生进行考核，校验学生的专业知识、实践能力及团队能力的水平，使其寻找差距，自主学习，提升效果；二是对教学改革和教学质量进行考核，检验教师教学改革成效，找到教学过程中存在的偏差和不足，及时进行纠正和补充，进一步调整实践教学课程；三是保证教学达到“过程 + 结果 + 过程”的目标，即在过程中实现结果，在结果中优化过程，以赛促学、以赛促教、以赛促改，充分调动学生学习的积极性和教师教学改革的主动性，做到商业模拟运营竞赛与教学改革、人才培养相辅相成、相得益彰。

3. “赛教结合”的实施

第一，依托商业模拟运营竞赛，积极推进实践教学人才培养模式的改革。人才培养方案是实施教学的基本点和根源，也是将“赛”与“教”进行结合的关键。实施实践教学应根据学生专业需求，结合校内外相关竞赛项目重新设置优化课程，重新制定调整人才培养方案，构建融赛于教的综合性实践教学质量评价体系。我中心明确商业模拟运营竞赛是开展实践教学的必备环节，设立了“以赛代考”“学分替换”的课程教学考核评价模式，如“ERP 理论实践”“商业决策模拟实践”等课程，学生在相应的全国大赛中获奖，即可获得该课程相应学分。此外，我中心还将参加模拟竞赛纳入毕业实践实习考核环节，到了大三暑假实习时，学生参加各类商业模拟运营竞赛，均可作为实习考核评价依据。

第二，依据商业模拟运营竞赛内容，不断优化课程体系，建立“情境感悟”的实训教学模式。我中心借助组织参与模拟竞赛经验，在实践教学中，遵循“导引、体验、解惑、感悟、探索、创新”的教学理念，建立“情境感悟＋实训演练”的教学模式，构筑了情境模拟实验环境，引入情境依赖和情境嵌入式实验教学方式，利用专业软件模拟组织运作过程，参与者充当组织内部不同角色并可以更换角色，对组织运作中出现问题进行分析、决策、实施和控制。在情境模拟教学中，学生既作为观察者和实验者，也作为管理活动的“参与者”和“实践者”，随着环境变化，其面临的问题也不断发生变化，从而达到“身临其境”和“角色化”。在这个环境下，学生在期间可以扮演 CEO、CFO 等角色，团队小组成员之间进行分工合作，全面控制企业的物流、资金流以及信息流，通过观察、实验和体验获得实践教学的全新收获。

第三，建立健全实施制度，为“赛教结合”提供先决保障。首先是健全经费保障机制，学校学院需重视该类竞赛，给予每项竞赛专项经费支持，以支持教师组织及带队比赛；其次是健全教师激励方法，将教师指导学生参加比赛纳入日常工作，按每项竞赛及获奖情况结算工作量，纳入年终绩效考核，并设立相应奖项以激励教师；最后是健全学生激励办法，实施“以赛代考”“学分替换”改革，竞赛取得成绩者可直接折算成学分，免修相关课程，同时将学生参加模拟竞赛纳入考核体系，与学生的评优评先评奖等紧密结合，激励学生自主学习，积极参与。

第四，提出了“时间开放、空间开放、内容开放”的实验管理模式。时间开放：每个实验室，除正常的课堂教学时间之外，全天开放，学生可以通过预约的方式，自由到实验室准备商业模拟运营竞赛。空间开放：部分实验室（如沙盘实验室等）、实验项目或竞赛项目，允许学生以远程登录的方式全天候使用实验室的设备和软件。内容开放：学生可以在指定的实验中，选择自己有兴趣的实验，可以提出自己的与课程相关的课题，也可以提出相关的竞赛项目，内容不限。允许学生参与教师的研究课题，选择与实验课程相关的实验内容，在教师的科研实验室中完成实验。

第五，加强教师能力培养和优化，重视实践教学队伍建设。无论是参加商业模拟运营竞赛，还是进行实践教学，都离不开实践教师的组织和指导。教师需要具备深厚的理论功底，还要具有丰富的实践经验，更要具备专业模拟竞赛指导的能力，以便更好地将竞赛项目融入到课堂教学中。我中心根据学校有关规定，定期对教师人员进行相关知识的培训，采用参加学术会议、实验培训班等方式了解、掌握最新商业模拟运营竞赛系统和实践教学手段，以更新、提升实践教师的专业实践教学能力，适应实践教学的要求。近年来，我中心多次邀请高校及企业专家到实验中心举办赛教相关实践培训，其中包括："管理学院教师ERP沙盘实训培训班""管理学院Marketplace的战略管理实训研讨会活动""经营之道"实训研讨和培训等活动。

第六，鼓励和支持学生专业社团组织开展商业模拟运营竞赛。学生社团是大学生展现自己能力的舞台，也是增长知识才干的课堂，具有广泛的参与性。因此，利用学生社团组织开展商业模拟运营竞赛是扩大竞赛参与面、储备优秀参赛选手、管理和运行实训设备的有效途径。目前，我中心成立的ERP学生俱乐部，由中心负责管理，给予政策支持，定期组织各类模拟竞赛，以扩大该类竞赛在学生中的认知度和影响力，吸引更多学生了解和走进实验室。另外，通过以"ERP学生俱乐部"为代表的学生"小老师"队伍和实验室学生助理方式，形成学生自主管理的实践教学环境，协助完成实训课程及各类大赛的组织指导，以及实验室繁重的开放值班、管理、课程辅导等工作。

第七，与商业模拟运营竞赛软件提供商深度开展校企合作。我中心大力发展与企业的广泛合作，中心与企业有机结合，共建良好实践环境，延伸实践教学功能，先后与用友新道科技有限公司、金蝶软件有限公司、上海派金有限公司、深圳市电子商务协会等20余个单位建立学生实践教学基地及校企合作关系，每年接纳学生到实习基地进行学习和实践，大大提高学生实践应用能力。同时发展包括课程建设、师资培训、专题讲座、企业参访、社会实践、教程出版等多方面的专业合作，缩短学校与社会实际需求的差距，让学生适应社会需求。依托校企合作，实现了"专业学习、行业证书、人才孵化"三位一体的有效结合，引进实践实验课题。通过校企合作，走"学、研、证"相结合的道路，打造理论实践融合的教学模式。

4. "赛教结合"的成效

为调动学生学习的积极性和教师教学改革的主动性，促进人才培养质量的提升，从竞赛组织及实施等环节来探索一种适合管理专业并具自身特色的培养方法。

近几年来，我中心将教学与竞赛相结合，实践教学成果丰硕，建立了3门省级精品课程、3门校级精品课程，设计出版自编讲义7部，开设并完善了32门实验课程：其中包括企业战略管理实训环节课程、ERP理论与实践课程、创业者企业精英模拟实训课程、商业模拟决策课程、Marketplace实战课程等。这些课程的开发有助于学生提升实践能力，有助于学生更加了解各类商科竞赛。

同时，我中心组织带领学生参加国内外各类商业比赛、学科竞赛等共85项，指导学生参赛团队352个，培训指导学生数千人，获得各类奖项65项：包括全球五强奖章1项，国家级44项，南方区11项，省级10项等。我中心的指导教师还多次被评为"优秀指导教师""最佳指导教师"等称号。其中，在2011年4月的第十二届"尖峰时刻"全球商业模拟挑战赛总决赛中，我中心所带领团队获得该赛事全球第五名，书写了历来中国队参赛的最好成绩。

四、结束语

实践证明，“赛教结合”培养模式以学生为本，打破了原本课堂教学的沉闷气氛，激发了师生教与学的积极性，培养了学生学习热情和能力，从而大大改变了目前的教学现状。有效地延伸实践教学，使课堂教学与课外实践有机地结合起来，满足学生为了发展自己的个性、兴趣和自主学习的心理需求。“赛教结合”培养模式一方面为学生培养提供了实践平台，使其兴趣和特长更易于转为较强的学习动机，另一方面在过程中可以检测学生的专业能力水平，使其认识自身不足，促进学生自主努力学习。

本研究主要为笔者多年的亲身经验和个人体会，缺乏较深的理论研究和大量的数据支持，因此，“赛教结合”的培养模式探索仍然有一段很长的路要走，在今后的大赛及教学当中要持续对其推广及完善，争取做到“以赛促学，以赛促教，以赛促改”，推进实践教学改革，达到提升人才实践能力培养和职业素养质量的目标。

参考文献

[1] 张小菊，鹿路，牛彦飞．浅议技能大赛对深化实践教学改革的促进作用．教育探索，2008（2）．

[2] 郭云林．重视电子竞赛　推进教学改革：谈参加全国大学生电子设计竞赛的体会．电气电子教学学报，2003（1）．

[3] 欧阳津，申秀民，赵云岭等．改革实验教学模式 培养创新性人才．中国大学教学，2008（2）：79，80．

[4] 王小汀，叶斌．突破传统管理模式，提升实验室创新能力．李丽．基于教学质量工程的高校教学改革探索与实践：深圳大学管理学院教学研究文集（3）．广州：暨南大学出版社，2009．

Prezi 在“激励理论与方法”课上的应用

苏方国　黄业峰
（管理学院人力资源管理系）

【摘　要】Prezi 操作的简洁实用，内容的丰富多样，展示的思路清晰以及效果的生动活泼受到了国内外各界人士的一致好评，并在教育领域开始普及开来。本文以 Mitchell & Daniels 的激励分类为例，旨在介绍如何利用 Prezi 这款免费的开源软件制作动画课件，以增加演示效果，丰富学习和教学的效果与乐趣。

【关键词】Prezi　激励理论与方法　动画课件

一、Prezi 的发展历史

2007 年，Adam Somlai-Fischer 和 Peter Halacsy 觉得幻灯片这一方式限制了他们对于 idea 的充分表达，于是开始着手创建一种新的方式来解决问题。他们的成果就是 Prezi——一个在线的缩放式演示文稿编辑器。两人随后获得了当地创业孵化机构的帮助。2009 年，两人在家乡匈牙利布达佩斯正式成立公司。同年 7 月，在 TED Global 大会上，James Geary 在他的演讲“Mixing Mind and Metaphor”中使用了 Prezi 制作演示文稿，其与众不同的呈现形式引起了观众的极大兴趣。Adam 和 Peter 的公司在这之后很快获得了 Sunstone Capital 和 Sapling Foundation 的投资（他们也是 TED 背后的投资人），并且在同年 11 月于美国圣弗朗西斯科开设了分部。从此，Prezi 在国外名声大振，迅速崛起，抢占了 Microsoft Office PowerPoint 的一部分市场份额，并且开始在世界各地普及开来。而对于中国，Prezi 则流行得较慢，起初是在香港和台湾流行，后来才逐渐进入大陆地区。一开始是在人人网、新浪博客等社交平台上建立了 Prezi 的公共平台，最终促使 Prezi 中国论坛的建立。这些公共平台均旨在为中国 Prezi 爱好者提供一个交流、学习的平台，致力于在中国推广 Prezi。

二、Prezi 的优缺点

1. Prezi 的优点

（1）颠覆传统 PPT 直线式的单调放映模式。Prezi 提供最基础的左右平移、放大局部细节或缩小以显示幻灯片全貌。而所有的这些操作都无缝完成，画面连贯顺畅、一气呵成，不会给观众带来唐突感。

（2）在 Prezi 提供的创新播放形式下，用户可以根据幻灯片的内容及自己的喜好，来设计和布局，可以创造出许许多多个性化的呈现方式（如旋转、跳跃等）。最终达到控制播放镜头，像电影般呈现幻灯片的效果。

（3）Prezi 支持广泛的多媒体导入。例如，各种格式的图片、音乐、视频甚至 PDF 文件也能完美导入，让幻灯片充满生命力。此外，还提供传统 PowerPoint 文件导入，支持 PPT 和 PPTX 两种格式。

（4）操作界面简洁明了，人机交互充分，容易上手并熟练使用。

（5）完美解决不同电脑之间的兼容问题。Prezi 也会更新版本，而且导出的课件能在任何电脑上播放，因其最终文件是建立在 Adobe Flash 平台上的，而每一台电脑都有这个基本的运行平台，所以课件在任何电脑上播放都不需要安装任何东西，完美兼容。

（6）制作的幻灯片虽然有很多不用镜头，但均位于同一平面，即可以呈现出脉络清晰的结构图，让演讲者和听众均能很好地掌握所讲内容的框架。

2. Prezi 的缺点

（1）目前官方未开发针对中国用户的汉化版本，故 Prezi 软件的操作界面为英文。

（2）因还没开发中文版本，故 Prezi 也未能自带地输入中文，但可以通过自行导入中文字体库来解决。

（3）字体颜色库问题，目前不支持用选色器和调色器来设计字体的颜色，但提供了 30 种颜色。

（4）对视频多媒体文档格式的支持不稳定，其中 WMV 格式尤甚，但 MP4、FLV、SWF 等格式均能很好地播放。

（5）不支持原动画图片格式，即导入 GIF 格式动画图片会呈现静态。在动态图片方面用 SWF 格式的 Flash 文件来代替，效果更好。

（6）缺少对导入或绘制物件的变性功能。虽然支持物件的放大、缩小、旋转和拉伸，但没有更高级的无规则变性功能。

（7）虽然可以通过导入中文字体库来解决不能输入中文的问题，但无论是自带的英文还是中文，整个课件只能呈现 3 种不同字体。

三、Prezi 的应用——以 Mitchell& Daniels 的激励分类为例

以激励理论与方法中的 Mitchell& Daniels 的激励分类来制作 Prezi 幻灯片为例，简要介绍一下运用 Prezi 制作有明显框架结构的幻灯片的基础思路和操作。

1. 选择背景图片

上文提到 Prezi 能制作出很多张不用镜头的幻灯片，均位于同一平面，即可以呈现出脉络清晰的结构图，那么为了整个幻灯片和结构图的美观，需要选取符合主题的、自己喜欢的背景图片（当然纯白背景也可，只是效果没那么好）。一般我们使用的是“选自计算机”来添加图片或背景这两个不同类型的图片来源。以 Mitchell & Daniels 的激励分类为例，我们插入背景如图 1 所示。

图1　插入背景

2. 框架、层次分析

对所要演讲的内容进行框架、层次分析，即明确整体的脉络，然后运用 Prezi 提供的“图形”（Shapes）功能，结合上述介绍的对物件的位置、大小、比例、角度的调节操作，绘制出框架图。利用“图形”功能绘制下面的各种图形搭配组合，便形成了我们的幻灯片框架，如图 2 所示：

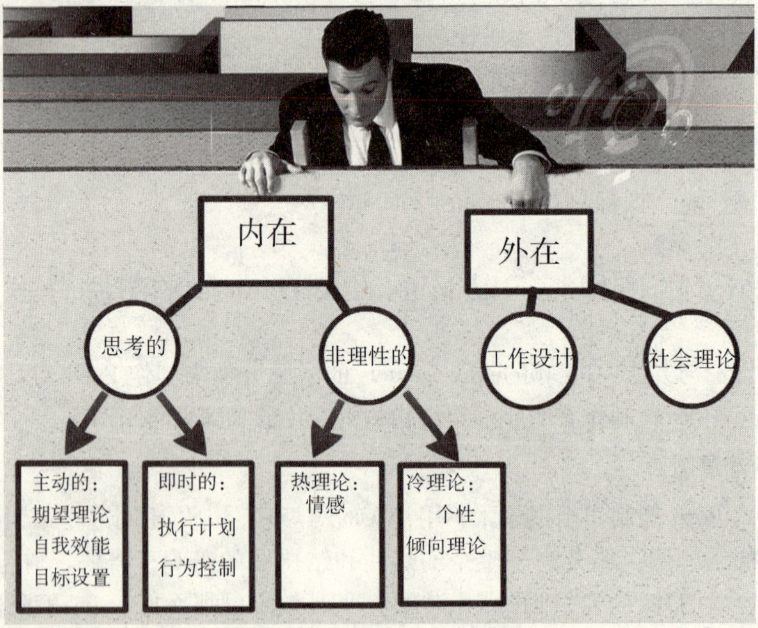

图2　绘制 Mitchell & Daniels 的激励分类框架

3. 设置框架的播放路径

在 Prezi 中，任意导入的物件或者绘制出的图形，都可以设置为一个镜头聚焦的播放页面（正是因为物件或者绘制的图形大小不同，那么在聚焦使物件或图形充满整个屏幕或相互切换时，就出现了镜头缩放和移动的效果）。在第二步绘制完框架结构图后，就可以设置镜头聚焦播放的路径。

根据我们已经设计出的框架，思考镜头聚焦播放的顺序（这里的播放顺序较多，并且可以触类旁通，掌握 2～3 个聚焦转换的顺序设置后，就会发现其他的顺序操作是一样的，故只选取最初的几步路径来介绍）

（1）给观众看到的是整个框架图及整个图的内容；

（2）开始介绍“内在”激励理论，镜头应该聚焦到“内在”矩形框；

（3）介绍“内在”激励理论下的“思考”类激励理论，即镜头应该聚焦到“思考的”圆形框；

（4）介绍“思考的”激励理论下的“主动的”激励理论（包括期望理论、自我效能、目标设置），即镜头应该聚焦到左下角的“主动的”矩形框。

回顾镜头聚焦的顺序：整体框架→内在（矩形框）→思考的（圆形框）→主动的（矩形框）。在顺序定下来后，就可以开始设置播放路径了（也就是说镜头聚焦的顺序体现在电脑操作上）。

首先要知道 Prezi 的“播放顺序和演示的操作区”是在整个软件界面的左边，即图 3 中左边用线围住的区域（跟 PPT 的位置一样）。

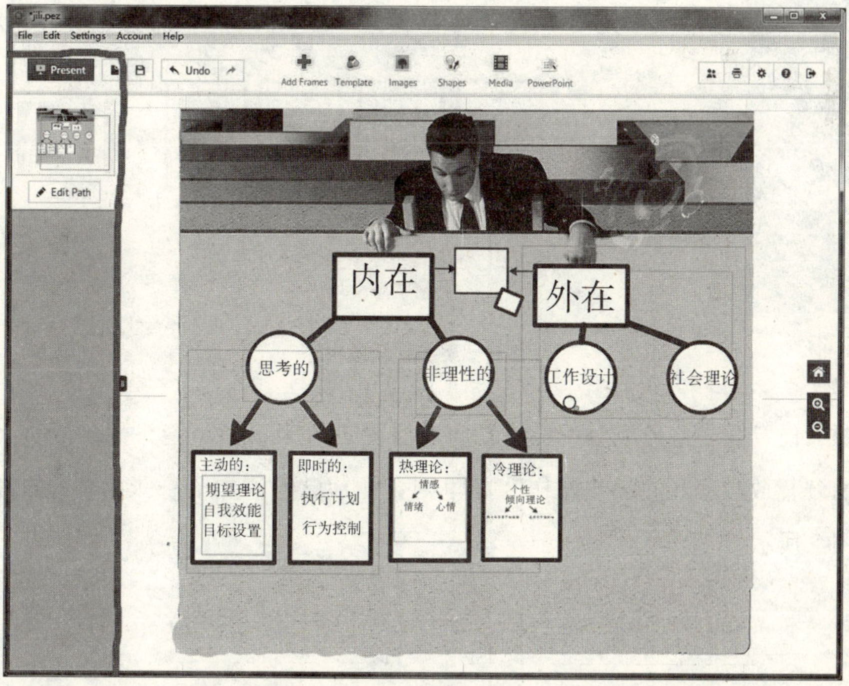

图 3　Prezi 播放顺序和演示的操作区（左边用线圈住的区域）

在次操作区中，Present 为全屏演示按钮，而 Edit Path 就是设置播放路径，也就是镜头的聚焦顺序。那么让我们按照镜头聚焦的顺序：整体框架→内在（矩形框）→思考的（圆形框）→主动的（矩形框），来设置播放路径。

在整体框架点击 Edit Path （设置播放路径）按钮，然后将光标移至背景图（因为整个框架都包含在背景图上，镜头聚焦背景图，即聚焦到整体框架），直至光标变为（手型），随即左键单击点中背景图，会出现如图4所示的添加动画效果。

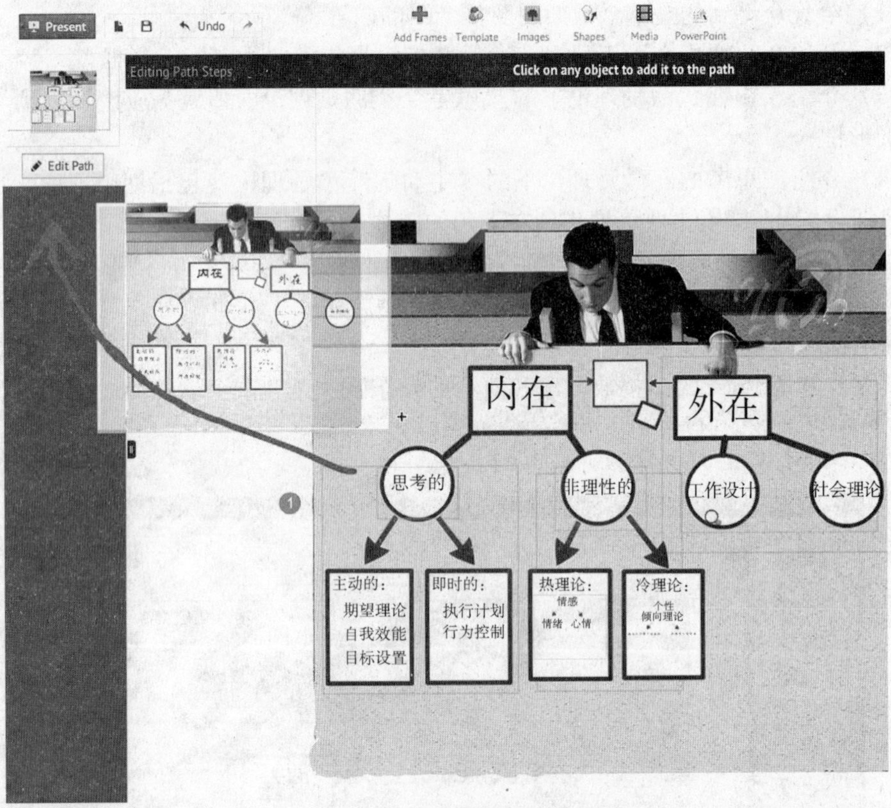

图4　添加动画效果

此时，设置播放路径成功，即成功将背景图设置为第一个镜头聚焦的页面。软件最左边的“播放顺序和演示的操作区”里则会显示已经添加了一张为 1 的镜头缩略图，如图5所示。

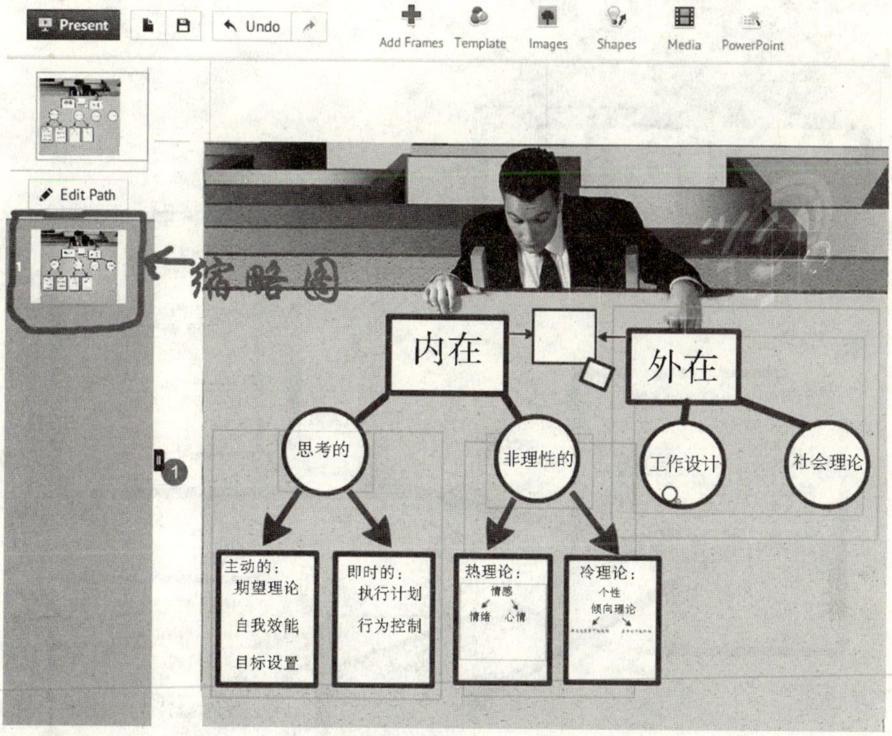

图 5　成功添加背景图为第一张幻灯片

到目前为止就成功设置了整体框架→内在（矩形框）→思考的（圆形框）→主动的（矩形框）播放顺序的第一步，那么剩下的操作基本也是以此类推。每一张新的幻灯片（新镜头）都是按照这个顺序：点击 Edit Path （设置播放路径）按钮，然后将光标移至目标物件，直至光标变为手型，随即左键单击点中物件。左边路径和演示操作区显示目标物件的缩略图，即设置成功。

4. 课件动画演示效果举例

以其中的冷理论为例，课件动画演示效果包括局部放大、旋转、切换等动画（见图 6）。另外，教师可以根据学生的反馈和疑问，随时手动控制在要点与图 2 所示的总体框架之间切换——“见树又见林”。在设置完整个幻灯的播放路径后，接下来就是预览播放几遍，检查整体动画效果是否有利于学生的学习和教师的教学。

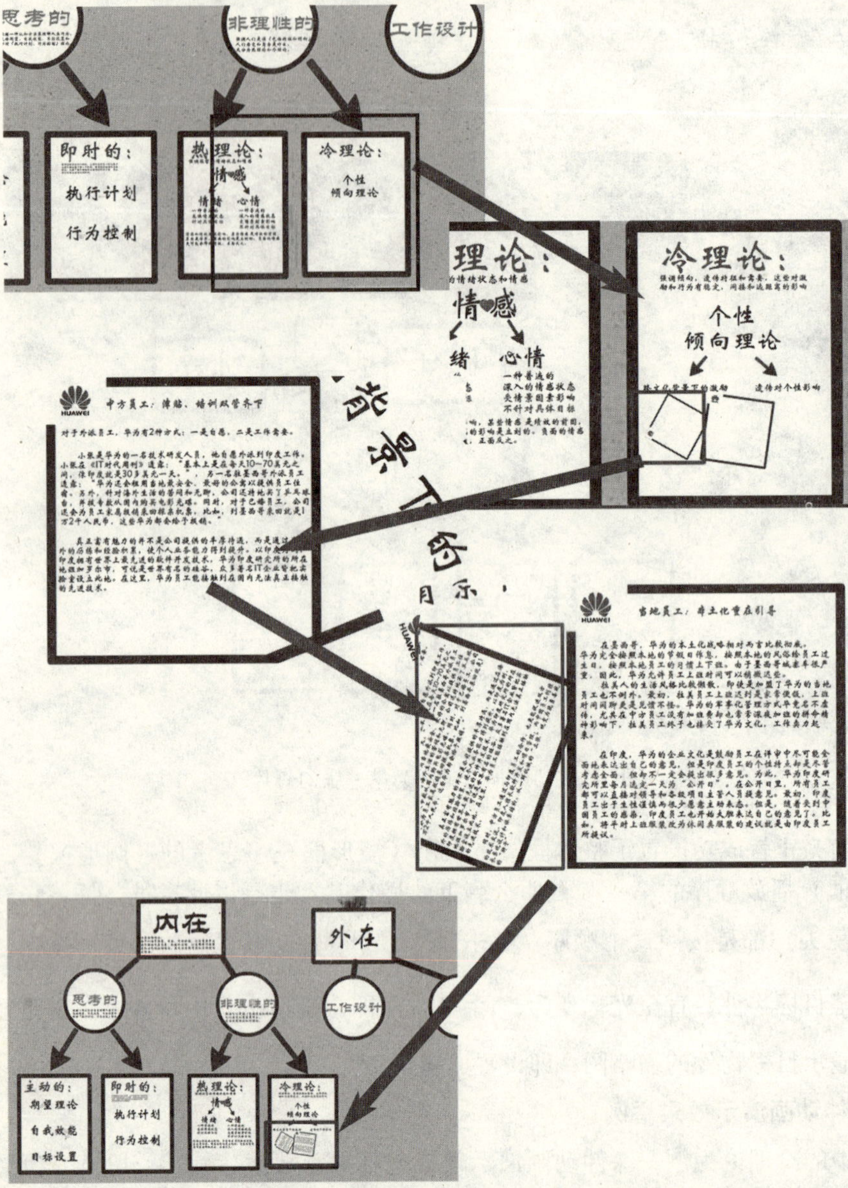

图 6　课件动画演示效果（包括局部放大、旋转等动画）

5. 导出课件与演示的动画特色

完成了以上插入背景、绘制框架、设置播放路径以及检查效果的步骤后，就基本完成了整个 Prezi 课件的制作，最后一步，就是导出课件。我们演示这个 Prezi 动画课件时，可以自主地控制的左右平移、放大局部细节或缩小以显示幻灯全貌，包括旋转与跳跃等方式呈现页面或内容，达到像电影般呈现幻灯片的动画效果。

四、小结

Prezi 操作的简洁实用，内容的丰富多样，展示的思路清晰以及效果的生动活泼，非常适合制作动画课件，在教育领域受到越来越多的关注和应用。本文以 Mitchell & Daniels 的激励分类为例，介绍如何利用 Prezi 这款免费的开源软件制作动画课件，以增强演示动画效果。Prezi 有利于教师的教学及让学生更好地理解整体框架与具体知识点的关系，更好地掌握知识。

参考文献

［美］波特，比格利，斯蒂尔斯．激励与工作行为（原书第 7 版）．陈学军，谢小云，顾志萍等译．北京：机械工业出版社，2006.

以学生为主体的多样化教学模式探究*

——以“系统工程”课程为例

牛 奔[1] 贾胜男[2]

（1. 管理学院管理科学系；2. 管理学院工商管理系）

【摘 要】本文针对当代大学生课堂学习的现状，以“系统工程”课程为例，分别通过信息加工模式、个性教学模式、合作教学模式、行为控制教学模式这四种教学模式进行具体章节教学方式分析与应用，采用多样化教学模式来激发学生们的学习兴趣，培养学生们的综合能力，增强教学成果。

【关键词】以学生为本 多样化教学模式 学生能力培养

一、当代大学生课堂现状

目前，在课堂的教学过程中，教师往往会看到坐在教室里的学生不是在玩手机，就是在睡觉，甚至闲聊，学生忘记了来到课堂学习的根本目的。为此，我们对学生做了一份样本量为90的抽样调查，来了解学生对课堂教学的想法。

在这份问卷调查的反馈信息中，学生对“在课堂上主要做什么”这一问题的回答，听课和玩手机的比例趋近，发呆走神的比例高于睡觉和闲聊的，这说明学生来到课堂是有精神听课的，而什么原因导致学生不想听课呢，56.67%的学生选择的原因是“老师讲课过于枯燥”这一选项，仅有16.67%的学生表示对课堂学习无兴趣，但有高达46.66%的学生一个学期的逃课次数在5次以上。学生认为教师的教学方式和学习兴趣的相关度高达64.77%，可见教师的教学模式和教学方法对学生学习兴趣的影响最大，教师的教学模式如果过于枯燥、教条，则会导致学生主观上对课程学习的排斥和逃离。我们进而向学生提出问题：“如果教师的教学模式多样化，你愿意集中精神学习吗?”有36.67%表示“很愿意”，有53.33%表示“比较愿意”“不愿意”的学生人数为0，可见如果改变现有教学模式单一枯燥等弊端，使教学模式多样化，有高达90%的学生是愿意参与到课堂的学习过程中的。究竟什么样的教学模式是学生喜闻乐见的呢？他们的回答大部分选择的是“内容要灵活生动”“有实践操作”“内容要联系实际”“增加老师与学生互动项目”这四个选项。

这份调查报告充分反映，要改变大学课堂上的沉闷现状，提高学生的学习积极性，课程教学模式的多样化势在必行。

* 项目支持：深圳大学青年教师教学改革研究项目（JG2012010）；深圳大学聚徒教学项目（JG2012063）。

二、现行教学模式弊端

目前，高校现行的课堂教学所采用的主要是直接授课教学模式，该模式属于传统的教学模式。在当今时代，学生更加注重的是自我个性的展示和实际操作的现实性，而这种把传授系统理论知识、培养学生的基本技能作为教学目标的教学模式，无法满足当代大学生对大学学习的目的。以教师的讲授和指导为主的教学模式对学生的要求仅在于跟着教师的教学节奏，按部就班地完成教师布置的作业和考试任务。这种模式虽然能使学生们在短时间内接受大量的知识信息，对理论只是有所了解，完成基本的学习任务，但实践证明，单一的“传递—接受”式教学模式存在的弊端不容忽视。该模式中教师占有主要地位，过分强调教师的主导作用，而忽略了学生自主学习能力的培养和独立、求异、发散思维的锻炼。学生对接受的信息难以真正理解，更谈不上将知识应用到实际中。直接授课教学模式具有重理论轻实践、重知识传授轻能力培养、重单一传授轻启发引导的弊端，与学生渴望增强操作能力、提高实际能力、锻炼逻辑思维能力的学习愿望背道而驰，且由于理论知识的枯燥性，如果教师不能使枯燥的理论知识的讲述生动起来，则会导致学生对课程学习的厌烦和排斥，无法实现教师对学生知识传授、能力培养、思维开发的教学目的。

这种近似于“满堂灌”的教学模式，往往会培养出一大批没有思想与主见的高分低能者，非常不利于学生的全面发展。这种模式往往会造成以下弊端：

（1）难以激发学生的学习热情，导致学生选择被动、机械地接收老师传递的知识，很可能引起学生对课程的厌学情绪。

（2）不利于培养学生创新思维和解决实际问题的能力，使他们空有理论知识却不会运用于实际生活中，成为高分低能的人。

（3）不利于教师与学生对知识学习的沟通交流，激发出知识的碰撞。教师的单一传授，使得学生们成为书本的奴隶，不会思考也不敢提出质疑，禁锢了学生们的思维，也使得教师缺乏对学生的认识，不能得到学生的新思维以更新自己的知识。

三、以学生为本的多样化教学模式

考虑到学科的特点和教学目标的设定，只有采用多样化教学模式，才能满足学生对课程学习的期待，激发学生对课程学习的兴趣，培养学生的综合能力。

下面以“系统工程”课程为例，阐述以学生为本的多样化教学模式的实施过程。

1. “系统工程”课程的特点

“系统工程”课程属于电子商务、信管本科专业的专业综合选修课程。它是运用系统思想和数学模型、计算机工具进行管理分析的一门实用、新兴学科。该课程主要包括系统科学、系统工程理论和基本方法，系统评价与分析的一般过程，系统优化的基本理论与方法，系统模型的构建原理与方法等内容。不同类型的内容有利于教师采用不同的教学模式来进行教学。比如为了培养信息管理与信息系统专业本科生学习系统思想，以及系统分析问题与解决问题的方法，可以将方法和模型相结合来教学，并与现实应用相联系，提高学生的积极性以及培养良好的学习兴趣。此外，系统工程需要掌握处理复杂问题的基本思想和系统工程的构思途径，并能运用方法论说明如何去解决现实生活中相应的系统工程问题，由于概念多、技术难度大、技术知识较为枯燥，学生在学习过程中难免产生厌恶的情绪。因此，更需要选择得当的多种教学模式来调动学生学习的积极性，激发学习的兴趣以达到掌握知识、提高能力的目的。

2. **多样化教学模式**

“系统工程”课程涉及不同类型的教学内容，应根据培养学生不同能力的目标和不同的教学内容选择不同的教学模式，或多种教学模式并用。其中涉及的教学模式有：信息加工模式、个性教学模式、合作教学模式、行为控制教学模式。在教学过程中灵活运用，这些模式可相得益彰。同一个教学内容可以采用多种教学模式，同一个教学模式也可以应用在不同的内容上，如下图所示：

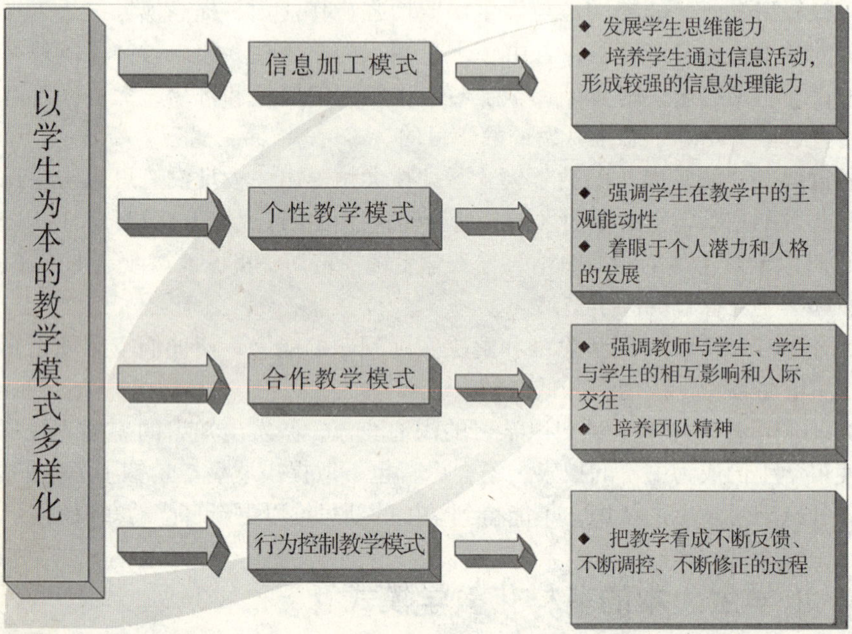

教学模式结构图

（1）信息加工模式。

这种教学模式以信息加工理论为依据，视教学为一种创造性的信息加工过程，它更重视学生对知识的获得和智力的发展。以扩展学生的思维能力为目的，使学生通过参与对信息的获取和整理获得较强的信息加工处理能力。

信息加工模式的目标是提高学生的逻辑思维能力和批判思维能力。该模式要解决的关键问题是课前教师需要精心准备大量实际的有代表性的例子。教师采用信息加工模式教学，则同时要求教师有较强的语言加工能力，使得所讲授的知识内容灵活生动，用生动有趣的语言把需要教授的信息传递给学生，使学生愿意主动地参与到课堂学习中，不是被动地接收信息，而是主动地思考和整合知识信息。

如《系统工程》第一章“系统工程概述”。概述一般是对课程的描述，如果简单地照本宣科、枯燥地解释名词，则会很容易造成课程的讲解无趣枯燥，进而从第一堂课就使学生失去了对这门课程的学习兴趣。对于第一章概述的讲解，应该采用启发式的讲解，这就需要对第一章的信息进行加工整合。往往启发式的开始，容易带领学生走进课程的思考中，激发学生的学习主动性。

第一章从第一节到第四节分别是系统工程的产生、发展及应用、系统工程的研究对象、系统工程的概念与特点、系统工程的应用领域。如果从第一节开始讲起，则不可避免地会造成照本宣科、“满堂灌”的弊端。应选择先讲第四节的内容“系统工程的应用领域”，选择学生熟悉的经济系统工程中的消费结构分析，在对消费结构分析的系统模型的讲解中，让学生以有形的模型来理解系统的含义和系统工程的概念及特点。由于该书概述的理论是抽象的，学生对于专业名词是陌生的，抽象的讲解会使得学生不明所以而放弃思考。采用实际生活中的系统工程的应用模型例子，将抽象的理论知识化作有形的认识，使得学生更愿意主动地参与到学习的过程中，主动地接收信息，在讲解的过程中，只有把信息较为系统地传达给学生，学生才能根据自己的理解把所得到的信息进行加工，化作自己的知识面。

（2）个性教学模式。

这种教学模式以个别化教学理论与人本主义教学思想为理论依据，主要强调学生在课程的教学过程中具有主观能动性，激发学生对课程学习的自主性和主动性，才能有利于学生个人潜力的发展，扩展学生的人格培养。

《系统工程》的第八章内容是应用实例分析。该部分的内容可以采用人格发展的个人模式。该模式的目标是促进学生个性化发展，培养学生的求异思维以及独立学习和解决问题的能力。要解决的关键问题是如何选择合适的形式（比如竞赛等）激发学生学习动机，使其积极参与到这种模式中，激发学生的潜力和创造力，使他们所学的知识能够为自己所用，建立自己的知识体系。

（3）合作教学模式。

这种教学模式是以社会互动理论为依据，关注教师与学生、学生与学生在课堂教学过程中的相互影响和人际交往，培养学生的社会性品格。合作教学模式的目标是培养学生的团队精神和人际交往沟通能力，该模式要解决的关键问题是教师要根据学生不同的特点（性格、智力等因素）合理分配角色，并且保证学生有足够的时间去讨论和交流。

《系统工程》第五、七章内容分别是系统评价、系统分析方法。第五章要求了解系统评价的原则和步骤，熟悉构建评价指标体系，掌握关联矩阵法、层次分析法基本原理和工作步骤，掌握熟悉主成分分析法基本原理和工作步骤。第六章要求掌握系统分析的内容和步骤、系统分析的定性方法、案例分析方法，以及系统分析的基本要素和系统分析的基本原则，并能运用这些原则进行系统分析。在讲授这两部分内容的时候，可以采用合作教学模式和信息加工模式相结合的教学方法，让学们通过小组协作的方式，与组员交流信息，相互补充知识漏洞，在小组合作的过程中得到锻炼和培养。

（4）行为控制教学模式。

这种教学模式是以行为主义心理学理论为依据，它对教学操作方法的自我控制要求严格，把教学视作一个需要不断修正的过程。行为修正教学模式要解决的关键问题是要求学生掌握复杂问题的基本思想和系统工程的构思途径，并能运用方法论去解决现实生活中相应的系统工程问题。

《系统工程》第三章的内容是系统工程方法论，这部分的知识结构清晰，学生容易接受，但需要大量的实际操作和练习，学生才能真正掌握。因此这部分的知识内容采用直接授课和行为修正相结合的教学模式。这两种教学模式的使用既可以培养学生的抽象思维能力，增强组织纪律性，又可以让学生深刻理解所学知识，熟练掌握基本技能，提高实际动手能力。

四、结束语

教学模式不应该是单一、僵化的，学科的差异性和专业的不同，需要灵活应用多种教学模式相互补充，教师的责任不仅在于传授理论知识，也应该要重视对学生实践能力和人际能力的培养。提高学生的学习主动性，改变课堂的沉闷，则需要对教学模式进行改变，教学模式的多样化能够有效地促进学生对课程的学习效果和能力培养。

参考文献

［1］单伟明．评析加涅教学理论．硅谷，2008（6）：103，104.

［2］［美］罗杰斯，福雷伯格．自由学习．伍新春，管琳，贾容芳译．北京：北京师范大学出版社，2006.

［3］［美］约翰·杜威．我们怎样思维·经验与教育．姜文闵译．北京：人民教育出版社，2005.

［4］［美］林南．社会资本——关于社会结构与行动的理论．上海：上海人民出版社，2005.

［5］［美］Robert D. Nye. 三种心理学——弗洛伊德、斯金纳和罗杰斯的心理学理论（第六版）．石林，袁坤译．北京：中国轻工业出版社，2010.

“管理学”课程教材内容体系研究

张多中
（管理学院工商管理系）

【摘　要】“管理学”课程教材是教好和学好管理学这门基础课的重要因素之一。一本好的教材，一是要具有针对教学对象的适应性，二是要具有内容本身的逻辑自洽和易懂有趣的特点。现行较为流行的教材或多或少都有些问题。本文首先提出了几个“管理学”课程教材编撰的基本原则，对目前流行的几本主流教材的内容体系作了分析和评价，在坚持原则和借鉴优点之下，提出了“管理学”课程教材的内容体系和章节体例设想。本文的基本观点是：“管理学”课程教材的内容体系应当在讨论管理的基本问题的基础上，以被普遍接受的“管理过程论”为主，应具备简单易懂的内容阐述方式，应有生动有趣的章节体例安排，以达到激发学生兴趣、打好专业基础的教学目标。

【关键词】管理学　教材

导言

“管理学”或称“管理学原理”，是管理专业的核心基础课程，其对于管理专业学生的培养之重要性显而易见。学好这门课程，对于学好其他的管理专业课程具有事半功倍的效果。尽管教好、学好一门课程取决于多方面的因素，但好的教材是不可或缺的。国内外的“管理学”教材，数量和种类很多，其内容体系也各不相同，并无定型，这似乎与管理学作为一门学科的不成熟是一致的。

国内编撰的教材以周三多、陈传明、鲁明泓编著的《管理学——原理与方法》（复旦大学出版社），高闯主编的《管理学》（清华大学出版社），芮明杰主编的《管理学——现代的观点》（复旦大学出版社）等为主流教材。前两本教材基本采纳过程学派的观点，以或多或少的职能安排各方面的管理学知识。但就阅读体验而言，则与欧美编撰的同类教材差距较大，具体内容的陈述和章节模块也难以挑起初学者的学习兴趣。芮明杰教授的教材建立了自创的体系结构，确实是一种创新，但其合理性另当别论，而且这一体系对于大学低年级学生而言还是有些晦涩难懂，不好明白的。

国外的管理学教材以哈罗德·孔茨的《管理学》为经典，以罗宾斯的《管理学》最为影响广泛。这些教材优点在于生动活泼、结构清晰，但对于我国学生来说，其最大问题则在于书中体现的是西方思维，案例材料全部以美国为来源，虽然被翻译成中文，但实际上没有中文气息，阅读学习中难免有隔膜感。

对于教材的评价，不外乎内容逻辑结构、章节体例编排、内容陈述风格和对学生的适用性几个方面。基于以上几点，本文试图针对低年级本科学生使用的管理学教材的内容体系和章节体例加以研究，并设计一本管理知识内容相对全面、陈述简单明了、能引发学生专业兴趣并容易理解和掌握的“管理学”课程教材。

一、编撰管理学教材的三个原则

第一，关于教材的基本要求。

教材是对已经成熟和被学界普遍认可的学科知识的系统介绍。管理学学科的不成熟特点，使得不同的编撰者出于对管理本质理解的差异，编著的教材的逻辑结构体系与其中的内容取舍各不相同，这是目前管理学教材的常见现象。但是，有两点是一本教材必须具备的特点：一是教材的结构和逻辑要建立在对管理本质一家之说的理解之上，构建一个能自圆其说的体系。这既是理论科学性的使然，也是一门课程教学规律的要求，只不过需要向读者和学生强调其“一家之言”的特点，以免初学者一叶障目，因点失面。二是作为教材而非研究性的专著，要尽可能反映学科中被多数学者接受的理论观点。管理学流派众多，各流派都有自成一体的概念、理论和方法。但查阅多数的管理学流行教材，还是以法约尔奠定的过程学派为主：要么是对管理的职能或多或少的选取差异，要么是以过程学派为骨干，稍作变形。这说明过程学派确实是一个具有包容性的、目前被普遍接受的理论体系，尽管这一学派明显忽视了变化迅速的环境因素对组织带来和挑战和困惑。

第二，关于基础性课程的特点。

“管理学”通常都是以专业基础课的面目出现的。基础课是母课，是入门课，是专业思维的框架课。这个课程的教学要能够引发学生的专业兴趣，并为其进一步学习其他相关管理课程打下基础。基础课教材应该侧重于知识的逻辑关联性、简单性、全面性和有趣性。逻辑关联性是指教材中涉及的各个部分的内容应该具有对管理本质理解之上的解析推理关系，前后呼应浑然一体，要避免不同部分之间各说各话。这是学习和掌握学科知识的规律要求。知识的全面性是指教材要尽可能囊括所有学科知识，让学生通过基础课程的学习，尽可能全面地掌握学科内容，以便找到自我进一步深入学习的路径。知识的简单性是指在教材中所介绍的概念、理论、原理、方法等只可简略而不能详细，也不能复杂。因为相关的内容很可能会在日后一些具体的专业课程之中详加讨论，在基础课中就没有必要重复了。另外，内容的过于详细和复杂，一是课时受限，可能无法完成课堂教学任务，二是国内低年级的学生大部分是初次接触专业课，因其他基础课程未学或未学完，对太复杂的专业问题理解有困难，这就有可能会进而打击其专业学习兴趣。比如一些决策的方法、沟通的原理、激励理论、控制理论等应该只作介绍，不必详细研讨。因为这些东西在后续“运筹学”“组织行为学”“生产管理”等课程都会深入地学习。

第三，关于低年级本科生的特点。

国内高校通常都把“管理学”课程安排在大学一年级第一学期或第二学期。大一本科生有自身的特殊之处。首先，适应期问题。大学的学习完全不同于中学时代。不但专业学习的内容是全新的，而且具有高度自主性特点的学习方法也与中学时代的按部就班大不相同。很多在中学成绩好的学生，不一定能学好大学的课程。新生入学后通常都需要一个调适过程。已有研究表明，这个过程少则三个月，多则一年，其中更有少数人四年完全无法适应，始终不得大学生活学习之要领，荒废四年时光。其次，课时问题。国内大学一年级大学生的课时被大量统一要求的公共课程占用，再加上开学后一个月的军训安排，实际上的专业课程安排并不是很多。再次，鉴于国内中小学的成长环境，大学生过去生活和求学过程中极少甚至可能完全不具有的管理经历，对接触大量的管理知识往往很是迷惘，如果手头是那种用词生僻、语句冗长、阅读沉闷，让人望而却步的大部头，则畏难情绪油然而生，失去兴趣。因此，开设“管理学”课程要尽可能地让这个课程简单、全面和有趣，让学生能够通过这门课程的教与学进而对专业产生兴趣，建立专业自信，跨入管理专业的门槛，为后续专业学习奠定良好的基础。而一门好的课程教学，除了富有技巧的课堂教学方法之外，最为重要的就是一本合适的教材！

二、对四本主流教材的评价与比较

国内有一些影响较大、使用数量较多的“管理学”课程教材，有必要对其中的佼佼者加以详细分析，以便了解主流思想，并在编撰教材时扬长避短。

1.《管理学：原理与方法》（复旦大学出版社）

由周三多、陈传明、鲁明泓编著的《管理学：原理与方法》，是获得国家教委优秀奖的教材，现已经出到了第五版。该教材在国内影响很大，有多所高校都把该教材作为研究生招生指定参考教材。其第五版包括七篇，共二十三章内容，共 50.2 万字。其篇章结构如下：第一篇是总论，含四章内容：第一章管理与管理学，第二章管理思想的发展，第三章管理的基本原理，第四章管理道德与社会责任。第二篇是管理前提与本质，含四章内容：第五章管理伦理，第六章组织文化，第七章管理信息第八章管理决策。第三篇是计划，含四章内容：第九章计划与计划工作，第十章战略性计划，第十一章企业资源计划，第十二章计划的实施。第四篇是组织，含三章内容：第十三章组织设计，第十四章人员配备，第十五章组织力量的整合。第五篇是领导，含三章内容：第十六章领导与领导者，第十七章激励，第十八章沟通。第六篇是控制，含两章内容：第十九章控制与控制过程，第二十章控制方法。第七篇是创新，含三章内容：第二十一章管理的创新职能，第二十二章企业技术创新，第二十三章企业组织创新。篇章布局方面则每章都有相关练习题和问题及案例。

可以看出，该教材编撰中采纳了“管理过程论”的体系，只不过前面的两篇内容试图对管理相关的一些基本问题做出交代，并总结了几个所谓的基本原理。这个原理部分的内容也符合过程论所认为的管理的一般适用性主张。后面几篇是对管理过程中的几个职能的论述，只不过增加和突出了创新这个职能。

该教材内容全面，逻辑统一，每章附带案例并设计了练习题。该教材在第二篇中提出了管理的前提和本质的几个问题——管理与伦理、组织文化、信息和决策。这几个问题是否合适另当别论，但编者认为需要对管理的前提和本质问题提出讨论本身，还是很有启发意义的。实际上，就管理的本质而言，至今并无定论，但对与管理相关的几个重要前提或者因素予以重视和讨论，这有助于学生从多个角度去理解管理，是

有趣，但始终感觉管理好像就是美国工商界的事情，既不是中国的，也不是“我”的，而是始终与“管理”有一层隔膜。这种感觉对于今后的专业学习必然造成不良影响。也就是说，这本书的最大问题是非本土化，也就是非中国化，作为培养中国未来的管理人才的教材，当然会有一些问题。

此外，以上管理学教材所共同存在的一个问题是工商管理导向。虽然工商领域是管理最活跃和最让人兴奋的领域，但这并不是管理的全部。管理存在于包括工商组织在内的各种组织之中，比如政府管理、NGO 管理、慈善组织的管理、政党管理、学校管理等。而一本针对大口径管理专业的通用意义上的管理学教材，应该尽可能地顾及各种组织之管理需要而不能只是围绕工商企业组织打转，应尽可能强调不同类型组织的管理的通用之处及各自所有的特殊之处，避免把管理就看成是“工商管理”或“企业管理”。

三、《管理学》教材内容体系构想

根据以上的分析，一本大学低年级管理专业学生使用的教材，应满足以下要求：

第一，它的内容逻辑结构应该是跟随主流的、接受范围较广的理论体系，这就是过程流派的职能结构。虽然职能的多少也是一个未定的问题，但职能说的包容性应该能够把已经成熟的管理知识囊括进来。过程学派把管理看成是完成一系列职能的过程，这更偏重于管理实践，这与管理教育中对学生的管理实用导向也是一致的。

第二，这本教材应具有本土化特点。这有两个明显的特点要求，一是简明易懂的中文表达，二是使用中国本土的阅读材料与案例。本土化可避免学习中的“他者感”或“隔膜感”。

第三，这本教材的篇章体例安排应该尽可能灵活、有趣。这是外国人编写的教材的长处，国内本土化的教材理应吸取这种优点，使学生在看书学习时不再有沉闷之感，激发其对管理专业的兴趣。

第四，这本教材应该以实际从事管理工作需要为导向，在内容陈述过程中，始终以假设学生是将来的管理者为前提，从管理者将要解决的问题入手，将学生的思维方式导入管理者的框架。

基于此，《管理学》的主体内容应有以下五编二十章：

第一编：管理基础。这是对管理相关的基本问题的回答。它需要告诉读者什么是管理？什么是管理学？什么是管理者？管理者的工作内容是怎样的？对管理认知的历史发展过程，管理本质理解的差异性，管理工作面临的约束条件：内在的理念约束与外在环境因素约束等。可以安排四章内容。

第一章　管理与管理者

　　第一节　对管理的不同理解

　　第二节　管理的过程观及其特点

　　第三节　管理者及其工作

第四节　管理学及学科体系

第二章　管理认知的历史

第一节　中、外古代的管理实践与管理思想

第二节　现代科学管理时代

第三节　现代组织理论

第四节　人际关系与行为科学

第五节　管理理论的丛林

第六节　战略视角下的管理

以上主要是以时间为轴对管理理论的历史沿革的考虑，这也是大多数教材对这一部分内容的处理形式。如果从实用导向出发，则这一章的内容也可以根据对管理核心问题关注点的不同来加以考虑如下：

第一节　管理实践、管理思想与管理理论（或管理学派）

第二节　管理的科学认知和应用（泰罗、管理科学学派、信息与决策等）

第三节　管理的人本认识过程（人际关系、行为学派、文化、人本管理、管理伦理与社会责任）

第四节　管理组织认识过程（过程、韦伯、系统、设计、流程再造、学习型组织、网络化）

第五节　管理认知的新发新发展（战略、绩效、知识管理、关系观等、未来）

第三章　管理的价值观（或管理的伦理）

第一节　伦理与管理伦理（管理目的不同层次）

第二节　管理伦理要回答的问题（或管理伦理的作用）

第三节　管理中的利益相关者

第四节　有伦理的管理与管理的社会责任

第四章　管理的环境条件

第一节　管理的组织边界与环境

第二节　管理的环境条件

第三节　对环境因素的管理

第四节　全球化下的管理

第二编：决策与计划。这一编是管理工作的开始，也是管理的首要职能。需要回答管理的第一步工作——计划是什么，如何做好计划工作，理解计划的多样性和复杂性，掌握决策的重要性，计划的不同层次等。可以安排四章内容。

第五章　决策

第一节　决策就是作决定

第二节　决策的过程

第三节 决策的方法
第四节 决策的责任与风险
第六章 计划工作
第一节 计划及其重要性
第二节 计划的类型与特点
第三节 计划的一般过程和内容
第四节 计划的一般方式与方法
第七章 战略计划
第一节 战略计划要解决什么问题
第二节 战略计划的层次
第三节 制订战略计划的工具
第八章 计划的目标与目标管理
第一节 计划的目标
第二节 目标要求与目标体系
第三节 目标管理的方式
第四节 实施目标管理

第三编：组织。可以从分工的意义上理解组织。组织是在分工的基础上建立一个框架的过程。这个框架往往以制度规定呈现出来，所以组织也可以看成是管理中的制度建设。可以安排四章内容。

第九章 组织体系
第一节 组织及其特点
第二节 组织的要素
第三节 组织的类型
第四节 组织的合理性
第十章 组织设计
第一节 组织设计的原则和过程
第二节 任务分析与部门划分
第三节 确定层次与职权划分
第四节 资源分配与人员配备
第五节 组织设计结果呈现：岗位责任制（结构图、职位）
第十一章 组织文化
第一节 组织文化及作用
第二节 组织文化的层次
第三节 组织文化的决定因素
第四节 建立组织文化

第十二章 组织变革与创新

第一节 变革及其必要性

第二节 变革的阻力与动力

第三节 变革的方法

第四节 创新（含义、形式、途径、条件、方法）

第四编：领导。领导是最外显的管理工作。领导是组织的发动机。领导的主要问题是包括领导者与被领导者在内的人的问题——人的心理、动机、人的行为。可以安排三章内容。

第十三章 领导

第一节 管理、领导、指挥

第二节 行为的基础

第三节 领导者行为与方式

第四节 对个人的领导与对群体的领导

第十四章 激励员工

第一节 为什么需要激励员工

第二节 激励机制和理论

第三节 激励方法与艺术

第十五章 沟通

第一节 理解沟通

第二节 沟通的类型及特点

第三节 人际沟通的技能和改进

第四节 积极的倾听与化解冲突

第五节 协调

第五编：控制。控制是管理过程循环的结尾，是一种对管理绩效的评估。可以安排四章内容。

第十六章 一般控制过程

第一节 控制及其重要性

第二节 控制的内容和方式

第三节 控制的三个关键环节

第四节 控制的有效性和常见障碍

第十七章 战略性控制

第一节 战略控制及其解决和问题

第二节 战略控制的方法

第三节 战略控制的实施

第十八章　信息控制

第一节　信息与组织中的信息交流

第二节　信息的收集、处理、传授、控制

第三节　管理管理系统

第四节　大数据时代的信息利用（或智慧时代）

第十九章　质量控制

第一节　质量观

第二节　质量标准

第三节　质量控制与提升方法

第二十章　绩效控制（管理）

第一节　绩效及其在管理中的重要性

第二节　绩效评价的标准

第三节　绩效管理方法

第四节　绩效的改进（对评估结果的原因分析、改进绩效的方法、改进绩效的策略）

四、《管理学》章节体例设想

教材是否生动活泼、引人入胜，一则表现在语句是否明快简洁、通俗易懂；二则表现在章节结构安排是否直观丰富并联系实际。作为一本大学低年级学生使用的管理学教材，这尤其重要。结合各种优秀教材的特点，可以有以下的章节体例设想：

- 编名
- 编内容概述
- 章名
- 学习重点
- 导入性小事例、新闻或研究性材料
- 节名
- 主体内容
- 在中间灵活插入的小事例、新闻或研究性材料
- 本章小结
- 关键词
- 思考和讨论问题
- 本章应用案例
- （案例）讨论问题
- 管理能力测试

基于本土化的要求，教材中所引用的小事例、新闻事件、研究成果、案例等材料都应该是国内的，以突显管理就在身边、就在中国。

参考文献

［1］［法］H．法约尔．工业管理和一般管理．周安华等译．北京：中国社会科学出版社，1982.

［2］［美］斯蒂芬·P. 罗宾斯．管理学（第四版），黄卫伟等译．北京：中国人民大学出版社，1997.

［3］［美］彼得·德鲁克．管理实践．北京：机械工业出版社，2007.

［4］［美］哈罗德·孔茨，海因茨·韦里克．管理学．北京：经济科学出版社，1993.

［5］高闯．管理学（第二版）．北京：清华大学出版社，2009.

［6］郭咸纲．西方管理学说史．北京：中国经济出版社，2003.

［7］芮明杰．管理学：现代的观点．上海：上海人民出版社，2005.

［8］周三多，陈传明，鲁明泓．管理学：原理与方法．上海：复旦大学出版社，2003.

三、游戏规则

零售商面对每天发生的需求（存在波动），每周向分销商订货一次；分销商每周向制造商订货一次；制造商每天按照相同的生产率生产产品（可在每周末调整）。分销商和制造商的送货提前期均为一周。游戏分四个阶段进行：销售→到货→补货→决策。具体说明如下：

1. 零售商

销售：假设每天的销售累积在晚上发生，如果零售商库存足够，则满足所有需求，并更新库存水平；如果零售商库存不足，则部分满足需求，更新库存（为负）并记录缺货信息，下次到货再弥补缺货量。

到货：发生在第 $7n$ 天晚上（$n=1, 2, 3, \cdots\cdots$），完成当天销售之后发生。

补货：发生在第 $7n$ 天晚上，完成到货后发生。弥补缺货量，更新库存水平。

决策：发生在第 $7n$ 天晚上，完成补货后发生。确定订货量。

2. 分销商

销售：假设销售累积在第 $7n$ 天晚上发生，如果分销商库存足够，则满足所有需求，并更新库存水平；如果分销商库存不足，则部分满足需求，按零售商订货比例（含所欠订货量）满足，并记录缺货信息，下次到货再弥补缺货量，按零售商订货比例（含所欠订货量）弥补。

到货：发生在第 $7n$ 天晚上（$n=1, 2, 3, \cdots\cdots$），完成当天销售之后发生。

补货：发生在第 $7n$ 天晚上，完成到货后发生。弥补缺货量，更新库存水平。

决策：发生在第 $7n$ 天晚上，完成补货后发生。确定订货量。

3. 制造商

销售：假设销售累积在第 $7n$ 天晚上发生，如果制造商库存足够，则满足所有需求，并更新库存水平；如果制造商库存不足，则部分满足需求，按分销商订货比例（含所欠订货量）满足，并记录缺货信息，下次到货再弥补缺货量，按分销商订货比例（含所欠订货量）弥补。

到货/生产：每天发生（等于生产率），假设累积到每天晚上到货，发生在销售之前。

补货：每天发生，假设累积到每天晚上补货，发生在销售之前，完成到货后发生。弥补缺货量，更新库存水平。

决策：发生在第 $7n$ 天晚上，完成补货后发生。确定是否增加/减少生产率（每条生产线的生产率为 p/天，因此改变生产率只能为 p 的倍数）。新的生产率将持续到下次修改前。

游戏一共持续进行 8 周时间，要求参与游戏的每个零售商、分销商、制造商记录下每天早上自己的库存水平（包括顾客实际发生的每天需求量）。

市场需求（u）：

第一周：D ~ N（4, 0.5*0.5）；

第二周：D ~ N（6, 1）；

第三周：D ~ N（8, 2*2）；

第四周：D ~ N（12, 3*3）；

第五至第八周：D ~ N（4, 0.5*0.5）；

初始库存水平：

供应链结构1：

零售商：28（7u）；

分销商：84（3*7u）；

制造商：168（2*3*7u）；

供应链结构2：

零售商：28（7u）；

分销商：140（5*7u）；

制造商：420（3*5*7u）；

备注：①需要事先产生好有关分布的随机数。②实际游戏时可取 u = 4/天。

四、道具

（1）订单表（有三种：C→R，R→D，D→M。每个参与者一份，R 每天发生，D 和 M 每周发生）；

（2）库存记录表（更新库存时记录，每天记录，R、D、M 各有一张）；

（3）出库/入库单（有两种，M→D，D→R，D 和 R 第 $7n$ 天晚上入库）；

（4）制造商产能变化记录表（记录制造商的产能决策，每7天记录一次）；

（5）缺货单（每个 M 和 D 要有一张，记录欠货信息，包括欠谁、欠多少等）。

备注：①需要有人专门记住当前是第几天，时间一直往前推进。发布订单信息可以以周为单位进行，以提高游戏效率。②C – Customer。

五、附表

表1　零售商订单表（C→R）　　零售商编号：＿＿＿＿＿＿

日期	1	2	3	4	5	6	7	8	9	10	11	12	13	14	15	16	17	18	19
需求																			
日期	20	21	22	23	24	25	26	27	28	29	30	31	32	33	34	35	36	37	38
需求																			
日期	39	40	41	42	43	44	45	46	47	48	49	50	51	52	53	54	55	56	
需求																			

131，132.

［4］刘小青，蒋常香．体验式教学在大学生心理健康课程中的应用研究．教育理论与实践，2012，32（30）：62～64.

［5］安文婧．体验式教学模式在非通用语种英语视听说教学中的运用．现代阅读，2011（8）：4，5.

“数据库原理及应用”课程的全程开发教学模式探讨

潘　锋
（管理学院管理科学系）

【摘　要】针对信息管理与电子商务专业数据库原理及应用课程中出现的若干问题，本文提出了全程开发教学模式的指导思想，探讨了该模式的实施过程及需要注意的问题。

【关键词】数据库　全程开发教学　教学模式

“数据库原理及应用”是信息管理、电子商务专业最重要的专业基础课程之一，其特点是理论完善，实践性与实用性较强。大部分本科课程以数据库原理为基础，授课以理论教学为主、实践教学为辅。教师首先介绍基本原理、基本理论，逐步引出表、视图、索引、触发器等概念，然后引领学生练习SQL语句，深化对结构查询语言的认识，课程末端虚拟某一信息管理系统设计场景，要求学生从ER图做起，实现对若干实体、联系的增加、删除、更新、查询等操作作为本课程的大作业或课程设计。这种教学模式对具有一定信息理论基础的计算机专业学生效果较好，他们能够迅速理解数据库基本原理，运用关系运算、规范化理论指导对数据库的各种操作，形成系统完整的知识体系。但对于信息管理与电子商务专业的学生而言，由于缺乏较多的计算机基础课程，在理解数据库原理方面往往存在一定的难度，以至于不能够灵活应用理论于实践之中。本文从长期课程实践中观察、分析教学活动中教师和学生对于本课程理解的偏差以及出现的问题，提出全程开发教学模式的“数据库原理及应用”课程教学方法，并探讨全程开发教学模式的优缺点。

一、“数据库原理及应用”课程的教学现状

1. 教学重点理论化

受理论教学目的的影响，教学的重点是理论教学，课程主要是讲授数据库的基本原理。教师在教学过程中，重点偏向理论教学，很少或基本没有向学生介绍具体的数据库实用技术，学生学习的主要目的是获取实际技能，但在学习的过程中学到的实际技术较少，从而学习兴趣降低，学习缺乏动力，这样不仅限制了学生实际能力的提高，而且影响了理论水平的提高，不利于学生全面发展。

2. 教学知识局部化

教师在教学时，只是就课程本身讲授相应知识点，很少介绍课程的应用场合以及与其他课程之间的联系。过度着重单一课程知识的掌握而忽略整体教学体系的结果是

子商务专业学生的实际情况，将课程中数据库原理纳入到实际的项目开发中去，并向学生推荐以下项目：

(1) 校友录系统。

①基本信息需求：用户可以修改个人资料、设置密码、设置好友访问权限等。

②搜索引擎需求：用户根据个人需求搜索相关好友、查看好友信息，并且可以导出所需要的电话或者地址。

③动态墙需求：用户可以利用动态墙发表心情、日志、留言、照片等。当然，也可以对好友的各种资料进行评论，以增加朋友之间的联系。

④时间轴需求：用户通过时间轴调出某一年中重要的留言、照片、心情或者日记。

(2) B2C 商城系统。

①查询系统：按照客户的要求对网站数据库进行全方位的检索。

②分类检索系统：类似于搜索引擎的分类检索功能，根据不同的类别一层一层浏览下去，直到显示出所有产品。

③在线订货系统（购物篮）：系统提供添加、删除、更改等功能，可以方便用户对已订的商品进行管理。

④在线支付系统：用银行支付系统进行在线支付，提供与银行之间联系的接口。

具体实施时按照以下步骤：

(1) 组织学生以 3 ~5 人为一小组，承担上述推荐软件系统的开发工作，亦可自行选择信息开发系统。小组内各成员承担部分工作，协作完成项目。各成员承担角色应备案，根据工作完成情况进行考核，项目设计完成的效果和效率将在最后的考试中占一定的比例。这可以督促学生增强自己的动手能力和对所学知识进行应用的能力。在项目设计中测试学生分析问题解决问题能力的情况从根本上解决了学生重理论轻实践的问题，学生的数据库技术的应用能力得到较大提高。

(2) 严格按照软件工程规格要求学生对系统作出可行性分析、需求分析、概要设计、详细设计并提交相关报告，教师作出点评。考虑到数据库课程的需要，系统分析阶段课适当加快进程或作出一定简化，但各阶段不能缺少，培养、训练学生开发软件的工程化思维方式；运用启发式教学，针对各组所选择的的项目重点指出解决数据存储与管理问题需要用到的理论与技术，引导学生思考各种数据管理方法的优缺点，加强学生对学习数据库课程迫切性的认识。将软件工程与数据库技术结合起来参与项目实施，有效地解决了如何应用数据库理论、用在何处与怎样应用数据库理论知识的问题。

(3) 由于项目开发的驱动性，学生需要一些理论方法解决项目中出现的问题。课堂上教师再把工程设计的方法教给学生，重点分析如何进行需求分析、概念结构设计和逻辑结构设计，使得学生比较容易、积极地进入到数据库理论知识的学习中。由于项目的整体性，学生能够将分散的知识点形成完整体系，有助于以后在实际项目中综合运用基础理论分析与设计信息系统。

(4) 引导学生依据理论知识实现项目，并自己解决问题，锻炼他们综合运用知识的能力。对于在设计过程中一些不切实际的想法和做法，教师予以及时的纠正。这样学生不但在解决问题的过程中锻炼了能力，更增加了学习的兴趣。

三、全程开发教学模式中需要注意的问题

（1）正确认识理论与实践的关系。全程教学从不否认理论对实践的重要指导意义，诸如关系代数、查询优化、数据存储、事务处理、并发控制等一些数据库技术中十分重要的内容可置于项目最后阶段、数据库设计完成之后向学生介绍，以弥补学生在数据库理论上的不足。也可在项目测试阶段进一步要求学生对原本数据库设计上的缺陷或冗余反思，从而对数据库做出优化。

（2）注意教学内容特别是实验环节开发平台、工具和方法的实用性和先进性。与其他计算机技术的发展一样，DBMS 及数据库应用系统的开发平台和工具每隔几年就会更新换代，这就要求任课教师必须与时俱进，及时将最新的研究成果引入教学中。如在预备阶段可有意识地向学生介绍当前最流行的系统与技术，前端开发向学生推荐使用 B/S 技术，UI 设计则可采用统一管理。在 B2C 商城系统中产品分析系统以图形和数据的方式分析显示所有产品的热销程度，使用数据挖掘技术针对每一产品分析该产品购买者的年龄层次、学历、工作环境、收入等的分布情况。

（3）建立公平有效的课程考核机制，保证自学内容、实验环节的教学质量。布置课程验收课程设计时，应兼顾不同层次学生的学习能力，既能让基础较差的学生树立起完成任务的信心，更要积极鼓励程度较好的学生以高标准要求自己。学生在课程设计结束后，不仅要提交实习报告及软件，还要对所做软件进行讲解，教师有针对性地对系统中的关键设计问题提出疑问，学生当场解答，通过这些环节的测试可以有效避免学生在课程设计过程中的抄袭现象。

四、结语

本文在分析数据库原理与应用课程理论与实践教学中所存在的问题的基础上，提出了若干改革措施，并已付诸实施，初步发现学生到课率、上课回答问题的主动性、上机操作的积极性都比以往几届学生有较大幅度提高，更有学生反映课程实践课时偏少，系统还需要继续完善的情况，这说明引入合适的教学模式，确实能够增强学生的学习兴趣，提高学生学习的主动性，培养学生的综合能力，提高课程教学的质量。

参考文献

［1］高艳霞，杜献峰．“数据库原理及应用”教学改革初探．中国电力教育，2011（10）：89～91.

［2］庞继芳，李茹．数据库原理课程理论教学方法研究．计算机教育，2010（20）：34～37.

［3］郝鹃，蒋盛益．探究式教学在数据库原理及应用课程中的应用与反思．计算机教育，2013（3）：57～61.

［4］景香芝．数据库原理与应用教学探讨．电子商务，2011（5）：95，96.

基于开放式理念的“地方政府学”课程体系优化*

陈家喜
（管理学院工商管理系）

【摘　要】“地方政府学”是一个理论性与应用性兼具且应用性很强的课程，是行政管理专业学生必修的一门专业基础课程。“地方政府学”的教学，如果一味照本宣科或依赖于某一本教材，将致使课堂教学枯燥乏味，出现教材与现实政府运行相脱节的“两层皮”现象，直接影响到学生的学习兴趣和课堂的教学效果。基于开放式、革新化理念建设和优化“地方政府学”的课程体系，拓宽课程开发的视野，从国内外地方政府创新实践与理论研究的最新成果中汲取资源，有助于实现课程内容与理论与实践的无缝隙衔接，提高课程教学的效果。

【关键词】地方政府学　开放式理念　课程建设

地方政府学是研究地方政府及其活动规律的科学，是把地方政府作为对象进行系统研究的一门学科。“地方政府学”是行政管理专业学生必修的一门专业基础课程。通过对本课程的学习，引导学生运用理论分析和实证分析相结合的研究方法，探讨中国地方行政体制的实际运转和改革进程，了解中国和部分西方国家地方政府的组织和地方行政管理的概况、规律和方法，有助于培养和提高学生参与地方政府管理的能力及其分析解决地方政府具体实际问题的能力。

一、拘泥于书本：“地方政府学”的课程现状分析

1. 地方政府学的教材编撰滞后于地方政府的改革实践

当前，我国“地方政府学”的课程建设虽然起步较晚，但是发展迅速。从2000年复旦大学陈晓原教授出版第一本《地方政府学》（复旦大学出版社，2000）教材至今，类似教材不下20部。其中较具代表性的包括：中国人民大学吴爱明主编的《地方政府学》（武汉大学出版社，2009），华中师范大学徐勇、高秉雄编著的《地方政府学》（高等教育出版社，2005）、国家行政学院任进编著的《比较地方政府与制度》（北京大学出版社，2008）以及苏州大学沈荣华编著的《中国地方政府学》（社会科学文献出版社，2006）。这些教材初步构建起“地方政府学”课程的基本框架，逻辑体系与知识架构，形成了独特的研究领域和教学范围。但是，我国地方政府学的教材编撰情况，滞后于地方政府管理与改革的实践。纵观这些教材，其共同的明显缺陷是过于注重理

* 基金项目：深圳大学2012年教研项目“基于开放式理念的‘地方政府学’课题体系优化研究”的阶段成果。

论的构建而无视生动的现实。这些教程大体都是从概念到概念、从理论到理论、从制度到制度，过于强化课程体系的逻辑性和理论性，而对于地方政府运行的生动实践没有涉及，严重制约了教材适用性和课堂教学的效果。

2. 地方政府学兼具理论性与实践性的特点

实际上，“地方政府学”是一个理论性与应用性兼具且应用性很强的课程。“地方政府学”已经形成相对完整的知识体系，涵盖对地方政府的概念、类型、功能、结构、运行机制、历史缘起和未来发展等诸多方面。在教学上，部分院校主要是以理论教学为授课方式，强调理论知识体系的完整性，从最初的教学设计、教学方式的选择到考核过程，都侧重于理论知识的掌握。“地方政府学”课程涉及概念性的内容多，理论性强，所以在课堂教学中，多以讲授式为主，教师与学生的互动机会有限，学生自主分析、解决问题能力的培养在一定程度上受到了影响。因此，该门课程的知识体系与课程内容必须是“与时俱进的”，应能够充分吸收地方政府改革与创新的最近进展以及理论研究的最新成果。过于固化僵化的课程体体系，不仅无法实现上述目标，还会出现课程内容与实践进展相脱节甚至相冲突的状况。

3. 地方政府学的教学效果有赖于丰富的案例与实践支撑

地方政府学的教学效果，有赖于将最新的理论进展，与现有课程内容融合与衔接，形成科学、合理、完备的课程知识体系和阶段性更新的课程教学体系；有赖于将国内外地方政府创新的实践，转化为“地方政府学”的课程体系内容，或者将具体的教学案例充实到具体的课堂教学实践中去。并且，将地方政府改革的鲜活实践融入到地方政府学的课程体系之中，再通过生动的案例分析的方式呈现出来，可以极大地增强学生的学习兴趣。通过对现有学术研究成果的梳理、改造与编排，使之与地方政府学相关章节进行衔接与融合，丰富课堂教学内容，也可以实现学术研究与课堂教学的良性互动。

因此，树立开放式理念，通过不断汲取中外地方政府改革与创新的实践进展与理论进展，充实、完善和优化“地方政府学”学的课程体系建设，是该课程内在特性的基本要求，也是提高教学效果与教学质量的必然选择。

二、基于开放式理念的“地方政府学”课程设计

所谓开放式理念，就是指在尊重课程知识体系与理论框架的同时，不断引入新的案例、素材、概念与知识点，实现教学内容保持不断更新，形成与实践密切结合的知识培养体系。从开放式理念出发，不断对地方政府实践与理论成果的借鉴、吸收、消化，重构和优化课程体系，是“地方政府学”的基本要求。而基于开放式的理念，进行“地方政府学”的课程设计，可以从以下层面着手：

1. 将中国地方政府改革与创新实践融入教学内容

近年来，随着市场化改革的推进，地方政府也进行了大幅度改革，包括大部制改革、省管县改革、压力型体制、地方政府竞争，锦标赛体制、干部公推公选、党内公

推直选等。这些最新的改革实践，在不同程度上丰富和拓展了地方政府学的知识体系，如大部制改革涉及地方政府组织结构的变化，省管县改革、压力型体制涉及地方政府纵向层级的关系调处，地方政府竞争与锦标赛体制则涉及地方政府相互间的关系，等等。如在讲解中国地方政府改革的章节内容时，可以补充全国各地大部制改革的具体实践类型。从2009年开始，上海、重庆、陕西、河南、宁夏、云南、吉林、黑龙江、内蒙古、湖北、安徽、西藏、海南、青海、新疆等15个省（区、市）的政府机构改革方案先后推出并付诸实施，并形成了一些特色鲜明的地方模式。如广州大部制改革围绕“大城管、大文化、大交通、大建设、大水务、大林业”以及“统一城乡规划、统一人力资源和社会保障以及统一科技与信息化”，形成九大领域的大部门制；将政府部门从49个精简为40个，改革中涉及调整、撤并的机构29个。重庆探索“大农业”体制，成立农委，囊括了原农办、农业局、农机局、农综办四个部门，机构与人员大为精简。浙江富阳市设立“专委会”试验，在保持部门设置和人员编制的前提下把分散在部门中的决策权有机地收归到“专委会”。富阳市先后成立计划统筹、规划统筹、公有资产管理运营、土地收储经营、体制改革、社会保障、工业经济、环境保护等15个委员会。广东顺德市则探索了党政统合联动的大部制，不单是政府部门间的撤并，而是在构建大规划、大经济、大建设、大监管、大文化、大保障的思路下进行党政部门的整合。这些地方大部制改革的经验模式，既表明中央对于地方大部制改革的多种探索持鼓励和支持态度，也表明实践中的大部制改革还有地域、问题、战略以及理念等诸多方面的差异。通过对这些地方政府最新改革经验与实践的吸收消化，充实到教材当中，极大地丰富课堂教学的内容。

2. 将西方国家地方政府改革实践与理论进展引入课程体系

近20年间，在企业化理念的主导下，西方国家经历了一场重塑政府的“革命”，包括新公共管理运动、新公共服务政府、弹性化政府、解制型政府、企业型政府等改革的理论和实践不断推陈出新。这些理论与实践的前沿成果亟须吸收到课程体系中来，以不断更新“地方政府学”的知识体系。比如，发轫于西方的“重塑政府运动”(Reinventing Government Movement)，强调创造一个少花钱多办事的政府，在具体举措上：重视政府掌舵而不是划桨，善于授权而不是事必躬亲，引入竞争机制，注重目标使命而非繁文缛节，重产出而不是只顾投入，顾客导向和服务意识，注重收益而不要浪费，重预防胜于治疗，更多协作与分权而不是加强集权，重市场机制而非行政指令。再如，德国推行的“新掌舵模式”（New Steering Mode，NSM）的政府改革，强调要将承包人与供应者分开，要在内部的服务单位（例如建筑物的清洁或维护、信息技术服务、法律咨询、人事行政等等）与部门的处室之间达成服务水平协议，双方应该就如何提供和购买内部服务以及支付价格进行商讨。在具体战略上，该模式主张：通过分权把上级政府职能下放给基层政府，允许中层和基层政府动员和使用各资源，修正传统的官僚制。减少公共管理中的法治主义，加强公共管理的成本收益的核算导向。公共行政的“产出导向”，即公共行政的主体首先保留的是目标和任务是否能够完成，并由此决定着公共资源的分配。强调议会对地方行政的控制和影响，尤其是通过重新设计预算过程加以实现；基于产出导向的预算方式，议会要把注意力集中在一些重大的地方政府决策上。地方政府应限制在“核心”功能，公共服务与公共设施的提供可以采取“市场化”“外包化”和“私有化”得以实现。上述理念对于我国地方政府提高行政效率，改进公共服务，更新发展观念，提升公共流程等都具有十分积极的意义。

3. 将最新教材的发展变化，融入到课程体系

通过追踪和关注国内外“地方政府学”教材编撰情况，把握相关的理论创新和课程改革情况，加以吸收消化，转化成课堂教学的内容，也将有助于课程体系的优化。如近期北京大学出版社出版了“地方政府与地方治理译丛”，精选了《美国地方政府》《英国地方政府》《德国地方政府》《加拿大地方政府》《日本地方政府法选编》《重塑澳大利亚地方政府：财政、治理与改革》《北欧地方政府：战后发展趋势与改革》《加拿大不列颠哥伦比亚省地方政府》《治理地方公共经济》《地方政府经济学：理论与实践》《比较英德公共部门改革 ：主要传统与现代化的趋势》等著作。这一系列丛书，内容涉及各国地方政府法的历史和现状、各国地方政府改革的最新理论和实践动态，以及地方政府的经济管理、地方政府人力资源管理、地方民主、地方财政、城市规划等专题内容，是不可多得的教材参考资料。遗憾的是，从“地方政府学”的国内教材编撰来看，对上述成果的吸收还远远不够。

三、基于开放式理念的“地方政府学”课程体系的若干重点

1. 注重体系的构建

由于“地方政府学”实践应用性较强，且课程体系的实效性显著，决定了这一课程内容体系需要及时进行更新和完善。对于案例的吸收和实践的追踪，并不意味着放弃课程的知识体系与结构。实际上，坚持开放性的课题建设理念，与加强和优化课题体系的结合，是并行不悖、相得益彰的。从目前来看，“地方政府学”已形成了较为成熟的课程结构，包括从地方政府的产生与演变、结构与功能、权力与自治、层级与规划、经济与财政；以及地方政府的国别比较，包括英、法、美、德、日、北欧等。通过对地方政府创新实践与理论进展的把握，不断充实完善课题教学体系，从而形成与时俱进的弹性化课程知识结构。

2. 注重理论的引入

在现实中，地方政府学的研究也形成了一些最新的理论进展与成果，如压力型体制、锦标赛体制、公推直选、竞争性选拔、地方政府创新等。如压力型体制，强调的是“政治化机制”，即上级政府，特别是中央政府和各级党委，为了完成某些重要任务，就会将它们确定为“政治任务”，要求下级政府以及职能部门全力完成，并相应给予政治上和经济上的激励和惩罚，包括完成过程采取“一把手”工程方式，奖惩采取“一票否决”制；再如“锦标赛体制”，主张中央是竞赛的发起人和目标、规则的制定者，地方则是参赛的运动员。跑在前面的、胜出的运动员不但会享受到更多的经济政策方面的偏向、更大的经济资源的支持，地方政府的领导人也会由此得到政治荣誉以及晋升，落后的运动员会被批评乃至降职。这些成果体现地方政府改革实践与理论研

究的结合与交叉，通过及时改造完善，吸收进课程体系内容和课堂教学之中，将大大提升教学的效果和质量。

3. 注重案例的加工

注重理论性、应用性与案例教学相结合，优化“地方政府学”的课程体系和教学体系。“地方政府学”具有应用性与现实性较强的突出特点，因此探索理论性、应用性与案例性相结合的课题优化方案，帮助学生理解地方政府是怎样对地方事务进行管理的，理解地方政府和中央政府的关系问题，以及地方政府具体行政工作积极性和主动性的发挥等基本问题；掌握地方政府管理的主要内容和主要方法，培养和提高分析解决地方政府问题的能力，是本课程培养的基本目标。我们在课程教学中，可以将一些案例进行更为深入的加工，或者将现有成熟的案例，进行合理的编排，融入课堂教学，不失为一个有效的教学方法。实际上，中央编译局和北京大学中国政府创新研究中心，先后举办过 6 届中国地方政府创新奖的评选，形成了较为丰富的案例库和数据库。这些都是“地方政府学”的优秀案例。通过课程的学习，要求学生掌握有关地方政府管理理论并能运用所学知识分析和解决地方政府具体实际问题。

4. 注重效果的评估

一味照本宣科或依赖于某一本教材，将致使课堂教学枯燥乏味，出现教材与现实政府运行相脱节的“两层皮”现象，并直接影响到学生学习兴趣和课堂教学效果。基于开放式、革新化理念建设和优化“地方政府学”的课程体系，拓宽课程开发的视野，从国内外地方政府创新实践与理论研究的最新成果中汲取资源，定期丰富完善课程体现，实现课程内容与理论与实践的无缝隙衔接。在经过一段时间的开发和实验之后，可以对新的课程改革思路与过程进行效果的评估、检验和反馈，以便进一步完善和优化地方政府的课程建设。

参考文献

[1] 王谦．行政管理专业“地方政府学”课程教学改革初探．科教文汇，2011（3）：36.

[2] 陈邦明．广州整合组建 9 个“大部门”事业编制将减少 1 200 多名．南方日报，2009－09－25.

[3] 谢云挺．浙江富阳大部制实践．瞭望，2010（35）：53.

[4] 王淼．县级大部制改革的富阳与顺德模式．中国改革报，2010－10－29.

基于应用型人才的培养
——从"第三部门研究"课程教学改革说起

高 梁
（管理学院公共管理系）

【摘 要】本文以"第三部门研究"课程改革为视角，以社会对高校人才需求的变化为背景，以"第三部门研究"课程教学改革的实践为主线，分析了本科教学及人才培养的主旨应从社会需求出发，改变教学方法，调整教学内容，增强教学的实践性。即培养学生的自主意识、团队精神，提升学生对知识的实际运用能力，为从事社会生产与社会活动的一线基地培养合格的应用型专业人才。

【关键词】应用型人才 第三部门 教学改革

随着我国行政体制改革的不断深化，政府与市场及社会的关系也在不断进行调整。政府职能的转变，以及公共物品提供的多主体化，给第三部门的发展带来了新的契机。而公共管理的学科建设及课程设置，亦应牢牢把握时代发展的脉搏，紧跟社会发展的脚步，其人才培养应以社会需求为导向。由于我国长期的计划经济及大政府、小社会的发展模式，使得第三部门的发展无论是在理论建树上还是实践经验上都缺少良好的基础与平台，特别是专业管理人才的严重缺失阻碍了第三部门的发展。鉴于此，深圳大学公共管理系在2009年开设了"第三部门研究"的专业选修课，为第三部门的发展从理论和实践两方面培养所需的专业人才。笔者作为主讲任课老师，在"第三部门研究"课程的教学实践中，不断探索，不断创新，为实现应用型人才培养的目标而积极地进行课程的调整与改革。

一、"第三部门研究"课程教学改革的背景

"第三部门研究"课程开设之初，课程内容的设置及教学方法和考核方式，是根据我国第三部门发展的实际情况，并参考国内外高校相应课程设置的内容，从理论知识的普及到实践经验的总结等常规框架来设计的，目的是让学生掌握第三部门的基础知识，了解第三部门发展的最新动态。考试也是采取常规考试的方式，但教学效果一般，学生有兴趣选修、没兴趣实践，形成了理论与实践的脱节。针对这种现状，在该课程开设的第二学期，笔者开始着手对课程内容、教学方法及考核方式进行改进，而推动教学改革不断深化的原因，一是社会对应用型人才需求的导向，二是课程本身存在的问题。

1. 外因：社会对应用型人才的需求导向

首先，近些年来高校教学改革在不断推进，其目的是要通过改变教学模式，调整

课程内容的设置等方式来为社会培养所需的应用型人才。所谓应用型人才是指能将专业知识和技能应用于所从事的专业社会实践的一种专门的人才类型。因此各高校也在调整培养方案及培养途径，包括教学内容、教学方法、培养模式、校园文化等，都以应用型人才的培养为核心，以期更好地为社会服务。

其次，随着市场经济的不断发展及政府改革的不断深入，涌现出许多新型的行业、部门和新的竞争方式及经营方式，而此类人才的空缺为高校人才的培养提出了新的要求，也提供了新的平台。如第三部门在近几年，随着政府服务外包的增加，部门数量和种类都有很大的发展，但专业人才培养缺少必要的供给，影响了第三部门的进一步发展。

再次，近年来高校不断扩招，导致学生就业压力大，竞争激烈。如果不能根据社会需求来培养相应的应用型人才，就会导致学生毕业后找不到相应的工作，而市场和社会的发展就会面临人才匮乏的窘境。因此，适应社会发展的需求，为社会的发展不断储备及输送所需的应用型人才，是高校发展的必由之路。

2. 内因：原有的课程内容设置及教学方法的弊端

“第三部门研究”课程开设之初，选修人数众多，又没有较为成熟与完善的教材，因此，笔者将课程内容设置为四个板块：理论发展、国外实践、专题讲座、管理提升。基本以讲授为主，考核方式主要是考察对知识的理解与掌握。但学生学过就忘，没有对后续的学习及择业有较好的帮助。反思这样的教学模式是重理论、轻实践的，所学知识与社会工作较为脱节，使学生觉得所学知识无用武之地，因此，在下一阶段的改革中，笔者不断调整教学内容和教学方法，也改变考核方式，更加注重实践知识的普及，注重让学生更多地参与其中，用理论指导实践，在实践中反思理论。

二、“第三部门研究”课程教学改革的实践

基于社会对人才需求的变化及原有教学模式的弊端，“第三部门研究”课程的教学改革主要从三个方面入手。

1. 教学内容的调整

近几年，由于政府职能转型及公共服务市场化的趋势不断增强，第三部门获得了较好的发展机会。既可以享受政府的相关优惠政策的扶持，又能够获得政府较多的公共财政补贴，还能够承接政府的公共项目。而大力推进第三部门的发展，既可以减轻政府的负担，又能够充分发挥市场的作用，提高公共物品的有效竞争，并能够满足公民对公共物品多样化的需求，可谓一举多赢的发展策略。

但是，由于长期的计划经济及行政主导，导致我国自下而上的社会组织发育不成熟，相关专业人才极度匮乏，无力承担较多的政府公共项目和更多的公共服务职能。而高校在过去的学科建设和专业设置中，也缺乏对社会组织相关人才的培育机制。

基于此，在“第三部门研究”的课程内容调整上，按照应用型人才培养的理念，从社会需求出发，重视实践教学，减少理论的铺垫。具体做法是添加了实践教学的环节，让学生自己作调研和访谈，接触身边各种各样的社会组织，如学校里的社团组织、

社区组织及慈善组织和会员制组织等。既有官方背景行政化色彩浓厚的社团组织，如南山区妇联、深圳市红十字会等；也有自下而上生长的自治性较强的草根组织，如深圳市流浪狗之家，以及一些新型的社会企业。让学生亲身融入到这些组织中，了解其组织形式、法人地位、运行机制及发展困境等。让学生在实践中消化理解课堂讲授的内容。在对实体组织调研的过程中，注重团队精神的培养，要求学生以3~4人为一组，自行组成调研团队，自行分配任务目标，既要分工明确，又要合作互助，为学生毕业后进入社会做好充分的准备。

另外，在课程内容的调整上，基于现在第三部门管理人才缺口大的现状，扩展了第三部门管理的相应教学板块，增加了第三部门财务管理、营销管理、团队管理、人力资源管理、绩效管理等相关内容，为第三部门培养管理人才奠定基础。

2. 教学方法的改革

在教学内容调整的基础上，教学方法也作了相应的改革。一改过去以课堂讲授为主，学生只听不做的弊端，增加了学生实践参与的相关环节。

首先，学生要利用6~8周的时间去调研实体组织，不仅要进行资料的收集和问卷的发放，还要求学生以志愿者的身份参与其中、提供服务，使学生能真正了解该组织的运作机理及发展困境。这样既能提高学生的动手能力及实践能力，也能增强学生思考问题、分析问题及解决问题的能力，能够真正让学生用理论指导实践，并在实践中反思理论。

其次，有两周的课堂讲授时间以学生为主，让学生把前期调研的成果向全班同学作个汇报，然后大家讨论，互相取长补短，并为进一步的调研建言献策。

再次，培养学生动手写作的能力。进入工作阶段后，学生往往在写公文或工作计划书中捉襟见肘，难以应付。这主要源于大学的教学往往以课堂讲授为主，学生很少有练习写作的机会，毕业论文基本上是“剪刀加浆糊”式的拼拼凑凑，不了解写作的规范，不懂得行文的基本要求。在“第三部门研究”的教学改革中，增加了学生写作的练习，每一个板块结束后，都要求学生提交一篇千字左右的论文，要求行文规范，有自己的见解主张。期末则要求学生写一篇3 000~5 000字左右的调研报告，目的是将调研的一手材料能够逻辑清楚、语言流畅地呈现给大家，注重培养学生的写作能力。

3. 考核方式的创新

“第三部门研究”课程的教学改革还有一个亮点，就是考核方式的创新。过去的考核方式是期末的闭卷考试，考核学生对知识点的掌握，学生往往是考试之前集中背书，应付考试。为此，“第三部门研究”在课程内容调整及教学方法改革的基础上，考核方式也做了相应的改进，即采取过程性考核的方式。每一个板块结束后，都要提交一篇论文，考查学生对知识的理解及熟悉的程度，并提升写作的能力。

另外，让学生自行组成调研小组，走访实体的民间组织，对民间组织的现状进行深入了解，对各类组织发展所面临的困境有较为清晰的认知，并利用所学知识尝试为其寻找突破困境的路径，将所学知识运用到实际的民间组织发展中。在课堂教学中，增加了课堂讨论及案例分析的考核内容，使考核的方式更加多元化，标准更加客观，提高了学生的参与度。

三、“第三部门研究”课程教学改革的效果

“第三部门研究”课程的教学改革经过两个学期的实践，已呈现出良好的教学效果。

一是学生对知识的理解与运用的能力在不断提高。许多学生通过对各类实体组织的调研，能够找出其发展中存在的问题及原因，并能够运用所学知识为其提出较为具有可行性、合理性和可操作性的建议，帮助民间组织获得更好的发展。如对深圳的一些草根组织所面临的缺资金、缺政策、缺人手的困境，学生所提出的多元化的筹资渠道、制度化的多层设计、专业人才与志愿者并行的人才培养路径等措施都非常具有针对性和可行性。

二是对一些较为成功的民间组织的经验总结，可以给其他组织的发展带来有益的启示。如对深圳市残友软件公司的调研，对其企业化的运作经验进行了较好的梳理和分析，对其商业文化与慈善文化并重的运营模式进行了较好的概括与总结，给其他慈善组织的发展提供了较好的借鉴模板。

三是提升了学生参与慈善与志愿活动的热情。很多学生最初是为了完成作业去调研各类组织，在与一些组织接触的过程中，受其宗旨与慈善精神的感染，逐渐参与其中，成为组织中的一员。如在调研南山区自闭症儿童关爱中心的过程中，学生的爱心被点燃，自发地凑钱给孩子们买礼物，六一儿童节的时候还自行编排了节目，表演给孩子们看，并和孩子们一起玩游戏，一起过节。调研结束后，仍然有学生会不定期地去该组织为其提供服务。

四、结语

在应用型人才培养的目标指导下，“第三部门研究”课程改革收获了良好的实效。教学效果的提升，学生动手能力的提高，择业路径的拓宽，不仅让学生对学业产生了浓厚的兴趣，也为社会的发展输送了合格的专业人才。

收益管理游戏及其在“供应链管理”课程教学中的应用*

马利军
（管理学院管理科学系）

【摘　要】“供应链管理”是电子商务及信息管理类专业的选修课程，一直以来，笔者都为深圳大学相关专业的学生开设此类课程，考虑到深圳供应链物流的国际性，笔者在教学过程中一直强调双语教学。然而，双语教学的效果并不理想。为了使教学过程更加充满趣味性，笔者将收益管理中非常著名的一个案例改编成游戏教学。教学实践证明，将游戏引入供应链管理课程教学是教学的创新，它不仅能够充分调动学生的主动性，而且能够培养学生参与管理实践的能力，值得推广。

【关键词】供应链管理　双语课程　收益管理游戏　教学改革

一、引言

“供应链管理”是一门有效整合供应商、制造商、配送商以及零售商的学科，其理论基础源自于运筹学。其目的在于生产的产品可以在合适的时间按照合适的产量交付给合适的消费者。在供应链管理中，全球化的营商环境起着非常重要的作用。有效的供应链管理可以显著地减少系统成本而同时可以维持比较高的顾客服务水平，进而极大地增强了企业的竞争能力。本课程介绍供应链管理的基本概念与管理方法，具体内容包括供应链网络、库存管理、供应链协调、风险分担、信息扭曲以及牛鞭效应、供应链配送与运输以及IT在供应链管理中的应用等。课程着重数学模型与分析工具的使用。然而，该课程开设在第七学期，学生的数学基础往往会有所脱节，单纯的讲授式及案例式的授课效果不够理想；而双语的加入则让不少同学望而却步。针对以上问题，结合课下对学生的调研，决定在教学过程中引入游戏教学，活跃课堂氛围。游戏教学是指在教师创设的管理情景和模拟的管理环境下，利用一些模拟设备，将参与的学生按照团队分成若干个“竞争企业”，通过学生模拟一系列的企业管理经营活动，使学生提高运用所学知识解决实际问题的能力。本课程特将收益管理分析案例开发成一个游戏，探讨供应链管理中的收益管理的方法与技术，力求在游戏中学会相关的管理方法，体会相关的管理技术。教学实践表明游戏教学效果良好。

* 本研究得到“运筹学”广东省精品课程建设项目“电子商务与物流管理”深圳大学双语示范课程建设项目、深圳大学青年教师教改项目（项目编号：JG201211）的支持，在此一并致谢。

二、收益管理游戏介绍

收益管理的本质是透过定价策略协调供应与需求，其基本的思想广泛应用于价值与时间及库存有关的相关行业中，如酒店、航空等领域。假定在未来某段时间内需要出售一架特定航班的座位，为了简化问题起见，该时间段可以分为三个阶段：在第一阶段，对时间不敏感的顾客陆续订票，这些人出价通常比较低；在第二阶段，对时间敏感顾客陆续订票，这些人出价通常比较高；在第三阶段，需求开始实现，顾客确认订票。由于订票顾客有可能不出现，因此在陆续出现顾客订票时，航空公司需要决定是否接纳这些需求，如果接纳，则应该接纳多少顾客。最后通过超卖与少卖数量来权衡收入，收入最高的同学获得最后的胜利。相关的信息如下：

飞机座位数：80 个
历史市场信息：
平均订票不取票率：20%
平均每个旅客贡献的收入：＄400
少卖惩罚：＄200 每个空位
超卖惩罚：

1～5	＄200 每人
6～9	＄500 每人
10～15	＄800 每人
16＋	＄1 000 每人

超卖惩罚例子（88 个旅客）：(5)＊(＄200) ＋ (3)＊(＄500) ＝＄2 500

在该游戏中，学生需要通过多接纳与少接纳需求数来进行超订决策。其本质是报童模型的应用。游戏需要权衡第一阶段顾客低收入与可靠需求，以及第二阶段的顾客高收入与不可靠需求。通过该游戏，学生可以亲自验证“超订”技术在收益管理中的应用。

该游戏在每人决策之后，依次展示第一阶段的真实需求。需求实现过程用 PPT 演示。学生需要用笔作出决策，且不准更改。因此，每个组的真实需求确定后，学生应该不能更改之前的决策，并且学生要记录旅客订单号及旅客数量，同时需要预留第二阶段不确定的旅客需求。

第一阶段：起飞前 14 天的旅客需求

(A)　50　销售人员 －＄275 每人

(B)　40　教授 －＄200 每人

(C)　25　MBAs －＄150 每人

(D)　35　市场经理 －＄450 每人

(E)　45　共和党议员 －＄450 每人

(F)　35　会展人员 －＄300 每人

第二阶段：离起飞 14 天内的旅客需求

(1)　6　商人－＄1 000 每人

(2)　8　旅行社旅客－＄875 每人

(3)　10　销售经理－＄900 每人

(4)　5　其他航班超卖的旅客－＄1 300 每人

(5)　2　CEOs－＄1500 每人

游戏的最后一阶段需要每位同学完成分析表的最后两列，计算出总共出现的旅客。在第三阶段出现的旅客及收益可以通过 PPT 报告获取。

第三阶段：实际出现的旅客及收益

(A)　45　销售人员 －＄12 375

(B)　30　教授 －＄6 000

(C)　25　MBAs －＄3 750

(D)　25　市场经理－＄11 250

(E)　30　共和党议员 －＄13 500

(F)　28　会展人员 －＄8 400

(1)　4　商人　＄4 000

(2)　6　旅行社旅客 －＄5 250

(3)　9　销售经理 －＄8 100

(4)　4　其他航班超卖的旅客－＄5 200

(5)　1　CEOs －＄1 500

第三阶段需求实现之后，总旅客数及总收益已经确定。净收益为总收益减去总成本。游戏完了之后，每个学生的总收益可以记录在案。通常总收益位于＄20 000 至＄60 000之间。

三、收益管理游戏在“供应链管理”课程中的应用

本次游戏教学的目的在于通过收益管理游戏熟悉收益管理的“超订”技术，学习收益管理“超订”策略中各种参数的意义和设定方法。

通过该游戏使学生认识到以下两点：①对时间敏感客户与需求可靠性的相关性；

②预测及学习过程的重要性。

在游戏进行之前，教师首先设置游戏的场景，然后向学生提供收益管理游戏的有关信息以及游戏的任务，安排学生利用课余时间完成基础理论的准备，主要有需求信息、成本信息、决策准则信息等。同时，准备游戏的记录单。具体游戏记录单见下表。

收益管理游戏分析表

订单号	旅客数	接收/拒绝数量	实际出现的旅客	收益
A	50			
B	40			
C	25			
D	35			
E	45			
F	35			
(1)	6			
(2)	8			
(3)	10			
(4)	5			
(5)	2			
小计			旅客数	总收益
超过 80 的超卖数				
低于 80 的少卖数				
净收益（总收益 – 总成本）				

收益管理游戏对激发学生主动学习的兴趣以及提高学习效率无疑会起到积极作用。在供应链收益管理这一章节的讲解中，教师会提及收益管理的相关技术。因此，我们在供应链收益管理这一章节，顺利地引入了收益管理游戏进行游戏教学。

四、收益管理游戏的应用效果

我们将收益管理游戏引入供应链管理教学，可以使用具体生动的场景激发学生主动学习的兴趣并提高学习效率。通过收益管理游戏的教学实践，我们发现学生参与游戏的积极性与热情都很高，对游戏教学的效果也比较满意。游戏教学的方式使学生对理论的掌握有很大的帮助，有利于培养学生的团队协作能力。总结收益管理游戏教学的得失，可以发现收益管理游戏教学的应用效果有以下几个方面：

（1）极大地培养了学生的学习能力。供应链管理课程的目的就是培养学生发现问题、分析问题、解决问题的能力。收益管理游戏作为一种全过程的教学方式，从理论学习、游戏准备、游戏操作以及最后阶段的总结和分析都是学生参与的过程。在此过程中，都是以学生为主体，教师仅仅负责组织、指导、监督和效果评定。这种新型的教学方式极大地培养了学生的能力。

（2）充分调动了学生学习的主动性，激发了学生的创造力。收益管理游戏改变了以往枯燥的输入式课堂教学方式，突破实际工作情景中时间与空间的限制而又有很强的真实感，且富有竞争性、趣味性和生动性。在整个收益管理游戏的过程中，充分地激发了学生的兴趣和想象力，进而引发了学生的思考，实现在玩中学的主动性学习。

（3）解决了实践教学环节上存在的问题，培养了学生的动手能力。在收益管理游戏过程中，学生在决策过程中会面临很多实际的管理矛盾，决策成功或失败的可能性都同时存在，需要运用有关的知识、决策力与判断力对游戏中所碰到的种种问题进行分析研究，采取必要而又有效的办法解决问题，以争取游戏的胜利。

在游戏过程中，我们发现传统教学方式下学到的知识，学生很难有效运用到游戏实践中去。这也说明了传统教学模式对于供应链管理教学的不足，它不能培养学生很好解决实际问题的各种应变能力。而收益管埋游戏的引入使学生置身于模拟的现实环境中，培养了学生在实践中解决各类具体问题的能力。

本次收益管理游戏的教学对于深圳大学供应链管理类课程教学来说，还是一种新的教学尝试，因此在教学过程中难免会出现一些问题。例如，从本次游戏教学来看，教师及学生，对游戏过程中可能出现的问题和困难事先估计和准备不充分，学生在游戏过程中操作的出错率比较高、团队协作意识不够强、学生对于如何将理论应用于实践思考得不够充分等。但从总体说来，本次游戏教学还是取得了较为满意的效果。

五、结论及建议

从本次游戏教学的实践来看，游戏教学和传统的教学方式相比，对老师和学生的能力要求更高。基于游戏教学的经验，我们发现需要着重注意以下方面：①对于游戏的设计不能过于复杂，要便于学生理解；②在游戏教学前，要给学生留有充足的时间去理解游戏和准备游戏，并思考如何将所学的理论知识应用到游戏实践中去；③游戏开始前，要详细地做好游戏中的角色分工，以免出现游戏不能协调运作的情况；④游戏进行的初期，教师要对整个游戏运作过程进行监控，保证学生正确进行游戏操作；⑤游戏结束后，要布置一些相关的思考题，并及时进行讲解和总结，以便学生加深对游戏的理解。该游戏可以推广到市场营销、运营管理以及运筹学等相关课程特定知识点的教学。

参考文献

[1]［美］詹姆斯·A. 菲茨西蒙斯，莫娜·A. 菲茨西蒙斯. 服务管理——运作、战略与信息技术（第五版）. 张金成，范秀成译. 北京：机械工业出版社，2007.

[2]［美］马克·戴维斯，贾内尔·海内克. 服务管理——利用技术创造价值. 王成慧等译. 北京：人民邮电出版社，2006.

[3] Loveloch C. & Wirtz J. 服务营销. 范秀成译. 北京：中国人民大学出版社，2007.

[4] Cachon G. & Terwiesch C. *Matching Supply with Demand: An Introduction to Operations*. New York: McGraw-Hill, 2006.

[5] Simchi – Levi D. et al. *Designing and Managing the Supply Chain (Third Edition)*. New York: McGraw – Hill, 2007.

[6] 侯玉梅，许良，马利军. 物流工程. 北京：清华大学出版社，2011.

[7]［英］罗伯特. 约翰斯顿，格雷厄姆. 克拉克. 服务运营管理（英文版. 第3版）. 北京：中国人民大学出版社，2010.

以可雇佣性为导向的应用型课程设计
——以“统计分析与SPSS应用”课程为例

丁婉玲
（管理学院人力资源管理系）

【摘 要】严峻的就业形势要求高校毕业生具有更高的可雇佣性，这对高校课程改革提出了新的要求。本文回顾了可雇佣性的内涵，分析了将可雇佣性融入课程设计的意义，提出了以可雇佣性为导向设计应用型课程的五条重要原则，最后以“统计分析与SPSS应用”课程为例呈现了如何运用这些原则进行课程设计。

【关键词】可雇佣性　应用型课程　课程设计

一、引言

近年来，严峻的高校毕业生就业形势对应用型人才的培养提出了新的挑战与要求，大学生的可雇佣性越来越受到学者和教育工作者们的重视。为了增强高校毕业生的可雇佣性，对课程结构和课程内容进行改革势不可挡。但是，如果完全以学生可雇佣性提升为办学目标，将违背高等教育所肩负的高深研究的职责。因此，在应用型课程的开发与设计中以可雇佣性为导向，是满足当前高校培养应用型人才迫切需求的有效途径。那么，如何以可雇佣性为导向进行应用型课程的开发与设计呢？本文提出了以可雇佣性为导向的应用型课程设计原则，并以“统计分析与SPSS应用”课程为例呈现了如何运用这些原则进行课程设计。

二、可雇佣性的内涵

希拉吉（Hillage）和波拉德（Pollard）将可雇佣性界定为“使得雇员能够在劳动力市场中自由流动，从而持续就业以实现自身潜力的能力”，也可以理解为使得人们获得初始工作、维持工作和获得新工作的能力[1]。他们的研究比较关注保障和维持毕业生初始工作的因素，认为毕业生的可雇佣性取决于：①知识、技能和态度等个人“资产”；②使用这些“资产”的方式；③向雇主展示自己的方式；④所处的工作情境。布朗等（Brown，et al.）认为可雇佣性存在两个维度，其中是否具有合适的技能、知识或商业敏感性来从事某项工作属于绝对的维度，与个体特质有关，而相对的维度与劳动力市场有关。他们将可雇佣性界定为“获得和维持不同类型工作的相对机会”“相对机会”会受到个体、专业、教育机构和雇主等因素的影响[2]。哈维（Harvey）认为可雇佣性是指被雇佣者具有雇主所需的、被认为有吸引力的、并在劳动力市场上展示的技能的总和，其中学习能力是可雇佣性的主要能力指标[3]。约科（Yorke）提出的定义为“使个人能更好地就业并成功胜任所选职业的一组能力、理解力和个人特质”[4]。

学者们试图通过研究可雇佣性的构成成分来进一步阐述自己对可雇佣性的理解和界定。在对可雇佣性的构成维度的研究中受到较多认可的是约科等人提出的 USEM 模型，如下图所示。国内学者在运用可雇佣性研究我国高校毕业生就业问题的研究中，指出可雇佣性是一个成功的个体（或毕业生）需要具备的个性、知识、技能和人格特质的组合。例如，宋国学基于人力资源管理毕业学生样本的研究指出可雇佣性包括四个维度：①技能或胜任能力；②个人因素；③就业背景；④宏观环境[5]。

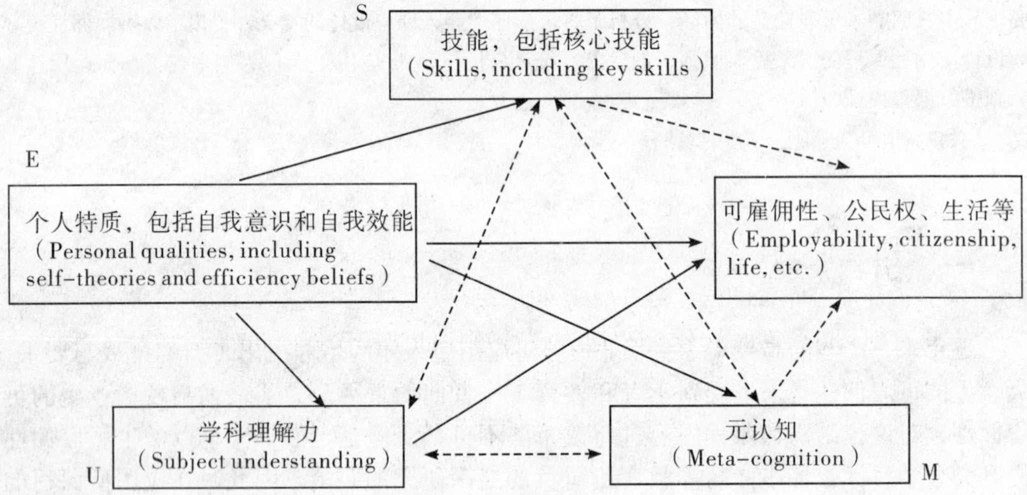

可雇佣性 USEM 模型[4][9]

三、可雇佣性融入课程设计的意义

斯图尔特（Stewart）和诺尔斯（Knowles）认为，在职业生涯开发中高等教育课程可以促进个人对技能和人格的认识以及对劳动力市场趋势的认识，从而指出了高等教育的课程对于可雇佣性的重要性，即高等教育对于学生可雇佣性的开发和提升提供了前提基础[6]。在课程设计中需要考虑可雇佣性教育是应该隐含在课程中还是独立在课程之外。瓦伦（Warren）提出将可雇佣性的培养融入课程可以采用独立式、半整合式和整合式三种形式[7]。独立式是专门设立作为正规教学内容的补充的额外培养模块。半整合式是将那些与课程密切相关的、发展性的内容融入课程中去。整合式是将培养学生可雇佣性的目标、要求和内容有机地整合到课程当中。研究证明将可雇佣性整合到课程中是更加合理的，不但没有否定课程教育的重要性，反而促进了教师传授技术和知识。

把可雇佣性融入课堂教学，需要以可雇佣性为导向进行课程设计[8]。英国可雇佣性教育研究组（The Pedagogy for Employability Group）指出，实施可雇佣性教学需要做到以下几点：①让学生在真实的情境下学习，例如基于问题、案例材料的学习等；②让学生进行合作，例如准备小组报告和小组陈述等；③提供认知“脚手架”，帮助学生做到目前他们缺乏外来帮助的情况下无法做到的事情；④促进学生元认知的发展，例如通过个人发展规划进行反思[9]。可以看出，可雇佣性教学强调学习情境、合作氛围，鼓励学生积极主动地学习和发展多项可雇佣性技能，例如表达能力、规划与组织能力、时间管理能力等。以可雇佣性为导向进行课程设计应该从基于教材和知识转向基于学生和能力，突出学生的主体地位，教师需要引导学生学会学习和思考[10][11]。英国在2000年至2002年间实施的“技能强化项目”共有来自4所大学的17个院系参加，这些院系的报告中称将可雇佣性融入课程的思想易于实行并且很有价值[9]。

四、以可雇佣性为导向的课程设计原则

1. 基于社会需要选择课程内容

学科知识是人类文化遗产存留的一种重要形态，包括学科的基本原理、概念和方法，具有较强的系统性。一般而言，高校课程内容的选择基本以学科知识为主。学科知识的系统性、完整性等特点便于学生能够有计划、有步骤地学习。然而，培养应用型人才是以培养具备知识、技能、能力的面向生产、管理、服务一线的人才为目标，课程内容的选择应该考虑社会需要，避免与实际脱节。基于社会需要选择课程内容是指通过识别社会需要，将其转化为学习内容与活动，并贯穿于课程内容当中。社会需要反映了当代社会对科学技术发展的迫切需要，激励学生吸收科学技术发展的新成果、丰富自己的知识贮备以适应当前社会需要，避免出现知识贮备滞后于社会发展的问题。着眼于社会未来需要的课程内容更能对社会发展起到助推作用，使学生一出校门便可成为时代的“领跑者”。

2. 基于任职资格确定课程目标

课程目标是高等教育人才培养目标在教学中的具体体现。典型的课程目标类型包括行为目标、生成性目标和表现性目标。行为目标以具体的、明确的陈述指明课程结束后学生的行为变化，具有精确性、具体性、可操作性的特点。生成性目标是随着教学过程的进行而自然生成的，关注学生学习活动整个过程。表现性目标是指学生在教学情境中个性化的、创造性的表现，关注学生的创新精神和批判思维。基于任职资格确定的课程目标属于行为目标类型，明确指出课程学习结束之后学生能够具备任职资格中要求任职者具备的知识、技能和能力。因此，基于任职资格确定的课程目标包括三个方面的目标，即知识目标、技能目标和能力目标。知识目标指明学生需要理解的基础理论观点和重要概念含义。技能目标指明学生需要掌握的常见方法和技术技巧。能力目标要求学生能够灵活运用理论、概念和方法解决实际问题。

3. 基于工作过程序化课程内容

除了课程内容的选择，课程设计的另一关键任务在于课程内容的序化。课程内容序化的目的在于促使学生循序渐进地学习和理解课程内容。通常情况下，课程内容以

学科知识的逻辑关系为顺序。基于工作过程序化课程内容是指以工作过程为主线，按照典型的工作过程的行动序列来教授每一个环节的相关课程内容。工作过程是包括计划、实施和检验的完整进程，即工作任务如何被完成的过程。因此，基于工作过程序化课程内容具有典型的串行结构特征，课程内容所涵盖的知识总量并不会减少，只是知识排序的方式发生了变化。实际上基于工作过程序化课程内容是重新解构学科知识使其与工作中的行动序列保持一致的过程。学生在课程中不但可以学习到学科体系中的显性理论知识，还有机会接触到蕴含在行动体系中的隐性实践知识。

4. 基于工作项目设定学习情境

设定学习情境是激发学生学习兴趣，帮助学生更好地理解理论知识，并顺利实现知识迁移和应用的一项重要工作。学习情境的设定应以工作项目为载体，让学生通过完成工作任务实现理论知识学习、实践技能训练和综合能力提升。工作项目包含了工作过程各个阶段需要完成的典型工作任务。典型工作任务是实际工作中具有代表性的工作实例。基于工作项目设定学习情境是指营造一个与现实接近的工作环境，创建模拟的工作项目，布置系列工作任务，激发学生学习的兴趣和解决实际问题的动力。学习情境的设计必须遵循两个原则：一是必须具备典型的工作过程特征，呈现工作的对象、内容、方法、产品和环境等要素特征；二是必须包括整个思维过程的完整训练，即搜集信息、思考决策、制订计划、实施、检查、评价。

5. 基于应用能力进行课程考核

课程考核是人才培养过程中的一个重要环节，也是检验学生学习效果的一种基本手段。传统的课程考核方式以考试的方式为主，存在着“重理论、轻实践”“重知识、轻能力”“重记忆、轻创新”的弊端。应用型人才培养目标迫切需要改革课程考核方式，更加重视对学生技能和能力的考核。基于应用能力进行课程考核，首先要将过程考核与结果考核相结合，在试卷考试的基础上，加入作品展示、项目成果汇报等其他的考试形式，考核学生能否灵活运用知识完成一个完整的作品或一个独立的项目。例如采用项目成果汇报形式的考核，通过学生自由组队、自由选题、搜集资料、实施项目、撰写报告等一系列学习活动，考核学生发现问题、分析问题、解决问题的综合能力。此外，基于应用能力进行课程考核需要改变传统的一次期末考试决定课程成绩的做法，适度增加阶段性过程考核的频次，增强考核结果的有效性和科学性。

五、“统计分析与 SPSS 应用”课程的设计

在“大数据”时代背景下，越来越多的企业以数据作为经营决策的重要依据，对于数据统计分析师的需求不断增加。即使没有专门提供数据分析专员岗位的企业，也把具备数据分析能力作为管理岗位职责要求的重要内容之一。要想成为合格的数据统计分析师或承担数据统计分析工作，必须能够使用比较先进的数据分析工具。其中，SAS 和 SPSS 是企业数据统计分析应用最为广泛的两款工具，也是全球范围内得到广泛认可和信赖的分析工具。教育部 2012 年正式推出隶属于全国信息技术应用培训（Information Technology Application Training）教育工程的数据统计分析师认证项目，分

为SAS数据统计分析师认证和SPSS数据统计分析师认证两大类。针对社会上日益突出的数据统计分析职位需求，深圳大学管理学院面向本院本科生以及全校范围内非统计学专业本科生开设“统计分析与SPSS应用”选修课，并尝试以可雇佣性为导向对该门课程进行设计与改革。

1．课程目标

企业招聘启事中关于数据统计分析专员岗位或相关岗位的工作职责提到“负责数据整理、汇总和分析”，其任职资格更是明确指出“至少能够熟练使用SAS、SPSS等数据统计分析软件”。分析此类岗位工作职责和任职资格发现，虽然企业主营业务属于不同行业，但相同的要求是能够运用分析工具从海量数据中分析出成为企业经营决策重要依据的信息。因此，“统计分析与SPSS应用”课程目标确定为：①知识目标：理解常用统计分析方法的基本原理；②技能目标：掌握SPSS软件中常用统计分析方法的操作步骤；③能力目标：运用SPSS软件完成数据分析并撰写分析报告解释数据分析结果。

2．课程内容

根据统计分析工作过程，“统计分析与SPSS应用”课程内容依次为数据录入、数据预处理、数据分析、制作报表和撰写报告四个部分。其中，内容最多的是数据分析部分，该部分主要介绍以下几种统计分析方法：参数检验、方差分析、非参数检验、相关分析、回归分析、聚类分析和因子分析。按照基于工作项目设定学习情境的原则，5~6位学生为一组共同完成一个数据统计分析工作项目。以“大学生网上订餐需求调查”项目为例，学生需要完成的工作任务以及相应的知识和技能要求如下表所示。

“大学生网上订餐需求调查”数据统计分析项目

顺序	工作任务	知识要求	技能要求
1	通过问卷调查获取数据	社会科学研究方法——问卷法	问卷设计、发放与回收
2	录入问卷数据，建立数据文件	数据结构的定义 数据文件的管理	Excel文件导入，数据内容窗口和数据结构窗口的编辑操作
3	被调查者基本情况分析	描述性统计分析中不同统计指标的含义	选择需要输出的统计指标
4	不同类型调查者网上订餐需求的差异分析	参数检验的前提与目的 方差分析的前提与目的	参数检验的操作步骤 方差分析的操作步骤
5	网上订餐需求大小影响因素分析	相关分析的前提与目的 回归分析的前提与目的	相关分析的操作步骤 回归分析的操作步骤
6	网上订餐需求大小的预测		
7	撰写《大学生网上订餐需求调查报告》	分析结果的解读，市场调查报告的撰写（目的和内容）	报告写作（文字、图表、格式排版）
8	汇报《大学生网上订餐需求调查》结果	项目成果的汇报（目的和形式）	PPT制作，演讲技巧

3. 课程考核

"统计分析与SPSS应用"课程总评成绩来自平时成绩和期末成绩两个部分，其中平时成绩占40%，期末成绩占60%。平时成绩的评定基于出勤、发言和工作项目三个方面，其中工作项目完成情况占平时成绩的70%。对工作项目完成情况的考核，以"大学生网上订餐需求调查"项目为例，主要基于《大学生网上订餐需求调查报告》的文本内容进行打分，考查学生对理论知识和软件工具的综合应用能力。此外，"大学生网上订餐需求调查"结果的现场汇报还可以训练和考查学生的语言表达能力。

为确保"统计分析与SPSS应用"课程教学目标的顺利达成，深圳大学经济管理实验教学中心在教学设备与场地方面给予全面支持，可以实现所有学生全程上机独立操作练习。在课时安排方面，从最初的9周（共18学时）增加为18周（共36学时），以给学生更多的练习时间和完成工作项目的时间。

六、结语

以可雇佣性为导向进行课程设计，要求教师对劳动力市场中雇主的普遍需求有比较深入的了解，必要的时候甚至需要对用人单位进行走访以及对岗位要求进行分析调查。学校应该鼓励教师去做这些工作，并给予一定的资金支持。同时，学校应该组织成立评议小组，对课程设计进行评价，并给出建设性的意见。此外，应该加强与用人单位的合作，让其给予建议或参与课程设计。通过课程改革培养更多具有较高可雇佣性的应用型人才将是高校未来任重而道远的一项重要任务。

参考文献

[1] Hillage J., Pollard E. *Employ ability: Developing a Framework for Policy Analysis*. Department for Education and Employment (DfEE) Research Report RR85, 1998.

[2] Brown P., Hesketh A. & Williams S. Employability in a knowledge-driven economy. *Journal of Education and Work*, 2003, 16 (2): 107 - 126.

[3] Harvey L. Defining and Measuring Employability. *Quality in Higher Education*, 2001, 2 (7): 97 - 109.

[4] Yorke M., Knigh T. P. T. Employability through the curriculum. *Tertiary Education and Management*, 2002 (8): 261 - 276.

[5] 宋国学. 可雇佣性开发状况的调查研究. 现代教育科学，2009 (5): 106 ~ 108.

[6] Stewart J., Knowles V. The changing nature of graduate careers. *Career Development International*, 1999, 4 (7): 370 - 383.

[7] Warren, D. Curriculum design in a context of widening participation in higher education. *Arts and Humanities in Higher Education*, 2002, 1 (1): 85 ~ 89.

[8] 郑东辉. 可雇佣性导向的大学课程设计方式探讨. 全球教育展望，2012 (5): 55 ~ 60.

［9］汪霞，崔映芬．将学生可雇佣性培养融入课程：英国经验．高等教育研究，2011（3）：99～106.

［10］宋国学，谢晋宇．可雇佣性教育模式：理论述评与实践应用．比较教育研究，2006（2）：62～66，81.

［11］宋国学，高嘉勇．论教学设计模式及其对可雇佣性教育的启示．外国教育研究，2006（4）：39～43.

互动式教学：如何让枯燥的管理学理论变得有趣

罗文恩
（管理学院公共管理系）

【摘　要】互动式教学是一种师生双向互动的实践活动，强调学生不再是知识和信息的接收器，而是知识和信息的传播器和创造者。常见模式包括问答互动、分组讨论、团队项目等。相较于以教师讲授为中心的传统教学方法，互动式教学模式更能达到释放学生思维活力、帮助学生有效地学习与应用管理学理论的效果。需要强调的是，互动式教学的成功取决于很多因素，尤其是教师角色定位的转变——从知识布道士到“课堂组织者”。

【关键词】互动式教学　管理学　教师角色

早在1961年，哈罗德·孔茨（Horold Koontz）就用“丛林”一词形象地描绘管理学科中流派之繁多，理论之庞杂。时至今日，管理学领域中的相关理论、模型与工具更是五花八门、不胜枚举。如何把一些经典的、经过时间沉淀后大家公认的重要理论传授给学生，尤其是那些刚刚进入大学、社会经历有限、尚未有任何企事业单位管理体验的本科学生，使之能够有效掌握、理解和应用这些概念，是管理学科相关课程授课中值得深入探讨的话题。

如果一味采取“老师讲—学生听”的单向信息传播模式，往往会导致课堂气氛沉闷、效率低下，台上讲授者汗珠满颊、口干舌燥，而台下学生则是双耳长茧、思绪神游。互动式教学则相反，它充分尊重与发挥学生的思考能力和主见，让学生在主动学习、思考和相互沟通碰撞中获得新知识，具有一石三鸟之效果：释放学生思维活力、提升授课效果以及减轻授课者的工作负荷。当然，正如笔者后文中所提到的，互动式教学的成功取决于很多因素，特别是教师角色定位的转变——从知识布道士到“课堂组织者”。

一、互动式教学的含义与模式

1. 何谓互动式教学

互动式教学模式是在传统的“讲授型”或曰“填鸭式”教学法饱受诟病之后，在教学实践中逐步探索出来的一种新的教学模式。它的基本宗旨是：教学是一种师生双向互动的实践活动，教学过程不是一个教师单向传授知识的过程，而是一个学生主动学习的过程，不仅是一个认识的过程，而且也是一个师生相互交流与合作、相互启发与提高的过程（刘杼、邓新跃，2006）。学生的学习方式，不局限于教师的讲授，以课堂面授为中心，而更重要的是给学生以充分的自由度，让学生有机会自己在学习过程中去思考、交流与表达。学生不再只是知识和信息的接收器，而也是知识和信息的传播器和创造者。与传统教学模式相比，互动式教学通过“放权”更能激发学生的求学兴趣，使学生更牢固地掌握与运用相关概念与理论。在一些偏向应用的课程中，包括管理学、公共管理学、营销学等，互动式教学可以取得事半功倍的教学效果。

2. 互动式教学的主要模式

（1）问答互动。

问答互动是互动式教学中最基本也是最常见的一种模式。教师可以在讲授管理学相关理论过程中穿插一些问题引导学生思考，或把那些思绪神游的大学生的注意力拉回到课堂上来。例如，“如何才能让4Ps组合策略发挥最大作用”“什么是长尾理论”“用超序联想组合法从‘海豚—数码相机’组合中挖掘新产品创意”，等等。学生可以主动回答，或者教师随机点名让某些学生来回答。问答互动的优点是容易操作，是一种有效提升学生注意力的手段，但缺陷也非常明显。一是碰到不活跃的班级，可能出现冷场局面。二是由于发言机会有限，只能调动少数学生的参与度，可能来来回回只有几个活跃分子在回答问题。除非采取随机点名的强制性方式，回答互动模式很难让沉默、内向的学生表达观点。

（2）分组讨论。

分组讨论也是一种常见的互动式教学方法。与问答互动相比，分组讨论能够更广泛地调动学生的积极性，并促进学生之间的沟通、辩论和思维碰撞。分组人数以5～7人为宜（莫琦，2008）。人数太少不利于组内成员之间相互启发和脑力激荡，太多则会导致组内成员缺乏充足时间发表看法。分组讨论特别适合于在管理学课堂上进行小型的案例讨论（篇幅2 000字以内的案例）。教师把学生分为若干组，给他们20～30分钟时间围绕某些话题讨论案例，然后由每个小组派一名代表来分享其小组的心得，最后教师就各组表现作简要的总结。分组方式具体可分为两种。一是在课堂上采取临时分组形式，把若干个坐在一起的学生分为一组。二是在课程开始即把学生进行分组，并选定一个组长。在每次需要进行课堂案例讨论之前先要求同一小组学生围坐在一起。笔者通常采取后一种做法，不仅操作便利，同时通过选定一个得力组长也有利于引导高效的小组讨论。

（3）团队项目。

由于时间限制，课堂分组讨论只能就小案例进行简单的交流分析。如果要全面、系统考核学生是否已经把课程中的重要理论和知识融会贯通并能够运用到真实的（或准真实的）的商业情景当中，团队项目是一个合适的考核方式。团队项目通常在讲授完课程的大部分重要知识后才开始布置。一般会给学生4～5周时间完成。如何设计一个好的团队项目是教学的重点，也是难点。笔者认为应该有三个原则需要把握。其一，团队项目必须和课程的重要知识紧密结合，以考查学生是否会“学以致用”。其二，项目内容应和真实的管理场景尽可能一致（例如，营销策划案应该有财务预算的约束，而非天马行空）。其三，项目应该鼓励学生去收集一手资料，或者开动脑筋提出有创意的解决方案，而非东拼西凑出一篇所谓的“论文”出来。例如营销调研课程，可以设计一个小项目，让学生去调研深大师生对饭堂、图书馆设施、体育场馆的满意度。这样既能够理论联系日常生活，也可以很好地规避学生通过互联网抄袭的风险。

除了以上三种管理学课程中常见的模式外，教师还可依据课程特点采取辩论、角色扮演、学生授课等多样化方式把课堂做活，让学生在主动学习、思辨、沟通与表达过程中更好地把握相关知识理论。下面，笔者结合自己过去半年多来讲授“公共管理学”、“新产品开发”等课程的经验谈谈互动式教学的具体应用。

二、互动式教学应用一：用 SWOT 模型规划大学生涯

SWOT 模型是常见的应用于企业环境分析和战略制定的管理学工具。尽管有不少管理学课程都会提到 SWOT 模型，但笔者发现一些二三年级本科生要么对该概念一无所知，要么仅仅是听过这个概念却不知其有什么用或应该如何使用。如何才能让刚刚进入管理学院的新生牢牢记住并学会应用这个模型？显然，如果采取单纯的讲授方式，告诉学生“S”和“W”是企业内部环境中的优势和劣势，“O”和“T”是外部环境中的机遇和威胁，然后企业依据这些要素的组合搭配可以发展四种相应的战略，学生在课堂上或许可以理解，但是课后很快就把这些知识还给老师，因为这些企业战略跟他们的经历和生活没有任何关系。

为此，笔者告诉学生，SWOT 模型不仅适用于企业制定战略，也可以帮助个人制定自我发展蓝图。对于刚进入象牙塔的新生来说，应该早日规划以使四年大学生涯过得充实有意义。首先，学生需要想想在大学四年里最想实现的一个目标是什么。然后，根据 SWOT 模型来分析自己实现这个目标的优势和劣势是什么，以及面临的机遇和挑战又是什么，并根据这些要素制定出简要的方案来实现拟定的目标。笔者让每个学生花 20 分钟时间考虑大学生涯目标并进行 SWOT 分析，然后再鼓励他们上台分享自己的规划。结果，学生都非常积极参与。有些学生希望自己毕业后可以到北大等一流大学继续深造，有些希望可以回家乡做一个村官，有些则想去国外旅游，还有一些则把创业作为四年后的奋斗目标。学生中绝大部分都正确使用了 SWOT 模型，个别学生理解有误的，笔者也通过现场沟通纠正过来。在分享阶段，有不少学生举手踊跃发言，在讲台上讲述自己的理想以及如何通过 SWOT 模型制定实现理想的路径。通过这样的方式，不仅活跃了课堂气氛，也加深了学生对 SWOT 模型的理解和记忆。

三、互动式教学应用二：把定位理论融入课堂案例讨论中

定位理论是营销学最基本亦是最重要的一个理论。一款产品能否在市场上获得成功，很大程度上取决于其是否有清晰的定位，以及这一定位是否和目标顾客的需求相吻合。但是，定位理论本身比较抽象，指的是通过整合营销传播把预先构思好的产品价值属性植入消费者的心智当中。如果硬生生地向学生灌输定位概念，学生未必能够理解和领悟。即使举一些简单的例子，比如沃尔玛超市的定位是“天天低价”，而说到沃尔沃汽车，消费者首先想到的是“安全”，学生也很难感悟到定位的重要性。

为此，笔者挑选了宝洁公司润妍洗发水上市失败的案例，在课堂上交由学生进行

分组讨论。润妍上市失败是营销学的一个经典案例。被奉为最伟大营销公司的宝洁很少有失手，但中国宝洁雄心勃勃推出的专门针对东方人发质的润妍洗发水却惨遭滑铁卢——由于销量远远低于预期在上市不到两年时间这个品牌即被迫弃用。其中最关键原因，在于润妍“让黑发更黑”的定位完全不能激发它所瞄准的目标群体——8～35岁高阶城市女性的消费欲望。笔者希望用这个案例测试学生是否已经掌握定位理论。在简要讲述完案例后，笔者给每个小组20分钟时间讨论，之后要求每组派一个代表上台用3分钟时间发表他们的看法，最后笔者进行总结与评点。学生讨论得很热烈，但大部分小组在分享他们观点时，都是罗列了一系列失败原因，诸如定价、包装、调研、广告内容和表现形式等，未能一针见血地指出定位错误是其失败根源。这说明定位的重用性还没有引起学生足够的重视。因此在总结阶段，笔者明确点出学生在案例分析中的偏差，并详细讲述了为什么润妍的定位是不恰当的。在定位错误前提下，即使宝洁有再强的营销推广能力也无济于事。同时也把润妍和联合利华的夏士莲定位进行了对比。通过案例讨论和笔者点拨，学生对定位理论及其重要性有了更切身的体会。

四、简要总结：让互动式教学有效运作

相较于以教师讲述为中心的传统教学方法，互动式教学更应值得肯定和推广，但并不是说这种模式理所当然就能达到良好的教学效果（周玄毅，2009）。互动式教学的有效运作，取决于以下一些因素：

（1）班级规模。合适的选课人数为40人左右，小组为6～7组。如果学生超过50人，小组数量超过8组时，很难组织有效的课堂小组讨论。一节课时间只有40分钟，小组太多导致每个小组发言时间太短，不能达到预期效果。倘若选课人数太多，可以拆分为2个班级来授课。

（2）恰当激励。包括给一些积极发言的学生较高的课堂表现分，口头鼓励、表扬发言的学生，适当加大团队项目、课堂小组讨论分数在总成绩中的比例。在团队作业中要标明各个学生的具体职责和分工，避免搭便车行为。

（3）精心准备。在讲授过程中精心设计一些紧扣理论的话题供学生讨论。例如在谈产品创意时，笔者就举了“西游记里面有几个妖怪”这道最近很热门的高校自主招生考题，并现场要求学生作出创意回答。此外，课堂案例挑选、团队项目设计也应花足功夫，使其与理论知识有机融合在一起。

（4）角色转变。笔者认为教师自我角色调整是或许是最为重要的因素。在互动式教学模式中，教师的角色不是站在讲台上的布道士，面对芸芸众生侃侃而谈，而更像是访谈节目中的主持人，通过巧妙的提问或者节目设计，让嘉宾——也就是我们的学生——来思考、判断、争辩和表达，因为他们才是课堂上的主角。

参考文献

[1] 刘杼，邓新跃．互动式教学模式与高校教学管理改革．大学时代（下半月），2006（11）：105，106.

[2] 莫琦．互动式教学模式在企业战略管理教学中的应用．中国科技信息，2008（20）：269～271.

[3] 周玄毅．互动式教学应始于互动式教案．中国大学教学，2009（7）：55，56.

浅析认知学习理论在夜大教学中的应用

杨　益
（管理学院工商管理系）

【摘　要】认知学习理论是通过研究人的认知过程来探索学习规律的学习理论，相对于传统的行为主义学习理论只是强调行为，把人的所有思维都看作是由“刺激—反应”间的联结形成的，认知主义学习理论更加强调对于人们的信息选择、接受，以及信息编码、存贮、提取与使用过程的研究。成人教育的对象有独特的学习特征，本文研究认知学习理论在成人教育中的多种技巧，并对教学改革提出建设性的改革意见。

【关键词】认知学习理论　样例　变式练习　教学改革

认知学习理论是通过研究人的认知过程来探索学习规律的学习理论。该理论认为人是学习的主体，通过感知、注意、记忆、理解、问题解决的信息交换过程去不断获取信息，人们对外界信息的感知、注意、理解是有选择性的。和行为主义学习理论不同，认知学习理论把学习过程看作是一个主动的、有目的、有策略的信息加工过程。认知性学习的对象是文化科学知识，是人类社会经验的主要组成部分，是人们在现实生活中的定向工具，它在学生学习中占主要地位。认知性学习往往伴随非认知性学习（如情感性学习、运动技能性学习），而非认知性学习则是以认知性学习为基础和先导的。夜大的教学过程是以认知性学习为基础内容的，因此要提高教育水平，就应对认知学习理论作深入的研究。

一、认知学习理论的实质

认知心理学家认为，学习的实质是形成认知结构。自认知心理学产生之日起，认知心理学家就始终关注作为学习结果的认知结构在后继学习中的作用。皮亚杰的“图式”、格式塔学派的“完型”、托尔曼的“认知地图”实质上都是指认知结构。20世纪50至60年代，人们更加重视而且更加深入地研究认知结构。布鲁纳认为认知结构是个体在感知、理解基础上在头脑中形成的心理结构；而奥苏贝尔则进一步指出，认知结构就是个体头脑中的知识结构。随着当代认知心理学的发展，心理学家经过实验证明认知结构水平是个体认知活动水平的标志之一，改变学生的认知结构是提高教学质量的重要途径。如果说传统教学中依赖“形式训练”提高学生认知水平的梦想已经破灭，那么可以说依赖认知结构变化提高学生认知水平则给现代教学带来了新的生机。

认知学习理论对认知结构中知识类型的研究在知识掌握与智力发展之间架设起坚实的桥梁，对知识表征及知识组织的研究，为学生问题解决能力的培养提供更科学的途径。它认为学生学习的实质是用语言符号表征的新观念和学生认知结构中原有的适当观念之间建立实质性、非人为的联系。有意义的学习过程始终在认知结构基础上进行，先学的知识对以后的学习总会产生各种影响，因此，迁移是十分自然、十分重要的。

二、夜大学生的学习特点

成人学习既是每一个成人个体自我发展、自我完善的手段，也是整个人类社会发展的必要前提。了解成人学习的特点，有助于我们在指导成人学习时针对成人的实际情况采用成人教学方法，从而提高教学效率。

1. 内发性

由于成人自身与其周围环境都处于不断的发展变化之中，实际生活工作中的问题层出不穷，甚至出现生活危机。这种问题与危机的产生是由于成人已经认识到自身与环境之间存在着严重的不和谐因素。在这种意识作用下，成人必须努力寻找摆脱的途径，其中最重要的就是参加学习。因此，成人学习过程就是由不和谐到和谐的过程，学习动机的形成就是由不和谐向和谐转换的内在动力的产生过程。

2. 明确性

成人学习是以问题为中心，其学习活动与其生活情境有关，与当前需要有关，学习是为了立即应用，其学习目标是解决实际生活和工作中遇到的问题。成人的学习直接面向社会，他们的学习往往是同个人的职业密切相连的，他们的学习意向大多是按照生活工作的实际需要而产生和变化的。一般是“干什么学什么，缺什么补什么，需要什么学什么”。这种职业性的学习，不仅为成人当前从事的实际工作创造条件，满足“今天的应用”，而且能不断提高其职业能力。

3. 自主性

成人学习以已有知识经验为基础，学习操纵者是学习者自己，学习以自我导向为主。成人教育家诺尔斯提出，成人具有独立自由的自我概念。这种自我概念使成人学习表现为自我导向学习，即“一种没有他人的帮助，由个体自己引发以评断自己的学习需要，形成自己的学习目标，寻求学习的人力和物资资源，选择适当的学习策略和评鉴学习结果的过程”。

三、认知学习理论在夜大教学中的应用

1. 样例和练习相结合

样例是指解答好的例题，其中包含与问题相关的陈述性知识、程序性知识和策略性知识，有利于学生形成合理的问题中心图式。直接呈现给学生样例优于由教师给学生讲解例题。教师讲解例题时，学生的注意力集中在已知条件、未知条件、当前问题状态上，认知空间几乎被塞满，不仅感到脑力负担重，而且几乎没有认知容量让给图

式获得。样例在技能形成的早期扮演了重要角色，样例下的练习促进技能的熟练和解题能力的迁移。

2. 加强变式练习

样例所包含的信息分为表面信息与内在原理信息两方面。表面信息指问题所涉及的事物、形式、情节等具体内容。内在原理是问题所包含的结构性或实质性的东西。在问题中心图式中两者是结合为一体的。莫雷等人认为问题原型（也可称问题中心图式）包含的内在原理越多，问题原型的概括化程度越高。概括化程度较高的问题原型更有助于问题的解决和解题能力的迁移。在教学过程中，变式练习是促进问题原型概括化十分有效的途径，而且有助于问题原型提取的自动化。

3. 鼓励学生亲身实践，增加知识的固着点

强调亲身实践与新课程中增设综合实践课的精神不谋而合。在亲身实践中，学生的多种感官参与活动，由此获得的知识是多重编码的，所以这样的知识更清晰、更稳定、更能为新知识的学习提供高质量的固着点。例如，从未花过钱的孩子很难理解元、角、分之间的换算，而经常自己购物的孩子则不会出现这样的问题。

四、认知学习理论对教学改革的指导意义

认知学习理论深入教学实际，紧密结合课堂教学中的学习情境，其推导出的学习原理基本反映学生的学习规律，因此，对当今的教学改革有一定的指导意义。

1. 注重教材的知识结构与学生的认知结构相统一

教师在教学中要注意基本概念、基本原理和规律性知识的体系，务必使学生理解学科的基本结构。

2. 教师应从学生的认知结构实际出发进行教学

认知学习理论认为，学生在学习过程中，新知识信息不是被现有的认知结构所同化，就是改进现有的认知结构而产生新的认知结构。教师的责任就在于依据学生认知结构开展教学工作。

3. 改革教学方法应注重针对性和实效性

在实际教学中要根据学科性质、教材内容和学生的知识状况以及学习条件多种因素来确定教学方法。问题的关键是，以“学”作为教学改革的出发点和归宿，使学生在理解的基础上进行意义学习，不要形式主义地强求一致。

4. 教学应教会学生如何学习

认知学习理论强调学习过程是一个主动过程，学习是有目的、有计划、有一定策略的，也是在已有知识经验的影响下的认知过程。因此认知技能的培养，学会运用知识解决问题，学会思考，学会学习是认知学习的重要内容。在教学过程中，学生对自己学习活动、学习方法的认知，可以大大加强对学习的兴趣并激发自觉性。在教学中教师应有意识地对学生进行学习教育，包括学习动机的培养、学习习惯的训练、学习

方法的指导，更应指导学生掌握学习的规律和策略，让学生学会如何学习。

参考文献

[1] 余平. 基于建构主义和情景认知学习理论的专业课教学改革探讨. 中国电子商务，2012（8）：175.

[2] 邹萍. 认知学习理论对大学课堂教学的启示. 文化学刊，2011（1）：29～32.

[3] 孙赫. 认知学习理论对我国素质教育的启示. 科教导刊，2011（9）：9，10.

[4] 方丙丽. 自我导向学习——成人学习的有效路径. 教育探索，2011（8）：57，58.

[5] 张晓春. 成人学习效率提高的策略探究. 继续教育，2012（6）：39～41.

[6] 张剑. 成人教育教学改革及其创新简析. 中国成人教育，2011（6）：123，124.

第二编

应用型人才培养探究

浅析人力资源开发视野下的应用型创新人才培养

陈淑妮
（管理学院人力资源管理专业）

【摘　要】本文在梳理应用型创新人才的含义、发达国家主要培养模式以及我国该类人才的培养现状基础上，明晰应用型创新人才的培养定位，并据此浅析应用型创新人才的培养路径，以期对高等教育人才培养体系的改革有所启示。

【关键词】创新人才　应用型　人力资源开发

随着经济体制改革的深化，经济增长方式的转变更多是依靠科技进步、劳动者素质提高和管理创新来驱动。其中，人力资源是经济发展的第一资源。因此，培养和造就一大批基础扎实、专业面宽、社会责任感强、实践能力突出的高素质创新人才成为新时期经济社会发展的迫切需求。当今社会的发展，对人才的需求呈现多样化，既需要发现和研究客观规律的学术研究型人才，也需要懂得运用客观规律，将掌握的抽象的理论符号转换为具体操作构思的应用型人才，更需要能够发散思维将知识创造性地应用于生产实践的应用型创新人才。当前阶段，集成创新和引进消化吸收再创新仍然是我国自主创新的主要方式，这就必然要求我们把应用型创新人才的培养作为高层次人才战略的重点。

一、应用型创新人才的内涵、特点与主要培养模式

（一）基本内涵

在高等教育大众化的时代背景下，应用型创新人才的提出赋予了新时期人才综合素质更丰富的内涵，既顺应了人的全面的、可持续发展的理念，又成为多样化人才需求的必然选择。作为建设创新型国家的基础和主体，应用型创新人才既是科学技术转换为现实生产力的活载体，也是满足产业发展需要的基本保障。目前关于它的探讨与研究已成为教育界的热点，对其内涵界定和目标定位也是众说纷纭、观点颇多、各有侧重。总的来说，应用型创新人才是一个由应用型人才和创新人才二维复合的概念。应用型人才是相对学术型人才而言的一种人才类型，是指具有必要的理论知识、较强的实践技能和良好的职业素质的人才。创新人才是与常规人才相对应的一种人才类型，是指具有创新意识、创新精神、创新能力，并能够取得创新成果的人才。综合起来，应用型创新人才主要是指那些以解决现实问题为目的，注重知识的有用性，具有创新精神和综合运用知识的能力，在社会各行各业中从事各种创新活动的创新人才。这类人才不仅要能够掌握现代高科技知识、理论与技术，并且必须具有较强的动手与实践

能力，懂得并善于运用已掌握的知识、理论与技术从事专业活动，解决专业活动中遇到的各种困难，并且还要具有一定的创新素质，能够进行开发与创新。简而言之，“厚基础、强创新、重实践”这三大素质是应用型创新人才的能力结构。

（二）主要特点

首先，应用型创新人才必须具有扎实的、宽厚的专业基础知识。在科学研究和实际生产中，偶然突破固然重要，但长期积累的扎实的专业知识却是“灵感闪现”得以产生突破性创新的基础和前提。因此，我们在提倡发散思维、巧思妙想去解决问题的同时，更应鼓励“十年磨一剑”的坚韧和毅力，促进完整的、科学的、系统的、可塑的知识体系的形成，鼓励在充分掌握专业基础知识的前提下举一反三，尝试从不同领域、不同角度进行知识扩充，注重搭建可塑性强的知识架构，锻炼和提高思维的敏锐度，打造应用型创新人才的硬件实力。但是，长期以来，由于高考体制的影响，升学的压力使得高中阶段的学习往往过于强调应试技巧，而使学生对知识缺乏深层次的理解与把握。进入高校后，对专业基础知识的学习和把握更为重要，但是学生往往可能因为升学和考试压力不复存在，在自我约束能力不强的情况下容易产生惰性，致使专业基础薄弱。

其次，应用型创新人才必须具有强大的创新能力。创新思维能力与创造想象力是进行各种创新活动必备的心智技能，离开了创新思维和创造想象，任何创新活动都将无法开展。应用型创新人才所具有的创新能力，就是运用已有的知识和理论，在科研和生产领域不断提供具有经济价值和社会价值的新思想、新发明和新技术，以推动产业机构优化升级和生产力突破性发展。改革开放以来，我国的创新能力有了很大提高，少数科学研究和技术创新在世界上也占有一席之地，高校在人才创新能力的培养方面也取得了一定的进展，但无可置疑的是，与世界其他发达国家的高校毕业生相比，我国学生的创新能力存在的差距还是不容小觑。

再次，应用型创新人才必须具有高效的实践能力。因为创新能力是创新意识与创新思维在实践中的确证和外化，只有通过参与创新实践，才能让创造的成果真正成为创新能力这一本质力量。目前，中国技术落后的原因不仅是高技术科研人员的匮乏，还包括能真正将国外引进的先进技术转化为国内生产力并在生产一线实现价值转换的生产技术人才的稀缺。不可否认，部分高校学生是具有创新意识的。他们对创新有着自己的理解，也希望在学习和实践过程中产生新的理论和成果，但他们对创新的向往与实践行动之间却存在很大的反差，往往难免成为“语言上的巨人，行动上的矮子”，即在思维上追求创新，体现出积极的创新意识，然而在实践上却迟迟不肯迈步，难以发挥主观能动性，欠缺将想法付诸实际行动的勇气和能力。

（三）发达国家主要培养模式

西方高等教育应用型人才培养模式主要有三种：

一是独立型模式，即是由学校独立进行培养的模式。具有代表性的包括德国的应用科技高等专科学校模式（Fachhochschule，FH），美国、加拿大等国的能力本位教育模式（Competency Based Education，CBE），英国、澳大利亚等国的能力本位教育和培训模式（Competency Based Education and Training，CBET）。

二是双向型模式，即是高校和企业共同完成人才培养任务的模式。主要特点是学校教育与企业实践相结合，由高校负责基础和专业教育，由企业负责操作和技能培训。这种模式具有课程内容实用、课程设置合理、课程比例适当、课程实施灵活、课程管理开放的特点。该模式最早起源于德国的双元制职业教育，后被引入高等教育。此外，美国、日本等国的从学校到工作模式（School to Work，STW）和英国、澳大利亚等国的现代学徒模式（Modern Apprenticeship，MA），也都可以归入这种类型。

三是多元型模式，即是由多方共同参与学生培养的模式。比较有代表性的是澳大利亚的技术和继续教育模式（Technical and Further Education，TAFE），借助产业的推动力，由国家、行业、学校相结合，以学生为中心进行多层次和综合型人才的培养，通过政府投资和企业赞助，确保学校具备比较完善的校内教学环境和实训基地，学生有奖学金和生活补贴保障。

这三种培养模式的主要区别在于实施的方法，但基本目标是完全相同的：以社会需求为导向、以学生能力为重点、以实践教学为基础，通过实践教学的手段，来提升学生的能力，以满足社会的需求。

二、应用型创新人才的培养定位

相对于学术型人才，应用型创新人才最大的不同在于解决现实问题的能力。著名教育家潘懋元认为，应用型人才并不仅在知识和理论的应用方面发挥作用而不进行研究，他们开展的应用性研究也常常能在理论创新方面带给人们启发，具有更为广泛的意义与作用。因而，无论是顺应创新型国家建设对人才的需求，还是顺应高等教育的发展趋势，培养具有社会责任感、主动探索精神和创新精神的高素质应用型人才都应该成为高等教育教学改革和发展的重要方向，也应当是高水平大学人才培养的重要内涵和应尽责任。

现代高等教育对应用型创新人才的培养有着更为全面的要求，主要以实现知识、能力、素养结构的协调发展为目标。知识方面，主要引导其深入了解所学专业的知识体系和基本架构，扎实掌握专业基本知识与技能；能力方面，主要是突出其实践能力和创新精神，主动学习和自我提升的能力；素养方面，要求其树立正确的人生观、价值观和世界观，实现思想道德素质、科学文化素质和健康素质的协调发展。从能力和素养结构角度重点考虑，则可考虑从敏锐的观察能力、突出的应用能力、良好的沟通能力和默契的团队协作能力等方面着手打造应用型创新人才的软实力：

一是敏锐的观察能力。应用型创新人才要善于观察行业发展和客户心理需要的发展变化，能够从普通的现象中发现问题，捕捉创新契机。敏锐的观察力是及时掌握市场动态的一个重要条件，如果对市场观察不够敏锐，就会降低应对行业变化的能力，白白错失一些良机；敏锐的观察能力是准确捕捉客户心理需求的一项基本技能，如果对客户需求了解不够深入，就无法提供令人满意的产品或服务，造成客源流失。因此，培养敏锐的观察能力是高校应用型创新人才培养中不可忽视的一环。

二是解决实际问题的应用能力。应用能力是知识和经验积累的完美表现，相对于学术型人才在科研上的探究能力，应用型创新人才解决实际问题的能力是其获取不可替代地位的核心价值。高校应用型创新人才培养首先要做到的就是避免脱离实际，很多高校毕业生走出大学校门，直接来到工作岗位，由于在学校里基本上都是学习理论知识，缺少实践操作经验，即便毕业前有实习机会，也缺乏系统、连贯的实践经验积累，很多理论知识都只停留在表面。因此，培养应用型创新人才必须从提高解决问题的能力入手，以发现问题为切入点，以分析问题为过程，以解决实际问题为目标，达到理论与实践相结合。

三是良好的沟通能力。与相关人员沟通交流、学习与分享经验教训，也是解决实际问题的重要条件。表面上来看，沟通能力似乎就是一种能说会道的能力，实际上它包罗了认识行业、处理问题和与人协调等一系列行为能力。一个具有良好沟通能力的人，可以将自己所拥有的专业知识及专业能力进行充分发挥，并给人留下良好的印象，有助于工作的完成。高校应用型创新人才培养将良好的沟通能力作为一项指标，是高等教育改革的突破，也是高校与企业对接的桥梁。

四是团队协作能力。与他人一起工作的团队协作能力是应用型创新人才必备的素质。一个团队不能只依靠一个人的力量，一把筷子强韧过一根筷子是最常用来比喻团队精神的例子。应用型创新人才需要与学术型人才或技术工人进行思维、能力、经验的互补，共同协作以达到目标。当然，团队精神不是集体主义，不是泯灭个性、扼杀独立思考的代名词。高等教育对应用型创新人才的培养，要着重从提升学生个人品质、包容能力、协作精神出发，培养超越自我的团队意识。

三、应用型创新人才的培养途径

应用型创新人才的特点决定了其培养方式必须区别于传统的学术型教学，而强化实践教学是培养应用型创新人才的主要路径。这就要求高校在教学过程中不断挖掘和激发学生的个性潜质，在专业教育基础上，以转变教育思想、更新教育观念为先导，以提升学生的社会责任感、创新精神和实践能力为核心，以改革人才培养模式为重点，大力推进高等学校应用型创新人才的教育工作，不断提高人才培养质量。

在高等教育大众化的今天，部分大学生“毕业即失业”和人才不能满足社会多层次的需求的矛盾现象是目前我国高校教育面临的尴尬局面。要改变这一现状，就必须转变高校学术化的单一思想，多措并举培养应用型创新人才，使学生的知识体系达到博、深、新的统一，及时更新观念，掌握新兴学科与学术前沿的新思想、新动态，并在改变旧的思维方式的基础上，学会新的思维方式，除了掌握逻辑思维和形象思维以外，还要学会辐射思维、逆向思维等，尤其要学会通过多学科的交叉互渗整合，发现新的意蕴，并引导他们在提高学术素养的同时，做出面向人力资源竞争市场的思考，构建独特的人才竞争优势。

第一，转变思路，重视特色培养，提升实践能力，是培养应用型创新人才的基础方针。近年来，我国高校先后进行的大规模院系调整和高教体系改革，部分大学的合并和优化整合，使得高等教育得到了蓬勃发展。在欣喜的同时，我们必须认识到由于各类高校在升级的过程中，一味追求学科排名、办学规模和定位层次，导致培养目标定位不清，造成了人才培养的趋同，应用型创新人才匮乏而无法满足社会需求的后果。另外，目前高校内存在“以论文定成败”的取才标准，从事实上导致了高等教育重理论、轻实践的教育指导方针。因此明确高等教育的分层分类办学、合理定位，寻求特色发展、提升实践意识，培养专业化、应用型技术人才是高校发展的核心原则。

第二，优化教育方式，改革教学方法，构建分层次、多元化的实践教学体系，是培养应用型创新人才的基本要求。根据应用型人才培养的特点，研究和借鉴发达国家专业教育的先进经验，通过优化组织教育过程，打破旧有的教与学的组合形式和封闭的教学局面，建立一种能使每个学生都有机会发挥其天性中创造力的师生合作开放式教学体系。同时，围绕社会对人才的创新、创业精神和实践能力的要求，不同学科、不同时期应选择不同的实践教学模式，在相对稳定的实践单位或基地进行教学实践。因而需要构建从课堂内系统的、综合性的实践技能训练到课外的自助式开放实验、贯穿校内学习全过程的专业素质拓展训练和校外实习相结合的培养体系，以期达到在社会服务中深化专业知识，在实习中接受社会考核之效用。

第三，校企互动，创立产学研相结合的新模式，是培养应用型创新人才的有效途径。目前，产学研相结合已成为各国高校体制改革、提高人才创新能力和实践能力的一项重要教育手段。相比其他国家，我国产学研结合模式起步较晚，且大多数高校与企业的合作尚停留在较浅的层次上。企业追求经济利润，高校只需实践基地，这看似和谐的供求平衡背面，隐藏的是合作效益的滞后，如：企业提供实践岗位单一，导致学生参与机械工作过多而创新能力提升较慢，学生自主意识不强，实践动手能力差而无法胜任工作等。因此，校企合作中，高校应发挥自身的人才和科研优势，切实地为企业解决技术壁垒、职员培训等方面的实际问题；而企业也应积极承担一定的社会责任，参与到学校的课程设置中，用其行业的经验和思维来充实和改进高等院校的课程设计，同时也为高校提供科研资助、实践岗位和前沿技术交流。双方在付出的同时获得应有利益，达到双赢的局面。当然，高校还应为实践配以一定的学分，以激励学生更好地完成实践课程，让更多学生自觉自愿参与其中，提升自身的创新实践能力。

在机遇和挑战并存的知识经济时代，培养能够适应社会快速发展需要的高素质应用型创新人才，是高校、政府、社会的共同责任，是一个十分复杂且周期较长的系统过程。随着我国社会经济建设的快速发展，社会对高素质应用型创新人才的需求必将越来越迫切。教育作为开发人力资源的主要途径，其中承担着人才培养重任的大学，就必须积极推进人才培养模式改革，大力培养能够满足经济社会发展与行业急需的高素质创新人才。因此，紧随特区成长起来的深圳大学，作为深圳市目前承担本科教育任务的综合性大学之一，在培养应用型创新人才的实践教学过程中，也需要不断探索并尝试构建具有前瞻性、全局性、系统性且能够满足特区发展需求的人力资源培养体系，以促使学校毕业生能够在人力资源市场竞争中拥有核心优势和发展潜力，助力“人力资源强国”的打造。

参考文献

[1] 潘懋元，石慧霞．应用型人才培养的历史探源．江苏高教，2009（1）：7～10.

[2] 潘懋元．我看应用型本科院校定位问题．教育发展研究，2007（7）：34～36.

[3] 周祖翼．加强创新创业教育　提高人才培养质量．中国高等教育，2013（8）：42～47.

[4] 许为民，张国昌．应用型创新人才培养四题．中国高教研究，2007（6）：63～65.

[5] 陈婵，李晓强，邹晓东．把造就应用型管理人才摆上战略地位．理论与实践，2005（2）：25，26.

[6] 范跃进．面向创新型国家建设的应用型创新人才培养模式探索．中国大学教学，2006（9）：24～26.

[7] 夏秋．应用型创新人才培养问题研究．北京教育，2013（3）：58～60.

在教学中组织“线上社区式”研讨的探索与实践
——以“资本投资学”课程为例

陈 雪
（管理学院工商管理系）

【摘 要】“线上社区式”研讨是通过教师设计研讨主题，引导学生参与互动讨论的方式，对课堂讲授理论进行实践体验的教学方法。这一方法的引入对于提高教学课程质量有着积极的意义。“线上社区式”研讨实施的步骤包括设定研讨的目的和问题、确定研讨互动的激励与评价机制、跟踪研讨内容、实现研讨与课堂教学的互动等环节。在“资本投资学”课程中利用“线上社区式”研讨方法来让学生在一学期的授课时间内跟踪关注股票走势的实践显示，这一方法能有效提高教学的生动性，使学生加深对课堂讲授理论的理解。

【关键词】blackboard　持续跟踪研讨　长尾效应　论坛交流

“线上社区式”研讨是一种通过利用线上（on-line）论坛互动交流平台创立的社区环境，让学生结合课堂授课内容和自己关注的兴趣点对某一话题进行持续性讨论的新型学习方法，是一种基于网络教学的新型教学方式。网络教学是随着信息技术和网络技术的发展而产生的一种先进的现代化教学手段。在网络环境下，师生之间、学生与学习材料之间的教与学活动过程，突破了课堂教学时间、地点的限定[1]。这种“线上社区式”研讨依托网络虚拟环境下的网络论坛（BBS，全称为 Bulletin Board System，它提供一块公共电子白板，每个用户都可以在上面书写，发布信息或提出看法，是一种交互性强、内容丰富而即时的 Internet 电子信息服务系统[2]），构建虚拟社区环境下对具有时效性的话题进行互动讨论，能够让学生对课堂讲授的理论进行实际体验，对教学效果产生显著提升的作用。在课堂授课过程中，线上讨论的内容可以作为教师在教学中引用的案例；在学期结束期末考核时，持续性研讨的内容还可以渗透到试题设计中，让学生对持续性研讨的内容进行系统性的回顾和总结。在教学中，让学生参与线上讨论，有助于他们加深对理论的理解，并激发他们进一步对理论进行研究和拓展的热情，实现课堂教学的“长尾”延伸。本文将以“资本投资学”课程为例，利用 blackboard 中的讨论功能，介绍组织“线上社区式”研讨的意义、实施步骤与效果。

一、在教学中组织“线上社区式”研讨的意义

1. 有助于加深学生对课堂讲授理论的理解

研讨主题通常是选取真实社会中发生的现象或者实践问题。每位学生可以虚拟成为自己所关注领域的意见领袖，在课堂成员组成的社区环境中表达观点。由学生揭示

实践现象与相关理论成立的行为机理，能加深学生对授课内容的理解。

2．有助于提高教学的生动性与互动性

在教学过程中，教师选取课程教学和实践结合最为密切的一个方面为切入点，设计研讨方案，要求学生以观察者的身份来参加研讨。在课堂授课过程中，线上讨论的内容可以作为教师在教学中引用的案例，让学生亲自体验课堂讲授理论所涉及的基本假设、结论以及存在的问题与现实的相关性；在学期结束期末考核时，持续性讨论的内容还可以渗透到试题设计中，让学生自行梳理真实的感知表象与其中的理论机理的关系。

3．有助于激发学生的学习热情，并进行进一步研究

在课堂教学中，教师可以根据论坛持续讨论的话题和同学们针对某种现象提出的问题，引导学生进行分析，要求学生利用课堂理论对现象的机理进行解释，并留下更多不确定性问题让学生自己去讨论和研究，把学生从知识的被动接受者改造为问题的发现者与知识的探索者。

二、组织“线上社区式”研讨的实施步骤

1．设定研讨的目的和问题

“线上社区式”研讨的实质是对课堂教学内容的渗透性进行延伸，实现课堂教学的“长尾”效应。从延伸的方向性来看研讨的目的与问题的设定，可分为三种类型：一是从课堂讲授的理论知识出发，比如针对某一问题有多个理论，可以引导学生比较理论的适用性和实际可操作性；一般需要与教学内容紧密相连，还需要具有清晰的脉络和逻辑关系。二是以具体的实际现象特征为研究对象，让学生探索性地选择课堂所讲授的方法和工具进行分析。三是突破本课程现有的教学框架，引导学生综合运用各个课程学习的知识理论，对提出的问题现象进行分析和解释。

2．确定研讨互动的激励与评价机制

在网络环境中的评价机制不同于以往课堂教学中采用到课率、回答问题情况等方式激励学生学习，而是设计一套基于线上社区数据的评价机制，引导学生积极参与线上讨论。评价的核心构成要素可以包括以下方面：①个人发表话题情况；②个人回复话题情况；③个人发表话题的被回复情况；④在课堂研讨环节中对线上讨论内容的理解情况；等等。这样可以激励学生充分参与话题讨论，找到具有话题探讨意义的事件并提出问题，结合理论对这些问题进行解释，并且积极参与他人提出的话题讨论。

3．研讨内容的跟踪与课堂教学互动

就授课教师而言，可以选择三种方式参与学生在“线上社区式”研讨中热烈讨论的话题：一是参与线上互动；二是在课堂讲授中，选择可与课程讲授内容紧密结合的话题进行深入探讨；三是课堂上开辟 5 ~ 10 分钟的时间，就同学们最近讨论的热点话题进行分析评述。这种“线下”（off - line）教学方式能有效地激发学生的学习兴趣和创造性，并且促使学生提高和拓宽思考的深度与广度。

三、教学案例：以“资本投资学”课程为例

1. 设定研讨的目的和问题

“资本投资学”是建立在经济学、管理学、金融学等学科知识基础上，又具有本身理论和方法特点的课程，要求学生在掌握投资知识和分析方法的基础上，牢固树立投资风险的意识和观念，深刻理解投资收益与风险的理念。教学采用了国际经典教材滋维·博迪（Zvi Bodie）等著的《投资学》一书，因此课堂讲授内容以概念和理论为主。但为了使学生在掌握投资的基本概念、过程、环境和风险收益分析方法的基础上，能够对实际的项目投资、证券投资的理解实现从理论到实际应用的延伸，本课程确定了研讨的话题为：在一学期18周的时间内，持续跟踪在我国证券交易市场上市公开交易的一只股票，结合该股票的基本面信息（宏观、行业和公司个体等信息）对股票的走势情况进行研判。每人可根据自己的兴趣自由选择一只股票进行观察。实践发现学生多根据自己的生活经历和未来的就业选择来选取股票。

2. 确定研讨互动的激励与评价机制

要求学生每人扮演一个股票分析师的角色，在blackboard中的讨论模块下对该股票每周的走势进行评述。采用了以下两种激励方法：一是将每周的发帖情况记录为平时成绩；二是根据发帖的内容在课堂上进行点名讨论，以提高大家参与的兴趣。

3. 研讨内容的跟踪与课堂教学互动

选择研讨的内容多结合授课知识点展开，比如讨论市场有效性理论时，就某只股票在前一天有利好的消息公布后，第二天不涨反跌的走势进行了探讨。学生还根据自己在网上看到的对股票的评述进行整理，但存在就事论事、与理论结合不够密切的问题，这就需要在课堂上进行适当的引导。还有些跨专业选修和读双学位的同学对某些行业的理解更深，会在课堂上的行业分析环节和大家分享更多自己的见解等。

4. “线上社区式”研讨效果评价的实证检验

2012—2013学年度第二学期开设的“资本投资学”课程面向两个教学班级，共58位学生选修，有50位学生参与了这种“线上社区式”的研讨，就某只股票的走势进行了持续跟踪。从发表话题数量上来看，话题数在1~4的学生占比为24%；话题数在5~8的占比为10%；话题数在9~12的占比为35%；话题数在12以上的占比为17%（如下图所示）。

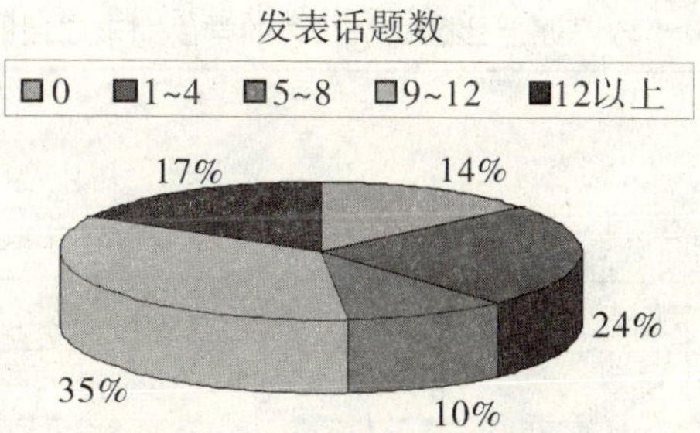

"资本投资学"课程学生"线上社区式"研讨的参与情况示意图

由于一学期为18周，发表话题数在9个以上的学生可被认定为积极参与"线上社区式"研讨，即能够做到至少平均每2周就自己关注的股票发表看法。而发表话题数在9个以下的学生可被认定为未积极参与"线上社区式"研讨。因此可将参与"线上社区式"研讨的50位学生（剔除未参加研讨的8位学生，而实际上其中6位学生也未参加期末考试）按照发表话题数分为两组：积极参与者为30人；未积极参与者为20人。作为一种课堂教学的有效补充，"线上社区式"研讨是否有效提高了学生对课堂讲授知识的理解，可以通过比较两组学生在期末考试的卷面平均成绩上是否存在显著差异进行说明。

利用SPSS16.0进行数据统计分析的结果如表1和表2所示。从表1中可以看出，"资本投资学"课程中积极参与"线上社区式"研讨的学生和未积极参与研讨的学生在期末卷面成绩的平均值上确实存在差异，积极参与的学生的卷面平均分比未积极参与的学生高出12.65分。进一步通过独立样本T检验的方法比较这种均值差异是否是一种系统性差异。从表2可以看出，由于两个总体的方差在1%的显著性水平下有显著性差异，因此要看方差不等下的统计结果。结果发现，在10%的显著性水平下，积极参与和未积极参与"线上社区式"研讨的学生期末成绩是存在显著性差异的。因此可以推断，这种研讨方式通过对课堂教学的"长尾"延伸，有效提高了学生对课堂讲授知识的理解。

表1 积极参与和未积极参与"线上社区式"研讨的学生期末成绩的基本描述统计量

Group Statistics

"线上社区式"研讨的参与程度		N	Mean	Std. Deviation	Std. Error Mean
期末成绩	未积极参与	20	72.45	26.798 42	5.992 31
	积极参与	30	85.1	6.493 23	1.185 5

表 2　积极参与和未积极参与“线上社区式”研讨的学生期末成绩的两独立样本 T 检验结果

			期末成绩	
			Equal variances assumed	Equal variances not assumed
Levene's Test for Equality of Variances	F		12. 785 595	
	Sig.		0. 000 809 1	
t - test for Equality of Means	t		- 2. 489 893	- 2. 070 901 671
	df		48	20. 495 826 02
	Sig. (2 - tailed)		0. 016 294 2	0. 051 197 341
	Mean Difference		- 12. 65	- 12. 65
	Std. Error Difference		5. 080 540 6	6. 108 450 332
	95% Confidence Interval of the Difference	Lower	- 22. 865 11	- 25. 372 271 95
		Upper	- 2. 434 889	0. 072 271 951

四、启示

本文仅是对“线上社区式”研讨进行了初步的探索。通过该方法的引入，可以将课堂教学与线上教学进行有效的结合。不同于一般的 BBS 论坛开放讨论模式，“线上社区式”研讨需要体现出三个方面的特征：一是与课堂讲授理论的密切联系；二是与课堂教学互动的紧密结合；三是学生通过持续性跟踪研讨，能够在这个虚拟社区中成为“意见领袖”。简言之，变教师“答疑解惑”式讨论为由教师引导、学生主动发表观点的互动式讨论。在未来，这种“线上社区式”研讨的推广应用需要进一步解决以下问题：第一，分析各门课程中理论与实践的结合点，设计具有社区讨论意义的话题；第二，在软件方面，借助 blackboard 等教学平台为教师提供就学生参与讨论的情况进行评价机制设计的开放式接口。

参考文献

[1] 牛卫红．网络教学特点与模式探讨．中国成人教育，2006（7）：177.

[2] 田晓敏．网络环境下信息技术课论坛教学模式的探索．学周刊，2011（3）：196.

关于培养创新型人才的一点体会

——以深圳大学管理学院本科教学为例

丁　凡[1]　吴　艺[2]
（1. 管理学院管理科学系；2. 管理学院工商管理系）

【摘　要】培养创新型人才已成为我国经济发展的迫切需要，也是当前我国高校本科教学中的核心工作之一。本文结合笔者的教学经验和体会，分析了创新型人才基本素质及培养方法，以及我国高校如何利用现有的条件培养创新型人才，并提出了一些简单可行的措施。

【关键词】创新教育　创新型人才

一、引言

根据最新资料，2013 年我国大学毕业生将近 700 万人，又恰逢我国经济增长乏力，过去几十年经济发展中积累的大量问题亟待解决，同时面临经济结构转型的巨大压力，就业形势空前严峻。一方面是大量缺乏经验和创新能力的就业大军，另一方面是中国经济转型急需大量（百万数量级）适应新兴产业发展的创新型人才，结构性矛盾极其尖锐。深圳的情况也大致如此。作为深圳大学管理学院的学生，应当如何面对这一空前的挑战？可行的方法之一就是尽快培养出更多的创新型人才，并尽快摸索出一套简单可行的培养更多创新型人才的教育方法。

笔者作为深圳大学管理学院的教师，结合自己的教学工作，对此问题谈谈个人的一点体会。首先，创新教育就是培养创新意识、创新能力、创新思维、创新精神和创新人格等方面的素质教育，以培养创新人才为目的。创新教育相对于传统教育而言必须具有新的教育思想、教育理念和教育方法，是为了适应新的社会经济发展状况、适应知识经济时代的与时俱进的教育，因此，它必须相对传统教育有较大的突破，即创新教育本身必须有所创新。

二、创新型人才必须具备的基本素质

1. 创新意识

创新意识是指能够发现新问题，并自觉产生创新的念头，有创新的动机、创新的欲望。这是创新型人才所应具备的最起码的素质。

2. 创新精神

创新精神主要包括好奇心，探究事物发展规律的兴趣，诚实、严谨的科学精神，对新奇事物很敏感，对真知执着追求，在困难面前百折不挠，勇于进取，独立思考，对“权威”具有批判精神，不达目的誓不罢休。这是创新型人才的基本素质，是创新的动力源。

3. **创新能力**

创新能力主要包括创新思维能力、想象能力，根据具体情况创造性地计划、组织与实施某种活动的能力，与同伴的合作能力，创造性地开发某种产品的能力，快速学习新知识的能力，良好的逻辑分析能力。这是创新型人才的核心素质，是创新的力量之所在。

4. **创新人格**

创新人格主要包括创新的责任感、使命感、事业心、顽强的意志和毅力，能够经受挫折、失败的心态，以及坚韧不拔的性格。创新人格是创新型人才最为稳定的心理特质，是持续创新、产出成果的根本保证。

三、如何培养创新型人才的基本素质

据笔者观察，深圳大学管理学院的学生创新意识和创新精神还是比较突出的，这主要是受到深圳这个创新城市的大环境影响；而创新能力和创新人格则相对比较欠缺，原因既有学校教育方面的，也有家庭教育方面的。下面着重分析在大学的课堂教育中如何注重和提升创新素质的培养。

1. **创新意识的培养**

应当通过一些案例说明创新的意义。创新不仅关系到中国经济未来的增长动力、国家的竞争力，也与每个学生自己的发展前途密切相关。未来的市场需求是不断变化的，以后从事什么工作也是不确定的，因此必须具备不断适应变化的能力。而要适应变化，每个人必须根据具体情况找出适合自己的方法，包括学习新知识、掌握新技术的方法，这就是创新。同时也要给学生灌输市场机制的原理，提高其市场竞争的意识；阐明企业利润和社会财富的主要来源是科学技术及管理技术的创新，而不是靠垄断、靠关系甚至靠贪污获得，即“君子爱财，取之有道”。

2. **创新精神的培养**

应当特别强调培养学生诚实的学习态度、严谨的科学精神。有些学生缺乏科学精神，平时做作业经常抄袭，还到网上找答案，缺乏独立思考，做完作业也没有加深理解，分析问题时语言和推理很不严谨。对这些问题，教师在教学中要坚决抵制，绝不能让学生养成这些“恶习”，否则最终会严重侵蚀其创新精神。此外，还应要求学生学习对“权威”的批判精神，特别是要学会找出批判的依据，而不能随意否定他人的结论。教师要积累一些成功的创新人物的案例和资料适时进行讲解，避免空洞的说教。

3. **创新能力的培养**

创新能力是创新的关键，也是最不容易培养的一个素质。如何培养也没有确定的方法，一切因人而异，视具体情况而定。就课堂教学而言，可以做的十分有限，只能在一些细节上面下功夫，如在一些习题和课堂小测验中出一些需要一定创新能力才可以解出的题目，事后进行讲解和分析，找出问题所在。期末考题的附加题也应当按此标准出题，逐渐培养学生的分析能力。目前不少学生这方面的能力太差，应当在平时的教学和考试中加以引导，逐步培养学生的创新能力。就目前的情况和条件而言，考试依然是诊断、检验学生能力的重要手段，关键是出好相应的题目。

此外，学校应当制定适当的措施培养致力于创新教育的教师，鼓励教师积累创新教育方面的知识，逐渐形成创新教育团队，并开设一些相关课程，介绍科学技术发展史、重要创新人物传记、典型创新案例等，并组织学习和讨论，这样才可以使创新教育不断持续发展，不断发掘有创新潜力的学生，从而加以重点培养。没有一套保障措施，创新教育很容易半途而废，或流于形式，最终还是培养不出真正的创新人才。不要忘记“钱学森之问”的警示。

4. 创新人格的培养

人格是人的社会自我的外在表现，是个人在社会化过程中形成的思考方式和行为方式。我们既要继承我国传统文化中优秀的人格行为，又应该加强培养适应现代经济科技发展的人格行为，这是大学生待人处世、安身立命之本。研究表明，人的创造力发展，与他的人格发展是高度相关的，这里包括他的世界观、生活方式、生活习惯、思维模式等。人格往往是传递一种精神、一种力量，它不一定要表现在惊天伟业之中，更多的是表现在日常生活平和的举动之中，即平凡之中的理想与追求、平静之中的热情与激情、平常之中的诚信与责任感。

塑造大学生的创新人格，就要在日常的课堂教学中做好以下四点：

（1）在相关的课程教学中经常讲解正确的价值观，纠正错误的价值观，告诫学生养成良好的学习和思维习惯。好习惯助人一生，坏习惯害人一世。为达到良好的效果，要避免空洞的说教，应当通过举例来说明，因此教师要注意积累一些成功的创新人物的案例和资料。

（2）让学生通过小组作业、实验课及假期实习活动，学习沟通和构建和谐的人际关系，学会宽容待人、严格律己，以真诚、包容、信任等正确态度克服虚伪、嫉妒、猜疑等消极态度。教师也要多与学生交流，发现问题及时纠正。

（3）通过举例、自身经历的讲述教导学生保持乐观积极的生活态度，对未来充满希望，要不断摸索寻找适合自己的方法，保持对学习和创新的兴趣，学会接受和控制自己的弱点，不苛求自己，学习接受失败，同时发掘和培养自己的比较优势。

（4）可以组织学生利用假期组成创新小组，到一些企业参观学习，并建立联系，充分发挥和利用本土优势和本地资源，进行一些创新的尝试。

四、结论

本文简要分析了教师如何在平时的教学中对学生进行适当的创新教育，并提出了一些简单可行的方法运用于培养学生的创新意识、创新能力、创新思维、创新精神、创新人格等素质。这些方法还不够成熟，还需要不断在实践中进行检验和完善，需要不断学习和引进发达国家创新教育的经验和方法，更需要学校及教育管理部门建立一套适当的措施加以保障，排除体制的弊端和一些传统文化的阻力，不断培养创新型教师，这样才能使创新教育这个事业得以持续发展，并经过不断努力最终培养出真正具有创新能力的人才。这是一条漫长而艰辛的道路，失败的例子也不少。例如，在中国的足球发展中，国家付出了大量的资源，但始终没有培养出创新型人才。这些教训应当好好总结，以免步其后尘。

参考文献

[1] 韦巧燕．浅谈创新人才的素质及培养环境．高教论坛，2004（5）：71～73.

[2] 甘晖，钟承奎，刘亚军．研究型大学本科教育质量的若干思考和实践．中国高等教育，2007（5）：23～25.

[3] 龚放．素质教育：南京大学的思考与实践．南京：南京大学出版社，2005.

[4] 许见军，安贤勇．浅谈素质教育环境下的大学考试．科教文汇，2007（31）.

[5] 谢德英，陈弟虎，邓少芝等．创新人才培养实践教学平台的构建．实验室研究与探索，2011，30（3）：222～224，255.

[6] 秦钢年，廖庆敏，蒙艳玫等．创新型人才培养与实验教学示范中心建设．实验室研究与探索，2010，29（9）：116～118，121.

以课堂为平台推进应用型人才培养

史焕高
（管理学院行政管理系）

【摘　要】培养应用型人才是新时代对高等教育的新要求，也是当前高校教学面临的新挑战。行政管理作为一门理论和实践紧密结合的学科，探索应用型人才培养的新方法既有迫切的实际需求也有重要的现实意义。结合教学实践，本文着重探讨了课堂平台在推进应用型人才培养方面所具有的独特价值。

【关键词】应用型人才　教师角色　课堂参与　能力培养

行政管理是一门研究行政管理活动及其规律，对理论知识和实践能力两方面都有较高要求的学科。[1]~[3]若一味灌输理论知识，缺少理论联系实际的关怀和实践，不但对学生应用理论思考和解决实际行政问题的能力造成影响，也难以满足深圳大学行政管理系确立的致力于培养“具备政治辨别能力、文书撰写能力、速记能力、社会调研能力、政策执行能力、组织协调能力、创新应变能力，能在党政机关、企事业单位、社会团体、社会组织等管理领域从事管理与服务工作，上手快、转型快的应用型人才”的目标要求。为实现培养应用型人才的目标，社会实践固然是一条宝贵的途径，且深圳大学行政管理系过往举办的假期实习活动也表明这是一种行之有效的方法，但鉴于本科阶段仍以课堂学习为主的要求和事实，充分发掘课堂平台对于应用型人才培养的作用则是一个潜力大、前景阔，同时具有较高价值和可行性的努力方向。

一般而言，以课堂为平台促进应用型人才培养主要有两个着力点：教学内容和教学方法。教学内容主要和教育质量有关，而教学方法则直接影响教育效果，只有做到两者的平衡与兼顾，培养应用型人才的主观目标和客观效果才能实现统一。① 在传统课堂教学中，对教学内容的精益求精无疑被视为教学工作最为重要的部分，也占去了教师们相当大一部分精力，而在教学方法上的注意力和探讨则略显不足。因此，结合自身的教学实践和行政管理系的培养目标，笔者在此略谈课堂投票、项目报告两种教学方法在培养应用型人才问题上的作用，以期抛砖引玉，引发更多更有价值的后续思考和实践。

一、课堂投票

学生表现考核是课堂教学中的重要内容。对于考核方式，莱特（Light）教授的研究发现，相对于期末考试而言，学生更喜欢通过平时的小测验和其他任务作业的方式进

① 参见2013年5月26日深圳大学管理学院宋涛教授在MPA案例教学研讨会上的讲话。

行考核。[4]将考核方式“化整为零”，适当降低期末考试成绩的比重，不但可以长期维持学生的学习兴趣，也可以及时了解教师的上课效果，如果发现问题，也可及时采取应对措施。因此，在笔者任教的课程中，随堂测验和期末论文是笔者考核学生表现时经常使用的工具。在传统教学模式下，期末论文多数是以命题作文的形式出现，但笔者在教学实践中发现，相较于单纯由教师命题，通过课堂投票来确定论文题目是一种更为有效，也更能促进学生能力培养的教学方式。课堂投票教学法的具体操作步骤如下：

（1）预留3~5分钟时间让学生进行思考，鼓励学生以自己的个人兴趣作为出发点，思考与课程主题相关的研究课题。

（2）邀请学生（如无学生主动站出来，笔者则点名让平时课堂参与较为积极的学生承担该任务）提出他们自己感兴趣的课题，并公开阐述该课题与课程的关系，争取其他同学的支持。

（3）其他学生就课题的含义、价值以及操作性向提议者进行全方位提问，而提议者则需要对提问的同学进行解释。

（4）在所有问题提出和回应之后，全体学生对该课题进行投票，如果多数人赞成，那么该个人提议就会上升为公共课题，即全体学生需要将其作为期末论文题库中的一个选项。

（5）如果该提议没有获得多数赞成，则进入下一个课题的讨论。即使有些提议在投票中没有通过，提议者仍然享有继续提出新课题的权利。

（6）为了考核的公平性和方便性，公共课题的数目不宜过多，因此当数目多于三个时，需要举行第二轮投票，直至选出最受欢迎的三个题目。

课堂投票方式一方面可以活跃课堂气氛，促进学生的参与度，增强学生对于课程的投入感，另一方面也可以保证每位学生都有话可说，有东西可写。通过投票确定下来的课题保证了每位学生都能够找到自己感兴趣的课题进行深入研究，避免了由教师命题而产生的学生不感兴趣、投入感不高的问题。此外，课堂投票教学法也是检测学生对课程内容掌握程度的有效工具。在提出自己的课题时，提议的同学需要面对其他同学的提问，甚至是质疑或批评，提问者的问题以及提议者的回应质量都直接体现了学生对于该课题理解的深度和广度，这些信息又反过来成为教师评估教学效果的宝贵反馈。更重要的是，该教学方法可以让学生充分掌控课堂，发挥主观能动性，以课堂为平台，锻炼学生的公众演讲能力、表达能力、应对公开质询的能力，以及参与意识、参与能力和民主协商精神。

课堂投票教学法的主角虽然是学生，但教师的角色也非常重要。首先，教师要营造一个宽松、热烈又具有一定竞争性的课堂氛围，以便学生能够放下顾虑，踊跃提出自己的课题。笔者在教学实践中发现，学生的课堂参与意愿其实是非常高的，但是由参与热情转变为参与行动的过程却受到诸多内外因素的影响。例如，有些学生在过往课堂上没有遇到过投票决定课题的训练，不熟悉操作流程，不懂得如何参与，在这种情况下，教师就要承担示范、引导责任，通过举例和模拟演练来告诉学生，课堂投票是一种既轻松有趣又充满成就感的活动。另外，有些学生本身对课程内容有很深入的理解，但由于公开演讲、争取选票、应对质询会带来不小的压力，因此在课堂参与上没能发挥潜力、积极参与。针对这种情况，笔者的经验是，教师应充当一个“破冰者”的角色，首先在过往课堂上表现积极的学生中点名，让这位学生先提出一个课题，然后教师与这位学生以轻松互动的方式把课堂投票的流程走一遍，打消其他学生的顾虑，从而启动课堂投票教学。

课堂投票顺利启动之后，教师的任务并没有完结，还要继续担当起“乐队指挥”和“质量把关者”的角色。热烈的课堂参与和讨论虽是好现象，但笔者在教学中也发现，有些讨论在个别强势或表达能力强的同学带领下会严重超时或偏离主题，此时教师应当及时介入，提醒学生当前的主题是什么，有些讨论是否与主题相关、是否必要等，将讨论拉回正轨。另外，课堂投票的一个重要目标就是要确立若干既有理论价值又能引起学生兴趣的期末论文题目，但这个目标的实现有赖于教师是否进行了合适的质量把关。笔者在教学中发现，学生讨论时多数情况下会提出一些较为宏观的课题，这些课题虽然与课程相关，但距离很远，如果将这些课题作为论文题目，学生写出的文章多数也是大而空的。宏观空泛的课题固然不利于学生进行深入研究，但过于微观的课题也会挤压学生自由发挥的空间，甚至压抑学生的创造性。因此，教师在对课堂讨论进行引导时，目标是要把学生讨论定位在中观层次的课题上，这样既可避免空泛又能尊重学生的差异性，为学生保留充分的自由发挥空间。

二、项目报告

当今社会，不管是政府部门、企业还是非政府组织，遇到的问题都越来越复杂，公众和市场对于管理人员的期望也越来越高，因此团队协作已经成为越来越重要的工作方式。而现在的学生主体是“90后”独生子女，自我意识较为明显，对于团队协作较为陌生，也缺少团队协作的经验。因此，以课堂为平台发展学生的团队精神也是培养应用型人才所必需的一项重要内容。笔者在教学实践中采用的项目报告形式对于培养学生的组织协调能力、时间管理能力、表达能力和技巧等方面取得了不错的效果，以下将作一简单介绍。

项目报告实际上包含项目和报告两部分独立内容。具体做法是，笔者要求学生首先完成一个以小组为单位的实践性研究项目，然后让学生对研究结果进行公开报告。笔者首先根据自愿原则将学生分成规模近似的若干小组，每一个小组自主确定一个与课程紧密相关的实践性研究课题。当然，研究课题的确定并非一蹴而就，而是一个持续的过程。笔者要求每个小组都选举出一名组长，组长每周召集组员进行一次会议，商讨项目选题问题。当小组意见统一以后，与笔者进行进一步讨论，最终确定一个既与课程紧密相关又与学生研究兴趣较为契合的题目。

选好题目之后，工作时间安排完全交给学生。这样的安排可以给学生提供一个时间管理的真实训练，让学生自主制订工作计划。然而，为防止个别小组时间管理不善，出现“临时抱佛脚”的情况，笔者同时也采取了一个“外松内紧”的政策，在公开层面，完全放手让学生自己安排时间开展研究，同时也主动在每次课的课间休息时间轮流约谈各小组的组长，以轻松交谈的方式了解各小组的准备情况，如发现进度缓慢，则询问原因，加以督促，并提供恰当帮助。笔者在与小组长的交谈中发现，团队工作进展缓慢的原因多数情况下是由于沟通不足，特别是当整体工作计划和个人职责分工方面的信息沟通出现问题时，团队很容易陷入迷失方向、一盘散沙的困局。另外，小组长的领导能力以及小组成员对于研究课题的把握能力不强也是造成低效小组不可忽视的因素。为了提供适切的帮助，笔者一方面在课题分析方面给予持续的手把手的帮助，另一方面也向低效小组介绍高效小组的经验，以期能够实现经验分享，共同进步。

到学期即将结束的前两周，笔者预留了一周的时间让学生以小组为单位将他们的研究结果向全体同学汇报，即做一个公开报告。如此安排时间的主要原因，一方面是通过前期的理论准备，学生已经具备了运用相关理论进行实际问题分析的能力，经过努力能够做出具有一定深度和洞见的研究，另一方面也是提供一个机会，让学生对前面的课程内容进行系统性回顾，加深对课程知识的领会。而在公开报告部分，笔者既要求每一位学生都走上讲台，在规定的时间内清晰扼要、有逻辑有条理地将研究的问题、分析过程、主要论据和论点列明出来，同时也要求学生在报告过程中注意演讲语言和风格。在研究报告完成之后还有一个问答环节，让台下的学生针对报告中出现的问题进行提问，或者对报告人的演讲风格进行点评，在此环节，笔者也会相应地给出点评和改善意见，但主要以增强学生自信心的鼓励意见为主。

设置问答和点评两个环节的目的，一方面可以促使学生在准备项目报告时认真努力，查漏补缺，思维缜密，做好充分准备，另一方面也希望以此为契机提升学生公众表达的能力和技巧。通过台下学生点评，台上学生可以认识到自己小组在研究设计及演讲风格上的优点与不足。对于团队内部的协调合作问题，笔者也要求学生在报告结束后进行分享。通过不同小组的分享，使学生能够进行经验交流，认识到团队合作中需要注意的原则和问题，为提高团队效率和总体表现打下基础。

莱特教授的研究表明，小组作业对于促进培养团体协作精神和能力具有十分显著的正面作用。[4]项目报告教学法正是小组作业的一种具体形式，它一方面给予学生较大的自主性，让学生在选定的题目范围内自己决定完成的计划、方案和方法，另一方面也训练和加强了学生的团队精神和公众演说能力，而这些都是当前应用型人才不可或缺的核心素质。

此外，波士顿大学卓越和创新教学研究中心的研究也发现：只有14%的学生在一个月之后能记得在课堂上听到的内容，22%的学生能记起他们在课堂上看到的内容，30%的学生能够记得他们在课堂上听其他同学讲过的内容，83%的学生能够记得在课堂上需要完成的挑战性任务以及自己的表现（这些挑战性任务包括需要解决一个完全陌生的新问题或是需要应用新知识、新技能才能完成的任务），而92%的学生能够记得自己曾经教过别人的内容。[5]由此可见，项目报告教学法的一个额外好处就是，通过学生主导的实践性研究和以学生为主角的研究报告，学生对于课程知识的掌握会更加牢固。

三、结论

由于客观条件限制，当前行政管理科目的教学仍不能时刻与公共部门的实际运作紧密相连，因此在推进应用型能力培养时，教师所能依赖的且能发挥最大影响力的主要平台还是课堂。只要能够积极承担教育的责任，不是简单地视学生为授课（lecturing）对象，而是把学生看作年轻的伙伴和未来的栋梁，发挥创意，尝试新的教学方法，耐心地对学生予以引导（coaching），尽力为学生创造“在课堂上进行社会实践”的机会，帮助学生在理论知识、社会技巧和工作能力方面做好充分准备，应用型人才培养这一目标同样可以通过课堂平台来实现。本文所探讨的课堂投票和项目报告两个例子也表明，以课堂为平台推进应用型人才培养潜力巨大，前景广阔，大有可为。

参考文献

[1] 张国庆. 行政管理学概论（第二版）. 北京：北京大学出版社，2000.

[2] Laurence E. Lynn. *Public Management as Art, Science, and Profession.* Chatham, NJ: Chatham House Publishers, 1996, pp. 1 –6.

[3] Jay M. Shafritz and Albert C. Hyde. *Classics of Public Administration.* Boston, MA: Wadsworth, 2012, pp. 1 –26.

[4] Richard J. Light. *Making the Most of College: Students Speak Their Minds.* Cambridge, MA: Harvard University Press, 2001, pp. 217 –230.

[5] http: //www. bu. edu/ceit/teaching – resources/in – the – classroom/tips – for – engaging <accessed on May 28, 2013>.

高校创新创业教育策划与管理
——以深圳大学为例

李　丽
（管理学院管理科学系）

【摘　要】创业教育是近年来高校教学改革重点项目之一。深圳大学通过近三年的探索与实践，逐步形成了适应于当前培养目标与需求的培养方案。本文根据深圳大学创业教育开展情况，论述了培养方案的科学性及可行性，给出具体方案，为进一步改革建设提供实践范例及参考。

【关键词】高校　创业教育　管理

国家“十二五”规划纲要提出要加强高校学生的创业教育，通过创业教育不断培养学生的创新意识，增强学生的创业能力，树立学生的创业人格。创业教育作为一种新的教育理念，旨在不断拓宽毕业生的就业渠道，使学生的创业热情与理性相结合，具备一定的创业能力水平。

高等学校开展创业教育，是指通过人才培养方案、教学大纲、课程体系、教学内容、教学方法等的改革，将创新意识、创业教育理念贯穿于教学过程中的课堂教学及第二课堂的课外活动中，通过营造一系列的创业教育氛围，不断提高学生的综合素质，增强学生的创新意识，树立学生的创造精神和培养学生创业能力。面对毕业生就业困境，研究高校创新创业教育具有现实和历史双重意义。

一、创新创业教育研究始末

自1947年哈佛商学院的 Myles Mace 教授率先开设创新企业管理课程以来，美国的创业教育获得了长足的发展。从1968年只有4所大学开设创业方面的课程，到1997年，全美至少开设一门创业课程的商学院已超过400家，其中开设4门以上课程的有50家以上。美国的创业教育不仅限于本科教育，许多一流的商学院已把创业学设为工商管理硕士的主修或辅修专业。20世纪90年代中期，哈佛大学和宾州大学已经开始培养有关创业学方向的工商管理博士，其中哈佛大学商学院有十几位教授专门从事创业学研究。

中国大学创业教育兴起较晚。1997年，清华大学发起的首届“清华大学创业计划大赛”拉开了创业教育的序幕。1999年1月教育部公布的《面向21世纪教育振兴行动计划》，对加强教师和学生的创业教育，鼓励他们自主创办高新技术企业起了极大的促进作用。2002年4月，教育部高等教育司在北京召开的普通高校创业教育试点工作座谈会上提出：对大学生进行创业教育，提出培养具有创新精神和创造、创业能力的高素质人才是当前高等学校的重要任务。国内外创业教育的现状中主要内容涉及国内外创业教育发展现状的描述，但大多数是泛泛而谈。多数文章对创业教育的意义主要从对国家经济的贡献、高校发展的必要性以及对大学生培育的重要性等方面来论述。而创业学学科体系的建设和实施方面研究较为薄弱。对大学生创业素质和能力关系等理论研究较为宏观。

二、高校创新创业教学理念与定位

21 世纪中国的高等教育强调创新创业教育。在反思中不断改革教学的方式方法，调整课程体系，搭建创业创新平台。我们认为，人才培养定位要准确。不是所有的学生都能创业或成为企业家或科学家。但不论是什么结果，担当社会栋梁的一定是那些具有创新精神及具备创新性工作能力的人。

创新并不仅仅意味着好想法和资源的组合，它还需要有能力去管理它。教育过程很重要，它可以推进或者阻碍创新过程。那么，这其中包含哪些能力，我们如何获得这些能力？

在过去的几百年，很多的研究者都在尝试回答这个问题。研究者一直观察个案、行业、创业者、大公司和小公司，成功的和失败的。身处其中的创业者和大公司的创新管理者一直仔细思考他们该如何工作，关键的一些信息来源于现实的经验与实践教育。所以在校教育设计培养方案与管理有四个核心：理解我们正在管理什么；理解成功管理创新过程的关键点以及我们如何创造相应的条件；有明确的目的和方向，制定我们创新教育工作的战略；认识到这是一个变化的目标，创新管理就是建立培养学生动态能力提升体系。

教育是重要的，在这个过程中我们给予了先入为主的理念 。如果我们没能从这个过程中学习到有用的知识，甚至还学到了错误的东西，那么将承担未来发生错误的风险。在一个复杂的世界里，影响创新创业的因素越来越多，它们之间的相互作用值得深入研究。

教育必须基于一种可以接受的想法来开始工作，或者在大的公共体系中组织革新，无论怎样都是一种挑战。因此，我们将在下面的部分给出我们的做法——基于创新创业能力考量解决方案。

三、深圳大学创新创业教育解决方案

1. 创业教育目标与思路

目标：启发创新创业意识；传授创业必备知识；培养创业管理能力；提升创业综合素质。学即可用。

思路：可开设创业系列课程，搭建创业实践平台，孵化创业精英项目。

2. 创业课程设计

创业课程设置以创业者能力需求及成长为导向，设置两大课程群模块：创业通识模块、创业专长模块。

（1）创业通识课程群模块设置。

以创业者能力提升为主线，以知识内在逻辑联系为原则，具体分为三个部分（见表1）：A：初识基础模块；B：职能管理模块；C：素质提升模块。

（2）创业专长课程群模块设置。结合创业者的专业背景和地方经济发展支柱产业来设置课程群（见表2）。

创业课程群设置与开课计划以必备基本能力培养为主线，开设必备知识课程。以创业者管理能力培养为目标，开设职能管理课程。以创业者综合素质提升为目标，开设素质提升课程模块。

表1 通识课程群开课计划

序号	模块	课程	任课教师	总学时（周学时）	学期（开课周数）
1	A：初识基础模块	创业项目识别	陈莉	18（2）	1（9周）
2		创业会计学	初大智	36（2）	1（18周）
3		创业投融资	丁凡	18（2）	1（9周）
4		商业计划	马利军	18（2）	1（9周）
5	B：职能管理模块	创业营销	刘雁妮	18（2）	1（9周）
6		创业企业人力资源管理	蒋建武	18（2）	1（9周）
7		公司法	贺斌	18（2）	1（9周）
8		公司治理	马利军	18（2）	2（9周）
9		商业模式	刘军	18（2）2+1	2（9周）
10	C：素质提升模块	创业案例分析	丁婉玲	18（2）2+1	1（9周）
11		品牌管理	刘世雄	18（2）	1（9周）
12		项目经理及其领导力	李丽	18（2）	2（9周）
13		沟通技巧	张转铃	18（2）2+1	2（9周）
14		企业责任	曾锡环	18（2）	2（9周）
15		创新管理	丁婉玲	18（2）	2（9周）
16		商业模拟	崔世娟	18（2）1+2	2（9周）
17		专利与知识产权	陈淑妮	18（2）	（9周）
18		创业者沙盘模拟	王小汀	36（2）	1（18周）

表2 专长课程群开课计划

序号	课程	任课教师	开课学期	学时
1	网上创业			
2	广告与创意			
3	生物制药研发与上市			
4	交通轨道工程管理			

3. 开课与管理

（1）每学年为一循环，学年内按表上课程开设，两年可作调整。两学期适当平均安排，上课时间均安排在晚上。

（2）分短课和长课两类，均为全校公选课。

①短课：于每学期初开课，第9周结束课程。每门课选课人数为50人左右。

②长课：2学分，每周两节，18周，36学时，每门课选课人数为50人左右。

（3）系统选课，与一般课程同时间报送教务室和实践室。

4. 课程建设及保障

（1）筛选有热情和实践经验（如MBA任课教师、企业管理资深人士）的教师任课。任课教师撰写教学大纲、教案及流程设计，提交资源需求建议书。

（2）每学期举行一次教学研讨，建立学生意见反馈平台（QQ群）。

（3）两三年内通过学校立项，将教案整理出版，形成系列创业课程教材（每年5门，质量优先）。

（4）第一次开设课程，学校（学院）适当给予启动经费支持。

（5）教学实践活动（参访企业或聘请兼职教师）根据具体项目给予支持。

（6）创业教育拓展活动：对接管理学院第二课堂及五大经典赛事（“尖峰时刻”大赛、ERP沙盘经营模拟大赛、管理“创新杯”大赛、“营销好点子”大赛、挑战杯）；对接管理学院五大系列论坛（经营大师论坛、名校名师论坛、杰出校友论坛、项目论道、创业精英俱乐部）。

学历教育下的创新创业教育，也是因材施教的具体体现。我们正在尝试不同的主题与模式。如在全校开设系列课程，设置创业精英班，举办各种经营大赛等。相信在深圳这一大环境下，深圳大学的创新创业教育一定能探索出自己的新路。

本科毕业论文改革路径探讨

金元吉
（管理学院工商管理系）

【摘　要】本文面对本科毕业论文的存废之争、路径之争，分析现今大学生毕业论文存在的问题及背景，指出改革路径。改善和发展，提高质量，提高效率，而不是放弃本科毕业论文改革应有的方向。

【关键词】本科毕业论文　论文改革路径

在当前教育改革思潮流派纷呈的环境中，作为大学教学过程重要一环的本科毕业论文的存废之争，多次被提及。

一派认为应该坚持本科毕业论文写作环节，对学生的知识和能力进行一次全面的考核，对学生进行科学研究基本功的训练，培养学生综合运用所学知识独立分析问题和解决问题的能力，为以后撰写专业学术论文打下良好的基础。

另一派认为应该取消毕业论文环节，因为现在是大众化教育，本科生的培养目标不是研究性人才，研究性人才起码要在研究生阶段培养。况且现实中，很少有学生论文通不过的，论文已经失去了甄别功能。教师、学生重视程度也不够，毕业论文形同鸡肋。既然达不到目标，敷衍行事，不如废止。

大多数教师和学生都认为毕业论文写作是有价值的[1]，分歧在于现状不尽如人意，该怎么办？笔者认为，应该改进，不能因噎废食。达不到目标，是这个目标有问题，还是目标正确、路径有问题？是方向问题，还是效率问题？这些都要认真分析。

一、论文写作存在的问题

本科学生毕业论文写作存在的问题，归纳起来，主要有六条：

1. 题目偏大偏全，缺乏新意

通览学生论文的开题报告，经常看到的是许多学生选择的题目很大，根本不是一个本科毕业生能做的论文。即使题目看来研究范围适中，能引起人兴趣的也不多，流于老生常谈。

2. 结论不可靠，论证过程牵强附会

学生在论文中得出的结论、提出的对策往往比较突然、武断，与自己引用的理论、做的调研乃至统计分析结果不一致。

3. 材料堆砌，没有提炼挖掘

有时候学生也收集了一些材料，但是不懂取舍，没有逻辑联系，缺乏渐进深入的

层次感。多一些材料好像也可以，抽掉一些材料好像也成立。不懂得提炼，变成了材料堆砌。如有的学生选用新闻稿时竟然直接引用采访口吻的材料。

4．参考资料不新、不权威

中国处在一个大变革的时代，社会经济发展日新月异，经济管理方面的数据更新很快。有的学生引用的数据明显过时。还有的学生引用权威文章少，引用数据来源也不权威。有的大量引用网络的资料，出处和作者不明。

5．缺乏写作经验和科研能力训练

研究水平低，大多数是重复组合别人的观点。表达能力差，文献回顾不全面，理论对照实践分析不贴切，缺乏相关对策研究与理论。

6．答辩形式化

由于学生众多，3 个老师组成的答辩小组，要面对近 40 个学生，一天完成工作，时间紧张，一般就要求学生个人陈述控制在 5 分钟以内，再由老师提问。花在每个学生身上的时间不超过 10 分钟。在这样短的时间内想要比较透彻地了解学生的论文是很困难的。但显然老师也不想为难学生，结果鲜有不通过者。

二、背景

现在这样一种局面是由大学教育乃至整个社会大背景造成的。

1．扩招带来的师生比例失调

大学教育由精英教育走向大众教育，学生人数几年翻一番。有一些热门的专业，学生人数众多，教师一人带十几个学生的毕业论文，精力有限，客观上无法对学生的指导细致深入。

2．时间冲突

学生论文写作时间一般是从第七学期末到第八学期期中，这段时间正好是学生毕业实习期间，也是择业的关键期，还有的学生要考证、考研、考公务员、考雅思、考托福。毕业论文流于形式，花在论文写作上的时间和精力就少了许多。

3．丰富的网络世界

上网已经成为人们的一种生活和工作方式。丰富的网络世界给学生搜寻资料提供了很大方便。但网上资料太多，又过于庞杂，学生甄别提炼的本领不高，反倒是为大量资料的简单拼凑提供了方便。

4．教师态度

作为教师，无不希望做好工作，让学生学得更多。但面临学生遇到的择业冲突，一些指导教师对学生的同情心便大于责任心了。把关不严者有之，教学生走捷径者有之。

5．学生写作素养

学生从小到大，一路接受的多是应试教育，所谓的素质教育从未真正落实过，着重记忆，缺乏创新。学生在大学学习期间，论文写作训练少之又少。从检索资料到选题立意、论证过程、表达方式，都缺乏应有的锻炼，写作素养不高。

6. **论文作用定位认识差异**

在学生毕业论文遇到诸多问题，效果不尽如人意的情况下，学生和教师众说纷纭，存废之争也越来越多。我们首先要搞清楚的是：我们希望毕业论文起到什么作用？这些期望现实吗？起到这些作用了吗？我们需要的毕业论文应该是什么样的？

三、改革路径

对于改革路径的选择，必须立足于现实，既要考虑学生、教师的可接受性，又要顺应社会发展潮流。

1. **鼓励学生写实践性强的选题**

鼓励学生写实践性强的选题，不要在文献里兜圈子、概念里绕弯子。通过理论推导，得出新的概念，纯粹基础理论的研究不是本科生能够做的，还不如找一些现实点的题目，有一些调研的内容。管理专业本来就是一个实践性很强的专业，可研究的现实问题很多。例如，有一个学生研究某个行业员工发展的职业路径，这样的选题很有意义，而且她本身在一个猎头公司工作，可以看到许多招聘网的后台资料。有一个学生研究某个行业的问题，他有人脉拿到这个行业协会的资料，为论文写作提供了可能性。还有一个同学父亲是私营企业主，他做家族企业的个案研究就有条件。

2. **论文样式选择**

以前我们一直把毕业论文定义为学术论文，学生兴趣不大，缺乏积极性。大多数学生只是觉得这是大学阶段一定要过的一个关口，除了决定以后读研的学生，大多数学生以后不需要写学术论文。就工商管理专业而言，许多人将来会用到的是市场调研报告、企业咨询报告、可行性分析报告、商业计划书等。为什么我们要把写作样式局限在学术论文呢？笔者认为，出于习惯，还可以继续叫做毕业论文，但具体样式可以多样化。可以是学术论文，也可以是工商管理专业学生以后用得到的其他文章样式。

3. **论文规格多层次**

以同样的标准要求所有学生合适吗？有的学生对写论文兴趣不大，有的学生写作能力差，没有必要以相同的标准要求这些学生。指导教师在指导学生写作实践中，往往会认真地告诉学生怎样写一篇优秀的论文。事实上，没有几个能够写出优秀论文，而且这样高的标准严重打击了学生的自信心，更使学生视写作毕业论文为畏途。

不如告诉学生各种成绩层次的标准，“A”成绩要求怎样，“B”成绩要求怎样，“C”成绩要求怎样，让学生根据自己的情况选择。例如，有的学生找老师说他想拿A成绩，老师可根据他的选题，告诉他如何调研，如何检索文献（特别是英文文献），需要使用什么统计工具。学生评估后认为自己时间紧，没有那么多时间去调研，英文阅读能力不强，统计软件使用不熟练，最终打消了拿A成绩的念头，老师也不用费尽心机按照优秀论文的标准去指导他，能更有针对性。老师要指导学生知己知彼，知道自己希望达到的目标离自己还有多远。

4. **鼓励学生写作有个性的论文**

通常我们认为的好论文应该是规范化和具完整性的，但是，有一些论文缺乏这样的素质但有个性、有创见、有突出的优点，是否也是好论文呢？例如，有的学生在文献综述、机理研究方面不够完善，但有特点，找到了一些现象的联系，而这种联系是很可贵的，也应该算一篇好文章。有一位毕业生由于自己的兴趣和家庭的影响，对于股市操作中的技术分析方法很有体会，独创了一种方法，经过检验，历经牛熊市考验，均领先上证指数。但是他只是对现象的联系有所把握，对其中的机理还不清楚，文献掌握也不够全面。他能够找出这种联系，尤胜于那些四平八稳、空洞无物的论文。

5. **指导教师角色**

论文指导教师的角色是什么？导师是引路人，不是保姆。毕业论文是考学生的水平，不是考教师的水平。有的老师非常辛苦，字词句篇逐一细心审核，令人尊敬。而有的老师主要对文章的选题、逻辑、结构、内容进行指导，论文指导的最后一步是叫学生相互检查论文格式和文字、标点符号，这样效率就比较高。

6. **学生和指导教师双向选择**

在选择指导教师时，现在基本是由老师公布一些论文题目，学生根据自己的兴趣和对老师的了解进行选择，有些老师比较热门，学生还要抽签。这样老师会很被动，可能自己了解、喜欢的学生抽签抽不到自己，来跟自己做论文的学生自己不了解，要花很多时间沟通。所以笔者建议双向选择。先由学生选老师，老师考察后确认。老师也可以预留几个名额自己选定学生，万一自己了解的学生抽签抽不到自己，可以直招。

7. **普遍指导和个别指导相结合**

现在的做法一般是选定了指导教师后，就由这个老师全面管理这个论文小组，采用什么样的形式由老师决定。每个指导教师会反复向自己指导的学生讲述论文写作的基本知识。其实，可以由各专业两三名经验丰富的老师，统一给全专业（或全系、全学院）学生讲解论文写作基本知识，包括论文写作各个环节要求、资料收集、论点、论据、论证过程乃至形式规范、时间要求、答辩注意事项等。共性的东西在大会讲完，开小会就只要讲一些特殊性。这样，可以大大提高效率。

8. **循序渐进，锻炼学生的论文写作能力**

在平时的课程中，可以先从一些论文写作的基本环节培养起，训练学生文献检索方法、调查方法，做课程小论文等，也可以鼓励学生参加学校各类写作竞赛，如“好点子营销策划大赛”和“创新杯”、“挑战杯”等大赛。

9. **对学生论文的评定机制**

学生完成论文后，建议由几个老师组成评审小组来评审学生的论文，写出评语，提出建议成绩，由评审小组商议后投票确定成绩。笔者认为，应该取消答辩环节，因为从指导实践来看，答辩环节的短短几分钟时间对于深入了解学生的论文几乎没有用处。至于有的老师提出匿名审核、末位淘汰制、答辩时导师回避制度等[2]，做法均不切实际，对于本科毕业生根本无此需要。

四、结语

本科生论文写作制度是必要的，在实践中，这一制度对于提高学生应用所学知识分析问题、解决问题的能力，为其以后从事各类工作打下基础起到了不可替代的作用。改善和发展，是本科毕业论文改革应有的方向。

参考文献

[1] 黄春梅．本科毕业论文不宜取消——对武汉四所高校本科毕业论文撰写现状的调查．株洲高等师范专科学校学报，2007（2）：81.

[2] 程芳．本科毕业论文教学改革研究——以工商管理专业为例．商业经济，2010（7）：54.

基于众包视角下高校营销大赛的思考

刘雁妮 傅浙铭 张健文
（管理学院市场营销系）

【摘　要】为达到各种预期目标，如营销方案、产品设计、成本控制、人才培养等，众包这一基于网络发展的商业模式正在逐渐被企业采纳。校园类似于网络社区，拥有非常丰富的资源尚待开发。本文将从众包的视角出发，分析深圳大学营销“好点子”大赛的现状，探讨基于众包的竞赛活动的积极意义。

【关键词】众包　校企合作　营销竞赛

一、众包的兴起及概述

“众包”这一概念在2006年由美国《连线》杂志记者杰夫·豪（Jeff Howe）提出，指企业原本需要花费较高成本雇用专人完成的工作，用户却很高兴地免费或获取较少的报酬去做。之后杰夫·豪不断修正众包的定义：众包指的是企事业单位、机构乃至个人把过去由员工执行的工作任务，以自由自愿的形式外包给非特定的社会大众群体解决或承担的做法。众包一般来说由个人来完成，但如果涉及需要多个个人协同合作的任务，也可以以团队、开源的形式出现。众包不仅是提高经济效率的一种商业可能，更是未来的一种商业模式。

最早实施众包的创新中心“InnoCentive.com”是一家位于马萨诸塞州的网络社区，其名字取自Innovation（创新）和Incentive（激励），创立于2001年，由医药制造商礼来公司资助，现在已经成为化学和生物领域的重要研发供求网络平台。InnoCentive让相关公司登记为“寻求者”，寻求者在一个保密的互联网信息交流平台上张贴挑战，每项挑战都包括详细说明和相关要求、截止日期，以及为最佳解决方案提供的奖金额。InnoCentive的科技团队将回答解决者可能提出的任何问题，并将递交的所有解决方案呈递给寻求者公司。寻求者公司审阅递交的所有解决方案，并且只把奖金颁发给最符合其要求和被其公司视为最好的解决方案提供者。

众包模式中集思广益、发动用户提交创意的现象很早就有，但是为什么近几年才兴起呢？普遍的观点认为，众包的产生基础有以下四个方面：①多样化、差异化的顾客需求为众包提供了市场需求条件；②广大企业从封闭式创新走向开放式创新以应对挑战；③互联网的出现为众包双方的沟通提供了最有效的渠道；④社会发展为众包产业的发展提供了广泛的人力资源供给基础。

目前，众包包括集体智能（或大众智慧）、大众创造、大众投票和大众集资四种基本类型。企业利用集体智能的方法建立一个人数众多、来源广泛、多样化的劳动力网络，然后通过这些拥有丰富多元化知识的群体来解决难题或者预测某种事物的发展。如 InnoCentive 就是一个利用集体智能的众包网络平台。大众创造是指企业将内部的任务外包给大众，由大众来创造某种产品或服务。如维基百科、百度百科、优酷网、土豆网都是大众进行创造的平台。大众投票是利用大众的辨别能力，对海量信息进行组织分类。例如，搜索引擎网站将大众对某类产品的搜索结果进行排列，从这些结果中，厂家可以了解哪些样式或类型的产品最受大众欢迎。亚马逊根据分析消费者购买图书的偏好向其他有类似偏好的读者推荐他们可能喜欢的书籍。大众集资是让大众代替银行和其他机构提供基金。如“Kiva. ong”通过大众集资的方式为小公司和个人提供小额贷款。

在企业的众包实践中并不总是独立运用某种单一的模式，这四种类型的众包模式是可以在实践中组合应用的。如“猪八戒”网这类威客模式中同时运用了集体智能和大众创造两种模式。

众包商业模式核心的利益相关者分别为发包者、接包者和平台，这三者分别是专业服务企业的客户、资源提供方和专业服务众包平台。发包者是服务的需求方，他们通过互联网平台发布需求；接包者是任务的接受者和服务的提供方；平台是企业自身，是发包者和接包者联系的桥梁，也是交易的促成者、信息交流和费用流通的渠道。众包这一蕴含“携手用户协同创新”的理念和有效降低新产品风险的做法，模糊了员工和消费者之间的界线，延伸了创新边界。

二、基于众包视角下对高校营销大赛的思考

企业实施众包的关键是利用企业外部的大众所形成的知识和能力网络，即利用企业外部的人力资源。目前校园社区的学生资源比以往任何一个时代的学生资源都要优越，学生通过网络能够足不出户获取各种资源来增强自身的条件，相应地，学生的个人能力也会随之提高。这些学生活力无限，创造力强，知识架构相对完整，而且没有各种条条框框的束缚，他们往往能够从非常惊人的视角进入问题，并且能够很好地表达自己，同时又能高水平地完成任务。

相对于其他的校园营销活动，如校内设立奖、教、助学金，提供一定的实习培训机会，为学生活动提供赞助，协办学校的大型活动等，营销大赛充分调动了学生的参与主动性，极大地满足了学生自我实现的需要，并推动了企业“问题”的解决。营销“好点子”大赛在深圳大学已经成功举办过四届，并在学生中获得广泛关注。它已成为深圳大学营销策划比赛的品牌活动，是每年举办一届的传承性较强的校级大赛，由深圳大学管理学院市场营销系资深教授提供专业指导。每届营销“好点子”大赛都与不同的企业合作，由企业来提供策划主题，学生以个人或者小组的方式参与。社会企业非常愿意与学校合作，因为他们以极其低的成本获得了品牌传播和创新的解决方案；学生们的参与热情也很高，因为他们在竞赛过程中提高了自身的竞争能力，获得了快乐，也赢得了一定的奖励。

企业将校园当做一个社区，以竞赛活动为载体，将企业目前遇到或者未来即将遇到的发展问题抛给学生，利用学生群体的创造力和智慧获得解决方案，并提供相应的报酬，完全符合众包特征。营销“好点子”大赛的流程如下图所示：

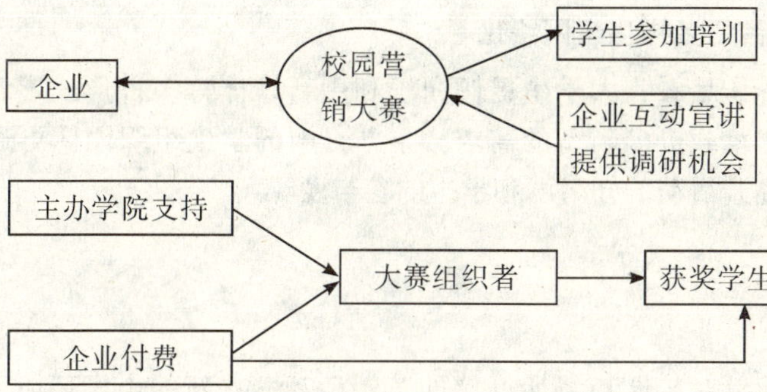

营销“好点子”大赛流程图

（一）营销“好点子”大赛的优势

1. 拥有难以复制的资源

对企业而言，可以近距离了解大学生所容易接受的语言和文化，以展现企业的产品和品牌；可以近距离了解年轻人对产品和品牌的意见；可以更多地利用网络在大学生群体中的亲和力，在各种虚拟社区和网络游戏中强化网络传播的力度。

2. 严格的参赛流程

传统的校园营销手段，如散发产品广告传单、赞助学生活动，像打散弹一样向学生们发出一些传播信息，既无章法，又无创意，既无法吸引他们的注意力，也抓不住他们的心，反倒有可能将他们从自己身边推开。而营销“好点子”大赛从主办学院方的支持、资深专业教师的辅导、赛前各项培训、企业的互动宣讲到提供调研机会，这一系列环节都保证了参赛作品的质量。评选参赛作品时从校方和企业两个不同角度评判，最终现场展示，从多方位控制作品质量并提升学生能力。

3. 准确的定位

根据校园社区的优势，以及对企业校园营销市场的客观分析，校方在选择合作的企业时，应充分考虑大学生的特性，选择学生熟悉的产品与市场，如零售、餐饮或旅游等行业，有利于融入大学生的文化元素，弱化大学生实战经验不足的缺点。经过几年的活动积累，由于在创新方面具有优势，并且将作品结集，越来越多的企业对营销“好点子”大赛产生兴趣。

（二）营销“好点子”大赛存在的问题

1. 需要管理与激励并重

在校上万名学生是大赛活动的宝贵资源，虽然大赛通过严格的流程管理保证了参赛作品的质量，但与此同时也潜藏着一定风险。严格的管理必不可少，适当的激励也不可或缺。从报名申请成为参赛者，到参加一系列培训，通过初赛、复赛等体系的调整，保证了大赛的规范化，从而能够为企业提供高质量的作品；同时，制定合理的激励政策，结合大学生的需求特征，根据他们的喜好提供适当的激励，使他们保持长久的热情和较高的参与度。这样，才能体现出众包模式的优越性。

2. **实现大赛平台的多样化与网络化**

从近几年的参赛作品看，大学生更倾向于利用新媒体等多种形式展示作品，原有的比赛形式已经无法承载更多新型的需求。主办方中的学生组织团体可通过整合运营大赛网络平台，以提升活动的知名度和学生的参与度。

三、结束语

校园营销是企业针对校园市场所开展的营销活动，在新的市场环境下，企业营销方式由传统营销方式转向个性化发展是必然趋势。

社区就是资源，有了资源众包企业才会有价值。众包模式充分地利用了学生的力量，这种充分体现在三个方面：①跨专业跨学院在全校范围内广泛调动学生的参与积极性；②不受太多限制，学生以天马行空的想法毫无保留地贡献他们的技能与热情；③通过低成本拥有品牌传播和影响学生群体的优势。

应该说，营销“好点子”大赛的众包模式比其他校园营销形式更能体现互联网环境下信息传播方向的变化，引领了未来高校学生跨时空范围学习的新模式。由于校园社区中的学生既是生产者，也可能是消费者，企业可以据此与消费者保持紧密的联系，并且通过客户数据库，及时分析市场需求，从而更加有效地调整服务与产品，比传统方式更加灵活。而学生在参与解决“问题”的过程中，激发了其学习和创造欲望，极大地满足了学生自我实现的需要。这对于在网络环境下探讨当今大学生普遍存在的学习动力不足的问题，有效促进教育主体、客体的融合，由传统“被动式”学习转向主动接受信息与知识，开创一种基于问题意识和以学生为中心的教育模式具有重要意义。

参考文献

[1] 魏拴成. 众包的理念以及我国企业众包商业模式设计. 技术经济与管理研究，2010（1）：36~39.

[2] 程苓峰. 众包的秘诀. IT经理世界，2009（20）：48，49.

[3] [美] 杰夫·豪. 众包：大众力量缘何推动商业未来. 牛文静译. 北京：中信出版社，2009. 4~22.

[4] 张文建，柏波. 基于众包的旅游咨询业创新研究. 旅游论坛，2012（5）：38，39.

浅议“微”时代的教与学

肖　俊[1]　宋少敏[2]
（1. 管理学院人力资源管理系；2. 管理学院办公室）

【摘　要】“微”时代是指微博、微信等社交、通信工具在我国得到广泛普及的时代。微博、微信由于其交流和通信的即时性、便利性而大受年轻人的喜爱，一定程度上改变了人们的网络社交和通信方式，同时也给大学的本科与研究生教学带来了便利，可以为教学提供新的辅助作用。但是，作为一种新的信息技术，智能终端的普及也可能使人们产生严重的依赖性，分散教学与阅读的时间、精力。过度依赖网络和智能工具会使学生的知识学习进一步碎片化，应警惕成为技术的奴隶。

【关键词】“微”时代　智能工具　教学　学习

自新浪微博和腾讯微信软件测试完毕、正式上线后，微博和微信已经成为广受中国人喜爱的交流工具和通信工具。据不完全统计，我国至今已有接近6亿网民，微博实际用户3亿左右；使用智能手机的用户超过3亿，注册微信用户在2亿左右。继腾讯QQ、新浪博客为主要代表的交流与通信工具之后，中国网民进入了一个新的网络社交时代——“微”时代：以微博和微信作为最主要的社交和通信工具。

硬件技术和软件技术的结合，社交网络和通信工具的结合，是社会进入“微”时代的重要前提。微博以其篇幅短、表达精炼、阅读方便与传播速度快为最主要特点，取代博客成为广受年轻人喜爱的公共交流虚拟空间。微信以其即时性、功能全面、游戏软件、通信免费的特点成为深受年轻用户喜欢的通信工具和浏览与游戏界面。特别是智能手机的普及，不断更新的微博、微信的手机版本，使智能手机逐渐成为取代电脑和有线网络的重要终端。

由于国民收入水平的提高、智能手机的普及，现在绝大多数大学生和研究生迅速成为“微”时代的主流用户。学生们可以随时随地通过无线网络查询资料，进行人际沟通。这种便捷性、即时性是以往任何信息工具都无法实现的。“微”时代的学习与交流也与以往有很多的不同，我们的教学工作必须跟上这种技术进步的趋势及适应其带来的诸多变化。

一、“微”时代的教与学

探讨“微”时代的教学，必须先了解“微”时代的教学和学习特点。

与传统的纸媒阅读和课堂教学最主要的不同是：智能手机的无线上网功能和交流软件可以使教学变成一个全时段的教学与交流过程，课堂教学只是这个全时段过程中的一部分。

虽然使用多媒体教学已有10多年的时间，但是前“微”时代的教学主要集中在课堂，或者以电脑为中心媒介的教学与交流过程，教师仍然倚重书籍阅读、电脑技术和有线网络信息，部分教师侧重传统的课堂讲授方式，辅之以电脑媒介；部分计算机技术掌握较好的教师则以电脑为多媒体中心，辅之以网络信息交流。因此，前“微”时代的主流教学模式——多媒体教学——较为突出硬件设施的重要性。电脑为主要硬件，网络为辅助硬件，软件则主要是专业软件。说形象一点，前“微”时代的多媒体教学特点偏“硬”。

而前“微”时代的学习方式也主要是以课堂为中心，依靠教师的讲授或者多媒体展示来学习知识、获取信息。虽然不必像过去那样强调记笔记，但是学生依然离不开笔记、课件、教材和参考书。以课堂为中心的教学使学生将课堂作为最主要的知识学习场所，而图书馆、电脑、网络是辅助性的学习工具或者场所。

在前数字化时代，阅读和听课是最重要的学习方式；在数字化时代，电脑软硬件和网络是与阅读、听课同等重要的学习方式。不过，前数字化时代的知识远比数字化时代的知识更系统，前数字化时代的学习同样也更系统，书籍和课堂所提供的知识基本是系统性知识，带有整体性。但是由于信息工具有限，学习过程中的信息主要依靠教师讲授和学生自己通过书刊阅读来获得。

纸媒时代的学习虽然系统、扎实，但是信息源和信息量均有限。同时，纸媒时代的阅读和学习也明显体现出个体化特征，如个体阅读、个体体验、个体感悟，缺乏充足的信息交流、体验交流和情感交流。按今天的话说，即缺乏必要的社交场所和必要的社交工具。

进入数字化时代后，信息技术的快速更新使信息呈现爆炸式增长。信息技术已不仅仅在满足人们的使用需求，而且在以其超前设计刺激人们的需求，人们被迫适应新技术带来的生活方式的改变。数字化时代与前数字化时代人类的生存方式有很大的不同，人们通过使用新信息技术大大提高了生活、学习、获取资讯的便利性，并逐渐对信息技术产生依赖性，更倾向于享受新技术带来的新生活方式。人们生活在数字化时代，一边在享受，一边也在陷入技术统治之中。

不过数字化时代的知识呈现了与过去不同的特点，人们不必专程去图书馆阅读，不必花太多钱去购买书籍，不必事事都得从书籍中获得知识，网络为人们提供了便利的阅读、快捷的信息来源。但网络的知识是片段化、零碎化的，通过网络学习的知识也同样显得不那么系统、扎实。虽说后现代知识本就是片段化、零碎化的，但是网络的特性使这种片段化和零碎化的情况更加加剧。与前数字化时代阅读不同的还有个体性体验少了，集体性共识在增强。人们通过使用网络的社交功能，可以即时交流有关阅读的体验和感受，在数字化时代，人们并不会如后现代学者所说的那样变得更孤独。

智能手机作为最新的数字终端，使人们的生活便利性得到更进一步的提升。不过，作为数字化时代的最新代表，智能手机虽然带来了更多的便利，但给教学和学习所带来的问题与数字化时代是一致的，即片段化、零碎化，系统性学习受到阅读习惯改变的影响。学生越来越依赖电脑、手机来获得与学习有关的知识，而纸媒书刊阅读率呈下降趋势。同时，智能手机的即时交流功能也可以帮助学生之间、学生与教师之间进行即时的沟通和交流，在有关知识的体验上、在某些资讯的评论上，以及在对某些社会问题的态度上，微博与微信成为他们最常使用的交流软件。

二、“微”时代对教学的影响

如前所述，“微”时代的技术特点是数字化、智能化、即时性、全时性，而“微”时代的学习特点是便捷性、即时性、片段化、零碎化、全时性。“微”时代其实已经对教学产生了影响，正在改变学生与教师之间的交流方式。

首先，智能时代需要教师能熟练使用智能工具。

前数字化时代，教师面对的是听讲时拿笔记本做笔记的学生；数字化时代，他们面对的则是在课堂上用电脑做笔记、用平板电脑或手机即时上网的学生。前数字化时代，教师与学生的交流主要是面对面交流，或者通过写信来交流；数字化时代，教师与学生的交流则是使用多种方式和多种工具。

当绝大多数学生在使用智能手机、平板电脑时，教师也有必要转变生活方式、教学方式和沟通方式。当然，我们不必立刻抛弃传统的讲授方式和面对面的沟通方式，在课堂仍是主要教学场所的情况下，传统的讲授和沟通方式依然是必要的。但是，教学过程并非止于课堂，课堂以外的时间和空间也是教学过程的一部分。如果教师们能熟练使用智能设备，那么课堂就不再是唯一的中心，教师与学生之间的交流沟通可以延伸至任何时间、任何地点。

信息技术给教学带来的这种转变，也是与现代教育理念相吻合的，即以人为中心，以持续的沟通交流为主，自主的、个体式的、封闭式的学习应转变为开放式的、能进行公共交流的学习。教师可以通过智能设备，与学生进行集体的交流，也可以进行私密的个体交流。这样，既交流了信息，也增进了师生情谊。新技术并不会导致人与人关系的割裂，反而会拓宽人的社交范围，增进人与人之间的情感。

其次，不同的智能交流软件可以提供不同的交流方式，人人提高沟通交流的效果。

每一种智能工具和每一款软件都有其特有性能和消费群体，熟悉这些性能对沟通交流有很大的帮助，可以大大提高沟通效率和学习效果。教师与学生的交流除了课堂外，主要是线上交流，即通过网络在线与学生进行交流。

教师可根据教学工作的需要，分别使用不同的工具和软件：

（1）面向所有学生时：教师需要面向所有选课学生先行布置阅读资料、作业及其他事项，在微博、微信流行之前主要是通过公共邮箱来发布，学生主要依靠电脑上网打开邮箱才能看到内容。而通过 QQ 群共享功能、微信群等工具，学生可以随时随地获知信息并下载（平板电脑的下载阅读功能比手机更丰富）。而如果需要将课程有关的内容进行进一步解释、推荐阅读书目、推荐有参考价值的音频资料、回答问题等，均可使用群功能。

（2）面向个别学生时：当确有必要面向个别学生进行交流沟通时，可以使用 QQ 的单向对话功能以保护隐私。自从智能手机普及后，微博的私信功能、微信的私聊功能可以提供较为私密的聊天方式。而且，随着微博、微信用户的普及，使用这两种新工具的学生会更多。微信的功能相对来说消费价格更低，其快速增长的市场占有率说明，手机终端中微信的即时通信功能正逐步取代QQ的通信功能。而学生也很乐意运用这些新潮的工具同老师进行交流。

微信推出之后，由于其传输功能严重冲击了移动、电信等公司的短信服务业务，一度引起网络运营商的强烈不满。这说明微信的使用的确非常便宜、实用，也更能够快速占领年轻客户市场。教师如果能适应这些新的通信工具，可以通过组建“群”的方式建立与学生之间的沟通联系，这对教学来说可以起到很好的辅助作用。

三、“微”时代教与学的弊端

“微”时代在给教学带来便利的同时，也会产生一些问题，有老问题，也有新问题。

首先，在享受技术进步带来的便利时，也要意识到人不能完全成为技术的奴隶；或者说，在成为“技术控”的同时，不要让自己真正被技术所完全控制。

技术进步之后，人逐渐被技术所统治，成为技术的奴隶。这是西方马克思主义的主流观点。技术统治的背后，本质是商业、资本的统治。商业和资本为了获得更大的利益，通过技术研发，让广告引领消费时尚，使现代人基本沦为技术的奴隶，被不断更新的技术潮流所驱动。在广告的轮番轰炸之下，人们的消费欲望被不断地激发，消费品离人们的实际生活需求越来越远，消费品的价值也越来越偏离物品本身的实际价值。随着消费时代的到来，人们不仅陷入一个又一个消费旋涡难以自拔，而且在浮华消费的驱动下变得越来越唯利是图、道德沦丧，几乎一切都可以成为交换对象。这是后期西方马克思主义者的主流批判理论。

在“微”时代，我们同样能够看到这种技术对人的影响。在三次技术革命之后，科学技术与人们的日常生活已经不可分离，技术成为人类文明的一部分，成为维系人类现代文明的重要基础。不过，进入现代工业社会之后，人被技术统治的趋势在加剧，人们在技术面前变得越来越渺小，资本在这个过程中发挥了加速器、催化剂的作用。现代每一种时尚潮流产品，都可以看到资本在背后运作，极力刺激人们的消费欲望。例如微信，后来的新版本就加大了游戏投放，以迎合广大年轻人的喜好，推动了微信的普及，由此而带动的商业机会也日益庞大。可以这样说，人类第一次是迷失在技术里，第二次则是迷失在资本里。

作为教师，对此应有所认知，而不可盲目陷入技术的统治。可以做一个喜爱新技术的“技术控”，但不可成为一个真的被技术所控的人。这种认知也可以通过教学告诉学生，让学生们对现代化、现代性、现代技术、现代消费有一定的批判意识。

其次，教学过程中媒介使用过多会使教师和学生分散精力，不要养成过度依赖智能手机、平板电脑的习惯，仍应将时间适当分配给纸媒阅读。

尽管智能终端提供了便利性，但是如果使用的交流工具、交流软件过多，教师和学生均不得不将部分时间、精力分配到这些设备使用上。虽然适应技术潮流、适应学生的沟通交流需求是必要的，但是如果教师和学生整天开着电脑和手机中的这些软件，不停地进行交流沟通，对教师来说的确需要占用不少时间，如果学生多，还很可能成为一个负担。因此，有必要明确交流工具和交流时间。

对于学生来说，过多使用智能工具很可能会形成过度依赖。网络出现之后，青少年的网瘾问题一度成为社会的一个大问题。如今智能手机普及之后，学生的阅读习惯也会进一步发生变化，更多地依靠智能工具获取即时性资讯和资料，书籍阅读时间越来越少，所获取知识的系统性进一步被割裂。

学生过度依赖智能工具的社交功能也会带来一些问题。热衷于使用智能工具社交，而不太喜欢真实的社交，这是虚拟时代的共性问题。虚拟空间可以排解学生的情绪，使其获得一些社交满足感，但是沉湎于网络有可能会使学生的真实社交能力受到影响，从而得不到真正的培养和锻炼。网络阅读占用大部分阅读时间，对学生的知识学习和理性精神的培育会有比较大的影响。例如，去年的“反日”游行，不少大学生参与其间。这很大程度上是受到了网络的影响，一些单纯的学生轻信了网络上的民粹言论。而如果能有更多时间进行纸媒阅读，那么他们获得的知识不仅更全面、更系统，也更能保持理性的态度。

参考文献

［1］吴伯凡．孤独的狂欢：数字时代的交往．北京：中国人民大学出版社，1998.

［2］［美］威廉·J. 米切尔．伊托邦：数字时代的城市生活．吴启迪，乔非，俞晓译．上海：上海科技教育出版社，2001.

［3］黄济，王策三．现代教育论．北京：人民教育出版社，2012.

［4］刘力，李玉斌．现代教育技术的理论与运用．北京：北京师范大学出版社，2012.

［5］［美］大卫·雷·格里芬．后现代科学．马季方译．北京：中央编译出版社，2003.

［6］王治河．后现代哲学思潮研究（增补本）．北京：北京大学出版社，2006.

管理学院首届全英班设立动因、存在问题及对策

初大智　冯建民
（管理学院工商管理系）

【摘　要】本文在国际化全球背景下，就深圳大学管理学院工商管理系全英班设立动因、条件、培养目标以及目前存在的问题进行论述，借鉴加拿大渥太华大学浸入式教学（与全英班教学模式相似）的经验，并结合深圳大学管理学院的现实情况，提出了三点应对措施。

【关键词】浸入式教学　全英课程　管理学院

深圳是国际化的城市，外企对国际化人才的需求增加，本土企业国际化也需要国际化人才，培养国际化人才是学校的使命。同时，随着国际交流的增加，外国留学生的增加对英语专业课程的要求也增加。深圳大学管理学院工商管理系决定从2013年秋季起，面向2013年新入学的本科生，招收工商管理全英班。

一、工商管理全英班简介

设立动因：经济的全球化催生人才培养的国际化，国际交流的日益增加也要求大学提供适应国际学生学习的项目等。基于以上原因，深圳大学管理学院工商管理系决定设立工商管理全英项目。

设立条件：学院自2004年连续多年与英国兰开夏中央大学合作开展“2+1”项目，项目采用全英或双语教学，培养了多届毕业生。在该过程中还培养了一批英语或双语教学的骨干，并且，项目的绝大多数老师有海外学习和交流的经验。

培养目标：培养具有国际化视野，系统掌握现代企业管理理论、知识和方法，熟悉商事法规和政策，具有创新开拓理念、营商知识技能及社会活动能力，能熟练运用IT技术，精通外国语，适应国际化要求的复合型高级管理人才。该班专业特色为重视实践导向，专业课采用全英文教学。

招生方式：由本人自愿申报，高考英语入学成绩排序确定，英语成绩相同的情况下，高考分数高者优先。招生人数上限为40名。

主要课程：管理学原理、微观经济学、宏观经济学、运筹学、管理信息系统、统计学、基础会计、财务管理、市场营销学、经济法、生产管理、质量管理、人力资源管理、组织行为学和创业学等。

班级管理：工商管理专业全英班实行封闭式管理，一旦进入该班，四年不变。

主要实践性教学环节：读书报告、假期见闻、专业实习、毕业论文等。

本专业优势：优先从本班选派学生参加学院、学校的对外交流项目，毕业履历的

全英化教育背景。

就业前景：毕业后主要到外企从事运作、生产、营销、财务、人力资源、质量管理等工作，也可进入政府机关、国内外科研机构从事管理与商业研究工作。教师会积极推荐学生到英语国家留学。

二、首届全英班设立现状及存在问题

在管理学院领导以及全院老师的努力下，经过为期半年多的筹备，至今已经初步完成了师资选拔和课程设计工作。

通过半年多的筹办工作，至今发现了如下问题：

(1) 成绩测评体系和对学生有较高语言理解能力的要求可能直接影响项目成功与否。

全英课效果如何很难确定，为全英教学带来困难。全英课上学生需要在学习专业知识的同时，大量阅读、听、说英语，因学生一旦落课，很难补上，不但会打击学生的学习积极性和兴趣，而且增加了教师课上组织教学的难度。目前我院的全英教学起步时在一个小范围内试行，实行小班授课，分级教学。但这又为统一的考试标准和成绩评定出了难题。所以从根本上解决这个问题，还要靠整个教育体制和考试制度的改革。

(2) 师资质量还有待提高。

教师和学生是教学的主要构成，而教师的业务素质更是教学质量必不可缺的保障。全英教学对教师提出了更高的要求，任课教师不仅要有牢固的专业知识，还需要有扎实的语言功底。尽管兰开夏项目确实也培养了一批英语或双语教学的骨干，并且项目的绝大多数老师有海外学习和交流的经验，但是全部用英语表达日常用语，进行习题解析，讲解计算方法，尤其是用英语进行一些案例的讲解等，对教师语言能力和专业知识的要求还是很高的。在科学技术日益发达，尤其是计算机和网络高速发展的今天，“一桶水不够了”，要教好学生，教师首先要做长流常新的“活水”，不断补充知识量，完善自己的知识结构。教师素质和使用“英语”水平是开展全英教学的先决条件，目前在我院开展全英教学，师资质量还有进一步提高的空间。

(3)“全英教学”可能会放慢专业课授课的进度。

专业课程的大纲对授课量和所需课时都有明确规定。但是全英教学的介入，在一定程度上会影响专业课程进度，影响专业知识的输入和理解。在有限的时间内，教师要用英语将专业知识完整、详细地解说清楚，需要课前认真准备语言、专业、课件等，学生也需认真进行课前预习，以保证全课的听课效率。在中国传统的教育体系中，最终的目标仍然是考试成绩，知识量的输入和理解是至关重要的，这为在传统课时量内进行全英教学出了个难题。

三、对策建议

众所周知，加拿大是世界上为数不多的官方语言为英语和法语双语的国家。双语教学和浸入式教学是加拿大高等教育的一个特色。所谓浸入式是指用外语作为教学语言进行学科教学的一种双语教学模式 。20 世纪 60 年代中期创新性的法语浸入式教学模式开始在加拿大实施，经过几十年的实践，这一新语言教学模式获得了巨大的成功，被越来越多的国家认可。由此看来，加拿大的法语浸入式教学也就相当于我们的全英班。笔者在赴加拿大两个著名的以双语教学为特色的高等学府之一——渥太华大学进行双语教学培训期间，通过与加拿大渥太华大学浸入式教学机构负责人、教师和学生的深入交流访谈，发现了以下值得借鉴的做法：

（1）加大师资培训的力度。

加拿大浸入式教学的教师们，或是法裔加拿大人，既懂得法国的文化，又精通英语，或者是欧洲裔的加拿大人，母语与英语为同一语系，所以他们在给母语为英语的学生用法语授课时，显得游刃有余。而管理学院大部分老师都是英语为第二语言，所以，用英语授课难度还是很大，工作量也很大。所以学校和学院为教师们提供更多机会去新加坡、加拿大和澳大利亚等国家接受更多的培训，提高英语水平和教学水平，增强对西方文化的了解势在必行。

（2）扩充学生英语学习的课时量，提高全英班入学的英语门槛。

加拿大渥太华大学对所有参与浸入式教学的学生都提供额外 90 分钟到 3 个小时每周的英语课程，以进一步提高他们的英语水平。所以，我们学院也可以考虑和外国语学院合作，开一些英语辅导课程，进一步提高全英班学生的英语水平，提高他们的课堂接受能力和听课效率。

（3）建立辅导师辅导制度。

值得一提的是，由于加拿大学生人数少，所以 3 至 5 个学生配一个辅导教师，辅导教师多由该校的博士或者精通这两门语言的留学生担任。会支付一些费用给他们，而且费用据说不低。但是由于加拿大政府支持该项目，所以很多费用都由政府来承担。辅导教师常常要陪伴这些学生一起上课，并且认真听课记笔记，学生有不懂的地方会咨询辅导教师，辅导教师要代替老师为他们补课。有些辅导教师也乐意如此，因为他们在有薪水可拿的情况下，还可以学到额外的课程。此外，渥太华大学还在学生内部设立互帮互助组，尤其是浸入式课堂的学生与外国留学生之间。他们从互帮学习语言、熟悉各自文化等角度出发，成立学习小组，合作共赢。我们可以考虑与外语学院学生和国际交流学院的外国留学生进行合作，成立互帮互助组，共同学习，实现双赢。

（4）全英班的成绩不纳入基点，只有通过与不通过两类。

渥太华大学的浸入式教学中，所有成绩只有两档，即通过与不通过。且成绩不纳入学生出国深造、评奖等考评体系中，这样就扫除了学生们怕全英教学成绩影响自己的基点的顾虑，也避免了很多优秀的学生不愿意进入全英班级、同学们中途退出的情况发生，也解决了教师针对如何评定学生成绩，怎么把握尺度的难题。

四、结语

总之，全英项目目前已经取得了一定的进展，但我们还是发现了若干问题，如学生英语理解能力的问题，师资质量有待进一步提高的问题，以及教学计划和教学内容、教学进度需要进一步斟酌调整等问题。加拿大浸入式教学给我们提供了一些启示——今后管理学院可以通过进一步加大与加拿大和澳大利亚等国家的国际交流与合作，派遣教师参加各种语言类和浸入式教学的培训，同时学习他们的先进管理方法，不断完善全英项目的教学管理工作，相信管理学院的全英项目一定会越办越好。

参考文献

［1］史锋．双语教学在中国实行的逆思考．中国大学教学，2011（8）：17～20.

［2］袁平华．中国高校双语教学与加拿大双语教育之比较研究．高教探索，2006（5）：39～45.

电子商务实验室资源建设问题的思考*

叶　斌
（管理学院管理科学系）

【摘　要】本文主要是简评企业信息化建设问题，划分本科教学实验类型，提出经管类专业实验室资源建设的可能理想模式——“统一管理情境、分层设计实验”，思考电子商务实验室资源建设的问题。

【关键词】电子商务　实验室　资源建设

创新源于问题，始于实践。而实验是本科实践教学的重要环节，实验室是实验教学的重要场所，实验室资源和内涵建设是实验教学成效的重要保障之一。基于上述想法，本文试图对该问题作一简单思考。

一、企业信息化建设对实验室资源建设的启示

1. 对企业信息化问题的简评

从 TPS 到 ERP，企业信息化建设沿着业务功能信息化、职能部门信息化的轨迹过渡到了企业资源全面整合的 ERP 时代，如今又迈入了解决跨组织问题的电子商务时代。

从信息资源的视角来看，企业信息化建设最初的着眼点是为了解决运作层面的繁重手工劳动，将员工从繁琐的数据处理和程序化的机械操作中解放出来，以大大提高工作效率，同时降低出错的几率。但局部最优不等于全局最优，随着信息化的推进，从职能部门的角度看，其效率的确得到了提升，但从企业全局的角度看，“信息孤岛”现象日益严重，更严重的是信息源的“政出多门”导致了信息资源管理的混乱，使企业的总体工作效率呈下降趋势。在这个背景下，ERP 的诞生似乎是合乎时宜的。

2. 本科教学实验类型的划分

按实验性质划分，本科教学实验可划分为三种类型：验证性实验、设计性实验和探究性实验。验证性实验是指对研究对象有了一定了解，并形成了一定认识或提出了某种假说，为验证这种认识或假说是否正确而进行的一种实验。验证性实验强调演示和证明科学内容的活动。设计性实验是指给定实验目的要求和实验条件，由学生自行设计实验方案并加以实现的实验。探究性实验是不知道实验结果的，实验结果往往有多种，要看实验结果才能判断实验假设的正确与否。

以上分类方式不尽完备，特别是对经管类专业的实验而言，可按照实验能力训练

* 项目支持：深圳大学实验室与设备管理研究基金（2012 年度）。

目标划分为三种类型：认知操作型实验、理性分析型实验、综合探索型实验。认知操作型实验主要以"是什么、应该怎么做"为认知目标，训练学生对特定知识模块的直观性掌握。理性分析型实验主要以"为什么、为什么这么做"为实验目的，引导学生对本课程相关的知识做理性思考，并大胆质疑。综合探索型实验是指实验内容涉及本课程的综合知识或与本课程相关课程知识的实验，以培养学生综合应用专业知识解决问题及发现问题的能力。

3. 实验室资源建设的理想模式

依据上述经管类专业实验的分类结果，借鉴企业信息化建设过程中解决"信息孤岛""政出多门"的思路，实验室资源建设的理想模式可能是：统一管理情境，分层设计实验。

统一管理情境可简单理解为，筛选一个有代表性的"管理情境"作为实验用的"大象"，从不同视角（每个视角对应一个知识模块）构建实验资源，以实现实验资源的多点分布，统一管理。

分层设计实验意指将上述构建的"大象"设计为三个阶段的实验：认知操作型实验可理解为瞎子摸象阶段，理性分析型实验可理解为瞎子争论的阶段，综合探索型实验可理解为瞎子达成共识的阶段。

二、电子商务创新创业实验室的建设内容

根据电子商务创新创业实验室的建设目标，实验室的建设内容大致包括基础实验、创业实践、创新孵化三个平台。

电子商务基础实验平台可以开设的实验包括：①了解电子商务流程环境实验；②了解电子商务应用模式实验；③了解电子商务支撑环境实验；④电子商务网络营销模拟实验；⑤电子商务网络支付模拟实验；⑥电子商务网络安全实验；⑦电子商务物流模拟实验；⑧电子商务项目策划实验；⑨电子商务网站建设实验；⑩电子商务运营管理实验。

电子商务创业实践平台可以开设的实验包括：①在虚拟的电子商务环境下，电子商务项目小组的角色模拟实验；②电子商务环境下，虚拟团队的组织形式实验；③分析电子商务市场，提炼电子商务项目的实训；④将电子商务项目进行合理的抽象，构建接近真实电子商务项目环境的实训实验；⑤电子商务团队的构建实训实验；⑥构建电子商务网络平台（前台展示、后台控制）的实验；⑦构建电子商务运营环境的实践；⑧实施电子商务运营管理的实训活动；⑨开展网络商务活动的实践；⑩开展网络服务活动的实践。

电子商务创新孵化平台可以开设的实验包括：①行业电子商务发展分析；②创新的电子商务模式分析；③电子商务运营方案；④电子商务方案实施；⑤电子商务推广及应用；⑥电子商务网站维护；⑦电子商务服务管理；⑧电子商务安全与支付认证；⑨电子商务物流配送战略；⑩电子商务运营绩效评估。本系电子商务创新孵化平台的所有实验将以深圳市的优质电子商务资源为支撑点，通过校企联合共建，在真实电子

商务环境下进行项目孵化，以团队合作方式开展所有的相关实验，力争培养出更多知识与能力兼备的实战性高级电子商务人才。

三、电子商务创新创业实验室资源建设的基本思路

首先，建设服务于电子商务学科知识模块教学环节的实验资源平台。深圳大学管理科学系资源平台立足深圳大学对口专业的本科及研究生教学，涵盖电子商务经济、管理、技术、综合四个知识领域，与理论课程相结合（如网站建设、数据库技术、物流与供应链、国际贸易等），选择一组或几组有代表性的管理情境作为实验室资源建设的对象，进行持续化的资源规划。

其次，建设与课程同步的模拟、操作环境，模拟教学软件仿真实现相关业务流程。将认知操作型实验涵盖电子商务基础实验平台，力图将知识点连成线，每条线归为一个资源组。

再次，将理性分析型实验嵌入到电子商务创业实践平台中。在虚拟的电子商务环境下，以角色扮演、虚拟团队的组织形式，将电子商务项目进行合理的抽象，构建接近真实电子商务环境的实训平台。学生可以通过该平台进行电子商务团队的构建、电子商务网络平台及运营环境的构建、电子商务运营管理的实施等活动，开展网络商务、网络服务等创业实体。力图将线条清晰的知识链条融会贯通，形成有机的专业知识面。

最后，用综合探索型实验的方式指导电子商务创新孵化平台的建设。主要思路是以深圳市的优质电子商务资源为支撑点，在真实电子商务环境下进行项目孵化，目标是培育能入驻大学生创业园的电子商务创新团队。具体内容包括：第一阶段，从战略层面分析行业需求，选定某具体行业为创新对象，制订官网方案，通过电子商务运营、推广、维护等过程多角度多维度创新行业应用；第二阶段，了解商城，设计商城方案，对商城运营进行业绩考核，实施电子商务运作模式创新实践；第三阶段，进入成熟期，设计门户方案，构建电子商务门户，以创业实体形式申请入驻深圳大学创业园。力图在综合应用专业知识的过程中走出“瞎子摸象”的困境。

参考文献

［1］刘向阳，郑海务，黄明举．专业实验教学中心的建设与探索．实验科学与技术，2010，8（1）：163～166.

［2］http://baike.baidu.com/view/3690139.htm.

［3］叶斌，李丽，张灵莹．电子商务专业课程体系的逻辑分析．深圳大学学报，2008，增刊：104～106.

［4］王庆鹏，叶斌，李丽，王小汀．信管专业创新创业人才培养实践教学研究．陈智民．基于创新创业人才培养的高校教学改革探索与实践：深圳大学管理学院教学研究论文集（4）．广州：暨南大学出版社，2011.

［5］张灵莹，叶斌，王庆鹏，罗汉洋，马利军．电子商务创新创业实验室建设内容与目标分析．陈智民．基于创新创业人才培养的高校教学改革探索与实践：深圳大

学管理学院教学研究论文集（4）. 广州：暨南大学出版社，2011.

［6］张灵莹，王庆鹏，叶斌，罗汉洋，马利军. 电子商务创新创业实验室建设必要性与可行性分析. 陈智民. 基于创新创业人才培养的高校教学改革探索与实践：深圳大学管理学院教学研究论文集（4）. 广州：暨南大学出版社，2011.

人力资源管理专业本科毕业生可雇佣性研究
——以深圳大学为例

翟泳儿　王　忠
（管理学院人力资源管理系）

【摘　要】大学生就业是当今社会关注的热点问题。本文围绕大学毕业生的可雇佣性问题，对110名深圳大学人力资源管理专业的本科毕业生进行了问卷调查。本文首先构建出人力资源管理专业学生可雇佣性指标体系，然后通过问卷的形式来对问题进行调查研究。根据调查结果，笔者从人力资源管理专业学生可雇佣性培养、高校可雇佣性开发目标和途径及企业可雇佣性支持活动的机制三个方面提出建议，力图使该专业大学生的培养能更加适应社会需求。

【关键词】人力资源管理专业　本科毕业生　可雇佣性

一、引言

（一）研究背景

自1999年开始实施的高等教育改革政策，不断扩大招生人数，使我国每年进入就业市场的高校毕业生数量不断增加。从第一批扩招的大学生进入社会的2003年开始，大学生就业问题就开始成为全社会关注的话题。2012年，由麦可思研究院撰写、社会科学文献出版社出版的《2012年中国大学生就业报告》（就业蓝皮书），对2011届大学生的就业状况进行了全面分析。蓝皮书披露，2011届大学毕业生毕业半年后就业率为90.2%，失业率近一成，比2010届略有上升。2011届大学毕业生为608.2万人，按比例计算，仍有接近57万人处于失业状态。由此可见，我国大学毕业生的就业形势依旧严峻。

大学生就业问题的出现并不能完全归结为大学扩招。大学生就业越来越难的一个主要原因是高校培养出来的大学生在知识、技能、能力、素质等各方面还没有完全适应社会发展的需要，特别是还没有适应市场经济的需要。用人单位对大学毕业生的期望提高，雇主希望毕业生能快速适应企业，为企业作出贡献。然而，高校培养目标与用人单位的需求之间却出现了一定的脱节。因此，在从大学到工作的转换过程中，大学毕业生和雇主要求之间存在缺口。因此，提高大学毕业生的可雇佣性是解决就业问题的关键。

（二）研究意义

可雇佣性直接影响着大学生的就业和未来的职业发展。研究大学生可雇佣性的意义在于开发和提升个人的潜能，使其为就业或者再就业做好充分准备。本文试图在国内外已有理论研究的基础上，科学地界定“可雇佣性”，针对深圳大学人力资源管理专业本科毕业生的在校学习以及就业工作情况，对大学生可雇佣性现状以及如何提升大学生可雇佣性进行系统的研究。

教育部教高〔2007〕2号《关于进一步深化本科教学改革全面提高教学质量的若干意见》指出：“本科教育应以社会需求为导向，合理设置学科专业，研究建立人才需求的监测预报制度，定期发布高等教育人才培养与经济社会需求状况，引导高等学校及时设置、调整专业和专业方向，培养满足国家经济社会需要的各种专门人才。”

从宏观上看，大学毕业生可雇佣性研究可以了解大学毕业生掌握的专业知识和专业技能，以及产业发展与技术进步对大学毕业生工作能力的需求及其变化，为调整高校的课程设置和改进教学方法提供科学依据。这样可以缓解大学毕业生的结构性失业问题，增强大学生在职场的工作能力，提高社会对高等教育的满意度，从而使高等教育更好地满足产业升级和技术进步的需要。从微观上看，深圳大学开设人力资源管理专业已近十年，对人力资源管理专业本科毕业生可雇佣性进行研究，可以从一个侧面掌握本专业人才培养的效果信息，从受教育者视角了解人力资源管理专业教育的成绩和不足，为进一步完善课程设置、丰富教学环节和改进教学活动提供启发与借鉴。

二、理论基础

可雇佣性（employability）一词首先在1909年由英国学者Beveridge提出，之后100年来就一直在欧洲和美国广泛传播（Mansfield，2001）。在提出之后的近百年，可雇佣性的概念发生了很大的变化。

（一）可雇佣性的概念

最初的可雇佣性是指劳动者具有工作的能力①。这个概念中的能力仅仅是针对“体力”方面的劳动能力。到了20世纪五六十年代，可雇佣性的定义逐渐由最初的体力能力转向了劳动者受雇佣的潜能，开始上升到抽象的能力水平。70年代之后，对于可雇佣性的关注点就转向个体的知识（主要是关于职业的知识）和技能援助以及他们在劳动力市场的价格上。发展到20世纪80年代，这个概念逐渐成熟，可雇佣性已经囊括了市场中个体劳动力所具有的相对潜力，被定义为影响工作绩效的综合知识、技能和态度特征。直至研究进展到90年代，可雇佣性的定义基本完善，在个体劳动力的市场潜力基础上，结合了其他的诸多维度，如劳动力市场情景、劳动力市场的知识和公司的政策等。

从可雇佣性概念的发展过程看，对这个词的界定大致上可分为狭义和广义两种。其中，狭义的可雇佣性解释仅仅从个人角度出发，关注雇员为获得和维持工作所需的知识、技能和特质。其中，具有代表性的可雇佣性的狭义定义见表1。

① 周颐．企业人力资源新衡量视角——员工可雇佣性．商场现代化，2009（1）：317，318.

表1　可雇佣性的狭义定义

学者/组织	时间	观点
Sherer 和 Eadie	1987	认为可雇佣性不是一种特定的工作能力，而是在横切面上与所有行业相关，在纵向上与所有职位相关的能力。这里显然强调了可雇佣性的通用性特征。
Harvey	1999	认为可雇佣性是大学生所展示的雇主们所期望的在将来的岗位中有效工作的行为特征。
Robinson	2000	认为可雇佣性也被称作工作预备能力（job readiness skill），指的是那些对于个体获得、保持和做好某项工作所必备的能力。
Knight	2001	将可雇佣性定义为促使个人更有可能获得就业和成功地选择职业的一系列成就、理解力和个人属性。
国际劳工组织（International Labour Organization）	2004	认为可雇佣性是个体获得和保持工作、在工作中进步以及应对工作、生活中出现变化的能力。
Yorke	2006	认为可雇佣性是技能、理解力及个人品质的一系列的获得，使得毕业生更容易获得工作，并且使他们在自己所选择的职业上更容易成功，这些能力的获得不仅对毕业生个人有利，同时对于工作场所、社会及经济发展都是很有利的。
加拿大会议委员会（CBC）		将可雇佣性定义为个体为实现自己在劳动市场的抱负和潜能而应具备的品质和能力。

而广义的可雇佣性定义不仅仅从个人特点的角度出发，而且将宏观因素纳入其中来形成人才市场供应和需求的平衡，因此广义的可雇佣性定义通常将经济环境和劳动力市场状况包括在内。在国际上狭义的可雇佣性定义仍是主流，而国内在研究可雇佣性时大多使用“就业能力”这个概念。学者谢晋宇和宋国学指出：employability 是 employable 这个词的名词形式，不能简单地翻译为“就业能力”，而应该翻译为“可雇佣性”①。

可见，国内外学者对可雇佣性有着不同的解释和看法。尽管目前学者们对可雇佣性没有统一的定义，但目前基本达成的共识是，可雇佣性是一个涉及大学生就业的核心概念。可雇佣性是一种综合的能力素质，并且是动态的。

（二）国内外可雇佣性测量研究现状

可雇佣性是一个抽象的概念，没有明确应该从哪个角度来衡量，而可雇佣性技能（employability skills）为衡量可雇佣性提供了基础。“只有在变量是可衡量的基础上，才能开展衡量变量的行动，即操作化。”② 从这个角度来说，可雇佣性技能实际上是为可雇佣性的操作化指标提供了依据。对可雇佣性技能的研究是国内外研究可雇佣性的主

① 谢晋宇，宋国学．论离校学生的可雇佣性和可雇佣性技能．南开学报（哲学社会科学版），2005（2）：85～92.

② ［美］艾尔·巴比著．社会研究方法基础（第八版）．邱泽奇译．北京：华夏出版社，2002：111～119.

要视角之一。

1. 国外的研究

国外可雇佣性技能研究的一个典型特征是他们主要从雇主角度出发审视大学生的可雇佣性技能，这样的结论更多的是反映雇主对于大学毕业生的技能和素质要求。

（1）美国 SCANS 的研究。

美国的一些政府或非政府组织对可雇佣性技能进行了广泛而深入的研究，最具有代表性的描述是 SCANS（Secretary's Commission on Achieving Necessary Skills）组织研究出来的。这个组织对必要的可雇佣性技能进行了界定，确定可雇佣性技能包括五大类胜任能力，即资源（识别、组织、计划和分配资源的能力）、人际（与其他人一起工作的能力）、信息（获取和使用信息的能力）、系统（理解复杂内部关系的能力）和技术（选择和应用技术的能力）。SCANS 认为五大胜任能力是建立在基本技能（听说读写、数学能力）、思维能力（创造性思考、解决问题、预见、推理等）和个人品质（责任、自尊、自我管理、正直等）三个方面上的。

（2）英国的研究。

英国学者 Peter T. Knight 和 Manta Z. Yorker 通过对雇主的调查后，提出了可雇佣性构成的 USEM 理论。模型中提出的可雇佣性包括以下四个维度：①对专业知识的理解力（Understanding）；②技能（Skills），包括工作所需的专业技能和通用技能；③自我效能（Self-efficacy），即对自己的看法及个性品质，主要表现为自信心；④元认知（Meta-knowledge），包括与学生学习相关的自我意识和在行动中或之后的反思能力。

他们的研究着眼于将大学毕业生的可雇佣性操作化为可雇佣性技能以便进行测量和评价，因此形成了多维度测量模型。

2. 国内的研究

国内的研究基本以学生视角为主，这样的结论更多的是代表现有大学生可雇佣性技能的构成。

国内研究者贾利军发放大学生可雇佣性的开放式问卷，然后对项目进行探索性因素分析。最终得出含有 80 个项目的大学生可雇佣性自评量表，包含 16 个因素 3 个维度：就业人格（团队合作能力、社交能力、沟通能力、环境适应能力）、社会兼容度（生活态度倾向、精神面貌、礼仪性、工作取向）、准职业形象（内在修养、社会行为、处理问题能力、独立性），其中就业人格是大学生可雇佣性的核心因素。

学者谢晋宇认为对可雇佣性的认识可以从四个维度来展开。第一个维度是技能和胜任特征（专业技能或学科技能、通用技能，包括非专业的基础技能和关键技能）；第二个维度是个人因素（自我认知、应对能力、对工作的态度和动机、抱负和希望、从事工作的愿望、工作对个人特性的要求、自我推销）；第三个维度是就业背景（工作场所的支持水平、对个人和雇主的支持水平、融入到职务中去的难易程度、职务的可持续性）；第四个维度是广泛的环境（雇主的态度、对工作的激励、职务或者劳动者的流动性、劳动力市场的要求）。

可见，不管是国内还是国外，对可雇佣性的研究都十分活跃。但发达国家对这一概念的研究显然比较成熟，他们已经开发了一系列行之有效的衡量和开发可雇佣性的方法。我国的相关研究还处于起步与探索阶段。

同时，可雇佣性的研究始终没有办法达到一致的一个主要原因是可雇佣性是动态的，它会随着时间或者环境的变化而变化。因此，没有一个国家的研究可以完全拿来作为其他国家衡量和发展可雇佣性的依据。我们能够借鉴的只是可雇佣性的衡量以及相关的研究方法。即使在同一个国家，不同地区高校之间的学生可雇佣性也可能完全不同。

（三）人力资源管理专业可雇佣性测量研究

结合具体专业研究可雇佣性是有待解决的问题，这突出了其个性化的特点。从教育角度来说，不同专业的教育是有具体岗位面向的。比如，人力资源管理专业，主要是以培养未来人力资源管理相关岗位的人才为目的。因此，人力资源从业人员胜任能力是我们研究人力资源管理可雇佣性概念的重要参考维度。

国家劳动和社会保障部职业技能鉴定中心与企业人力资源管理师项目办公室采用问卷方式调查了我国800多名被试，将从事人力资源管理工作的参试人员与其他岗位人员进行比较分析，获得了企业人力资源管理人员的基本工作特征，见表2。

表2　企业人力资源管理人员基本工作特征

知识		技能		工作风格	
基本要求	专业要求	基本要求	专业要求	基本要求	专业要求
1. 劳动法规 2. 人力资源管理 3. 劳动经济学 4. 计算机 5. 统计与调查 6. 写作 7. 组织行为学 8. 研究方法 9. 胜任特征模型	1. 战略与规划 2. 招聘与配置 3. 职位分析 4. 员工培训 5. 职业生涯发展 6. 绩效管理 7. 薪酬管理 8. 劳动关系管理 9. 工作安全与健康 10. 组织文化变革	1. 学习能力 2. 协调 3. 沟通 4. 辅导 5. 阅读理解 6. 客户服务 7. 洞察力 8. 调查统计	1. 判断决策 2. 计划 3. 专业知识 4. 发展关系	1. 自我控制 2. 分析性思维 3. 独立性 4. 成就动机 5. 应变 6. 关心他人 7. 可靠性 8. 团队合作 9. 主动性	1. 影响他人 2. 创新 3. 正直诚信 4. 战略性思维

资料来源：劳动和社会保障部专业技能鉴定中心，企业人力资源管理师项目办公室．国家职业资格考试指南：企业人力资源管理人员（人力资源管理师）．北京：中国劳动社会保障出版社，2004.

另外，对人力资源管理从业人员的特征研究还可以通过工作分析的视角来进行。O＊NET（Occupational Information Network）由美国劳工部组织开发，是美国目前广泛应用的工作分析工具。该项目的核心是O ＊ NET的数据库，它包含数以百计的标准化和具体职业的描述信息。

不同专业学生的可雇佣性指标中应该既有通用性的部分，也有与专业相关的特殊性的部分。本文研究的对象是深圳大学人力资源管理专业的毕业生，通过上述的文献整理，对于深圳大学该专业大学生可雇佣性的研究非常有借鉴意义。将通用性与特殊性结合正是本研究关注的重要方面。

三、研究设计

（一）可雇佣性指标体系构建

在胜任能力研究中被广泛应用的KSAOs（Knowledge，Skills，Abilities，Other Characteristics）分析框架是我们可以用来借鉴的可雇佣性分析框架。K（Knowledge）是指执行某项工作任务需要的具体信息、专业知识、岗位知识；S（Skills）是指在工作中完成某项具体工作任务的熟练程度，包括实际的工作技巧和经验；A（Abilities）包括人的能力和素质，如外语能力、基本的表达能力等内容；而O（Other Characteristics）主要是指有效完成某一工作需要的其他个性特质，它包括对员工的工作要求、工作态度、人格个性以及其他特殊要求。

在对文献的整理中我们发现，无论是从个人特点的视角还是综合视角，对可雇佣性的解释都明确强调了个人的知识、技能、能力、态度等相关特点。再结合O＊NET中关于人力资源管理工作的岗位描述，构建出可雇佣性指标体系（见图1）。

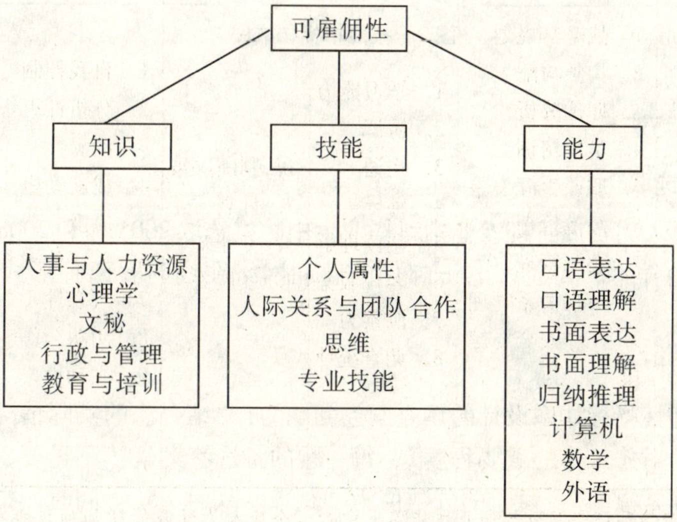

图1　可雇佣性指标体系

可雇佣性指标体系中包括了三个一级指标：知识（Knowledge）、技能（Skills）与能力（Abilities）。每个指标使用一个问卷进行测量。其中，知识指标问卷的题项涵盖本科期间人力资源管理专业课程设置的核心知识，包括人事与人力资源、心理学、文秘、行政与管理、教育与培训五个二级指标。技能指标问卷的题项包括个人属性、人际关系与团队合作、思维、专业技能四个二级指标，每项二级指标下又分设五个三级指标（见图2）。能力指标问卷的题项包含口语表达、口语理解、书面表达、书面理解、归纳推理、计算机、数学、外语能力八个二级指标。在本研究中，我们把相关的O（Other Characteristics）即其他个人特征也归纳到技能二级指标的“个人属性”当中。

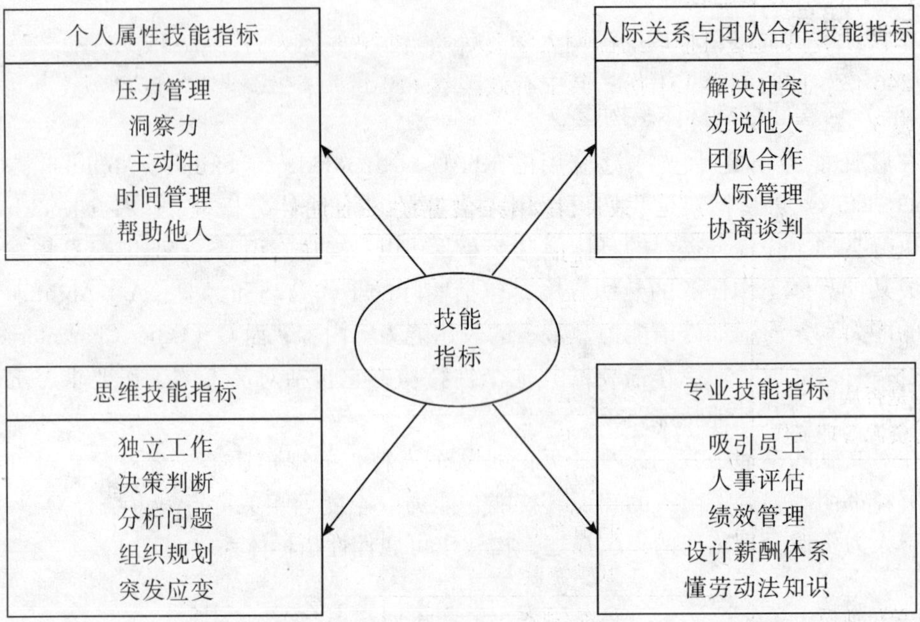

图2　技能指标构成图

（二）研究方法

1. 样本的选取

在深圳大学人力资源管理专业本科毕业生中随机选取2005届和2008届共246名毕业生作为研究的样本。并通过电子邮件问卷和网络在线问卷两种形式发放问卷进行调查。

2. 问卷设计

依据可雇佣性指标体系设计的调查问卷问题为：“结合您的实际情况，请指出下列知识/技能/能力对您工作的重要程度”，每一题的备选答案是“不重要、有些重要、重要、很重要、非常重要”，赋予的分数值为“1、2、3、4、5”。同时，提出问题“结合您的实际情况，您在大学毕业时掌握该知识/技能/能力的水平”，备选答案是“差、较差、一般、良好、优秀”，赋予的分数值“1、2、3、4、5”。通过毕业生对自己可雇佣性状况的自评，把调查问卷中毕业生毕业时的知识/技能/能力的掌握程度和如今工作的重要性进行比较，得出该专业学生需要加强与培养的部分。

3. 数据的收集

调查问卷通过电子邮件和网络在线两种形式发放，最后将收集到的数据集中录入并进行处理与分析。

四、人力资源管理专业本科毕业生可雇佣性分析

（一）样本基本信息

本次研究共向随机抽取的深圳大学2005届和2008届人力资源管理专业毕业生发放问卷246份，回收问卷131份，其中有效问卷110份，有效回收率为44.72%，详细情况见表3。

表3　样本特征变量的描述性统计

变量	选项	频数	百分比
性别	男	39	35.45%
	女	71	64.55%
是否从事人力资源管理工作	是	68	61.82%
	否	42	38.18%
单位性质	个体户	3	2.73%
	国有企业	19	17.27%
	民营企业	41	37.27%
	外资/独资	22	20.00%
	政府机构	16	14.55%
	中外合资	7	6.36%
	其他	2	1.82%
工作年限	0.5年以下	24	21.82%
	0.5~1年	17	15.45%
	1~2年	47	42.73%
	2~3年	12	10.91%
	3年以上	10	9.09%
职位	普通员工	82	74.55%
	基层管理者	19	17.27%
	中层管理者	9	8.18%
	高层管理者	0	0.00%
工资水平	2 000元以下	5	4.55%
	2 000~3 499元	17	15.45%
	3 500~4 999元	41	37.27%
	5 000~7 999元	38	34.55%
	8 000元以上	9	8.18%

（二）可雇佣性总体状况

通过对数据进行分析与统计，我们可以了解人力资源管理专业本科毕业生的可雇佣性总体状况。

毕业生可雇佣性知识一级指标在工作中的重要程度平均分为3.40分，而毕业时掌握水平的平均分为3.39分。从总体上看两者没有明显的差距，说明在学校学习掌握的知识基本满足了岗位工作的需要。在课程部分的问卷当中，七门专业课程对毕业生工作的重要程度平均分为3.5分，而满足程度平均分为2.75分，说明学生在专业课程上所掌握的知识与岗位工作需要之间尚存在不小差距。

毕业生可雇佣性技能一级指标在工作中的重要程度平均分为3.95分，而毕业时掌握水平的平均分为3.59分。总体来说，毕业生毕业时所掌握的可雇佣性技能水平对于满足工作需要还有部分提升的空间。

毕业生可雇佣性能力一级指标在工作中的重要程度平均分为3.98分，而毕业时掌握水平的平均分为3.58分。总体来说，毕业生毕业时所掌握的可雇佣性能力水平对于满足工作需要还有部分提升的空间。

（三）知识指标

在知识二级指标中，人事与人力资源是毕业生掌握程度最高的一项核心知识，得分为3.67分（见图3）。说明毕业生在校期间对专业中最核心的人力资源管理知识的掌握程度相对乐观。而毕业生自评掌握水平最低的是心理学知识，得分为3.28分。这可能与课程设置中心理学相关课程较少有关。

另外，行政与管理、教育与培训以及文秘也是毕业生应该适当加强的核心知识。在深圳大学人力资源管理专业设置的一些专业选修课程中，如企业战略管理、企业经营管理、领导力开发、管理文书写作等，对行政与管理、文秘等知识的掌握有很好的帮助。学生应该根据个人学习兴趣与发展计划，修读相应的选修课程来强化对相关领域的了解。

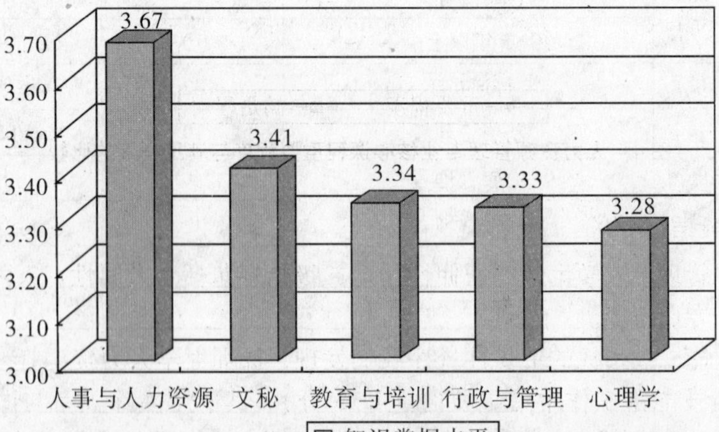

图3　毕业生核心知识的掌握水平

在知识指标问卷中，为了更好地了解人力资源管理专业核心课程的设置效果，设计了课程部分的相关问题。根据深圳大学人力资源管理专业培养方案（2009 级），选出属于人力资源管理基本知识与能力模块的七门核心课程进行分析研究。这七门核心课程分别是：工作分析与职务设计、人员招聘与选拔、人事测评理论与方法、人力资源培训与开发、绩效管理、薪酬制度与薪酬设计、劳动法与员工关系。

根据调查结果（见图 4），从课程对工作的重要程度看，劳动法与员工关系、人员招聘与选拔是毕业生认为在工作中最重要的两门课程；而人事测评理论与方法、工作分析与职务设计两门课程则在七门核心课程的重要程度评分中，获得相对较低的得分，分别是 3. 12 分与 3. 17 分。

从课程对工作要求的满足程度看，薪酬制度与薪酬设计、劳动法与员工关系这两门课程的得分最低，分别只有 2. 60 分与 2. 61 分。

通过将课程的重要程度与对工作要求满足程度进行比较后发现，人事测评理论与方法、工作分析与职务设计两门课程的重要程度与满足程度差距最小。而劳动法与员工关系、人员招聘与选拔、薪酬制度与薪酬设计课程是重要程度与满足程度差距最大的三门课程，相对的得分差距分别为 1. 35、0. 93 与 0. 85。

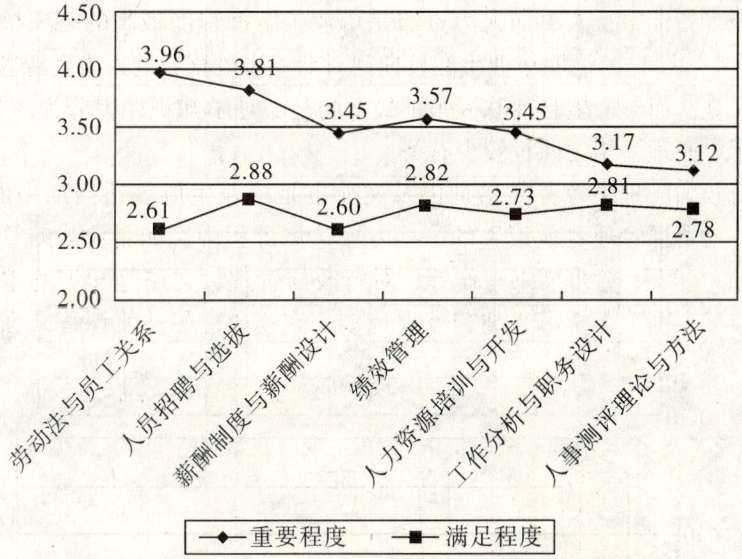

图 4　人力资源管理专业核心课程重要程度与满足程度的比较

（四）技能指标

人力资源管理专业学生的可雇佣性技能二级指标包括个人属性、人际关系与团队合作、思维与专业技能。

通过对技能二级指标的重要性排序我们发现，深圳大学人力资源管理专业毕业生认为个人属性技能是工作中最重要的（4. 13 分），其次是人际关系与团队合作技能（4. 11 分）和思维技能（4. 04 分）。毕业生认为工作中的重要性程度相对较小的是专业技能，重要性得分为 3. 51 分。

从可雇佣性技能三级指标的重要程度排序（见图 5）可以看到，个人属性技能中三级指标得分较高的是压力管理（4.30 分）与时间管理（4.27 分）。而人际管理（4.29 分）与团队合作（4.13 分）则是在人际关系与团队合作技能中相对比较重要的。分析问题（4.20 分）、独立工作（4.11 分）是毕业生认为最重要的两项思维技能。在专业技能中，懂劳动法知识的重要程度最高（3.87 分）。

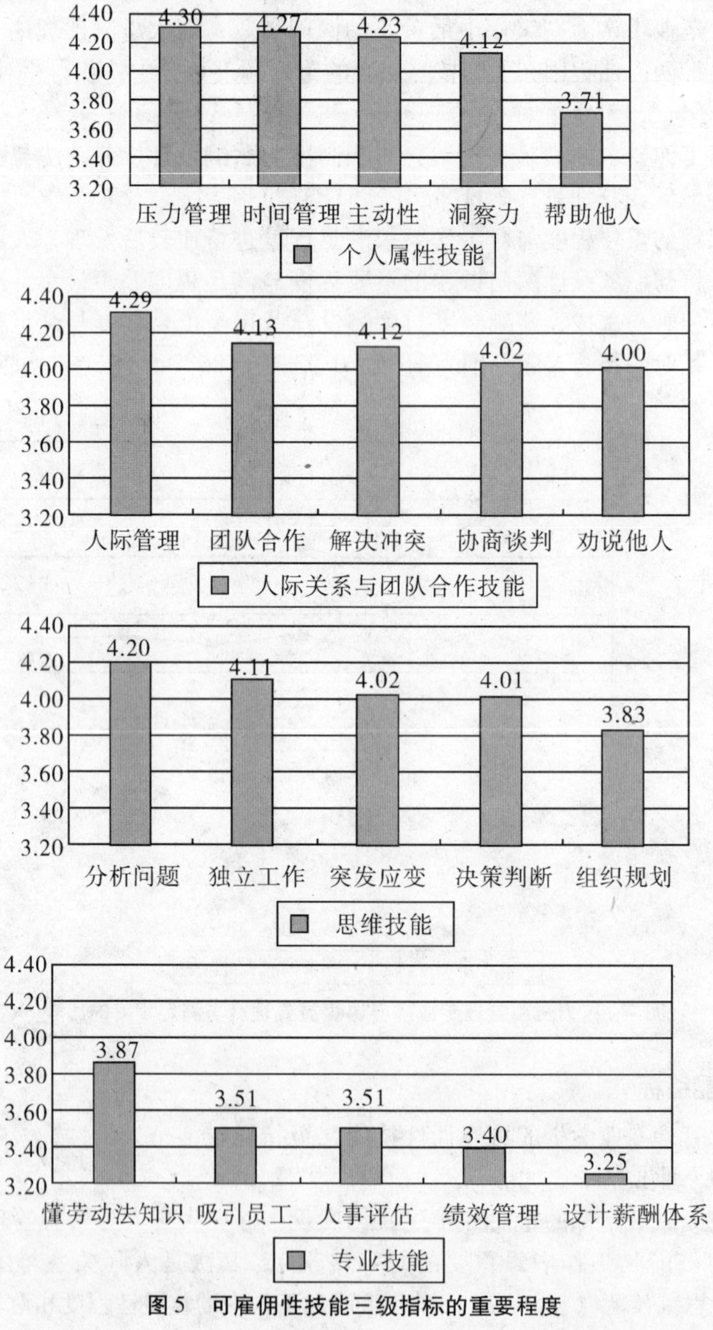

图 5　可雇佣性技能三级指标的重要程度

观察毕业生技能二级和三级指标的掌握水平（见表4），我们发现个人属性技能（3.75分）、人际关系与团队合作技能（3.74分）的得分高于其他两个二级指标。与人力资源管理专业岗位关系最为密切的专业技能得分最低（3.17分）。尤其是设计薪酬体系（2.90分）与绩效管理（3.07分）这两项专业技能得分较低。可能是课程中侧重的是理论知识的学习，而对实际运用技能训练得还不够，没有很好地促进学习在工作情境下的顺利迁移。

表4 可雇佣性技能二级和三级指标的掌握水平

二级指标	掌握水平	三级指标	掌握水平
个人属性技能	3.75	主动性	3.90
		压力管理	3.86
		时间管理	3.77
		帮助他人	3.65
		洞察力	3.53
人际关系与团队合作技能	3.74	团队合作	4.12
		人际管理	3.83
		解决冲突	3.65
		协商谈判	3.59
		劝说他人	3.55
思维技能	3.69	独立工作	4.01
		分析问题	3.75
		决策判断	3.66
		组织规划	3.52
		突发应变	3.52
专业技能	3.17	吸引员工	3.36
		人事评估	3.25
		懂劳动法知识	3.24
		绩效管理	3.07
		设计薪酬体系	2.90

将可雇佣性技能三级指标的重要程度与掌握水平进行比较，我们得出二者相对差距较大的十项技能（见图6）。其中懂得劳动法知识的重要程度与掌握水平的差距最大，说明仅仅依靠毕业生毕业时所掌握的劳动法知识尚不能够满足工作当中的需要。另外，洞察力、突发应变、时间管理、解决冲突等技能存在差距较大的现状，启示着大学生在校期间在修读相关课程外，要有意识地利用各种机会培养和锻炼这些技能，进而提高自身的就业竞争力，为毕业后能够顺利就业做好充分准备。

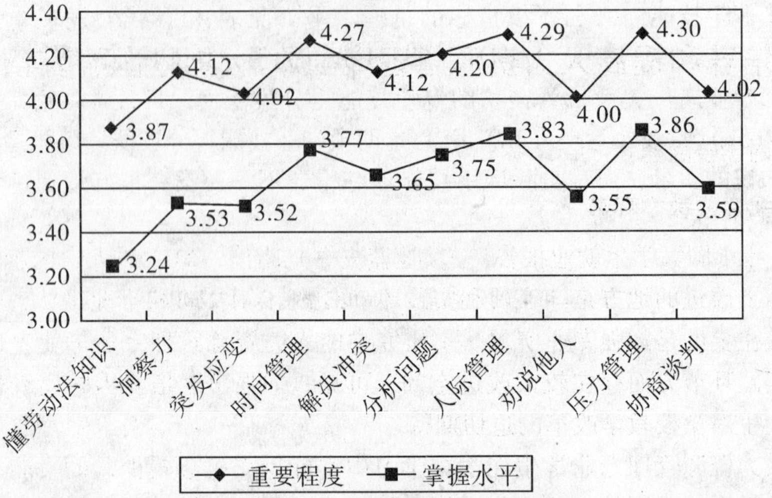

图6 满足程度相对较低的十项技能

（五）能力指标

我们对能力二级指标进行分析，发现口头表达与理解、书面理解是毕业生普遍认同的在工作中最为重要的能力（见图7）。而在《2012年中国大学生就业报告》（就业蓝皮书）中也指出，2011届本科毕业生认为有效的口头沟通是最重要的工作能力，重要度为74%。因此加强沟通能力的培养可以帮助大学生在未来有更好的职业发展。

把能力二级指标中八项能力在工作中的重要程度与在毕业时的掌握程度进行比较后发现，口头表达能力和计算机技术是其中差距最大的两项能力，这说明大学生在大学阶段应该重点加强这两方面能力的培养。比如增加课堂上教师与学生的互动时间，增加学生计算机操作实验和实训环节。

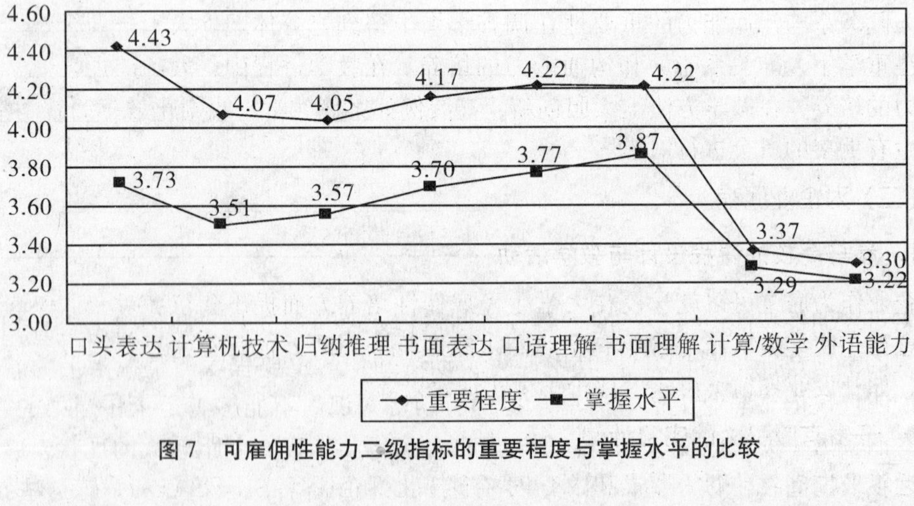

图7 可雇佣性能力二级指标的重要程度与掌握水平的比较

五、培养和提高人力资源管理专业本科毕业生可雇佣性的建议

（一）对学校而言

1. 加强实践教学环节

《2012年中国大学生就业报告》（就业蓝皮书）指出，2011届大学毕业生认为专业教学中最需要改进的地方是“实习和实践环节不够”，其中本科毕业生认为实习和实践环节方面最主要的是加强专业实习。本研究中的人力资源管理专业毕业生也认为母校在实习和实践环节方面存在较大改进空间。可见，加强学生培养中的实践教学已经成为大学毕业生对学校教学改革的迫切期待。

当前人力资源管理专业学生在学校学习中实际操作机会较少，动手能力较差。因此在日常教学中，除了基础理论的讲授以外，还必须加强对学生实践环节的训练。有必要建立人力资源管理专业实验室，让学生亲自动手开展专业领域如人才测评、员工培训、绩效考核以及薪酬管理等模块的实验实训，以提高学生对于实际问题的解决能力。并且，要改进学生期末成绩的评定和考核方法，改变依赖理论知识答卷成绩来考查学生学习效果的单一做法。

2. 强化员工关系管理及人力资源管理法律法规的学习

通过调查发现，人力资源管理毕业生对员工关系管理、法律法规的掌握程度不足，与人力资源管理工作实践中对此方面知识的迫切需要之间存在较大落差。在课程设置和课程教学中应该强化大学生对于员工关系管理与人力资源管理法律法规知识及能力的培养。熟悉与掌握及运用人力资源管理相关法律法规，提高毕业生依法维护自身和员工合法权益的能力，从而更好地营造和谐的劳动关系。

3. 加强人际关系能力和沟通能力的培养

人际关系与沟通能力的重要性在调查结果中得到充分体现。人力资源管理专业应尤其注重学生人际关系能力和沟通能力的培养。在教学过程中，教师应加强对学生沟通能力的培养，在教学方法上大胆创新，开展例如案例教学、戏剧化教学等教学活动，使学生有更多的机会进行锻炼。

（二）对企业而言

1. 参与高校的课程设计与教学活动

企业作为雇主可以就学校在大学生可雇佣性培养方面提出建议，对专业课程体系发表意见，使学生培养与行业和企业需求相匹配。同时，企业雇主还要积极参与教学活动，如开设业界精英讲座、评价学生实训效果等。

2. 开发有吸引力的实习计划

近年来，实习计划的形式和内容逐渐多样化。企业雇主不仅可以向高校提供实习岗位，还与高校合作建立实践基地，开展有特色的实习活动。例如，IBM的“蓝色之路”计划，微软的“领跑之旅”计划等。实习计划的实施，为校园招聘的开展吹响前

奏，在大学生与企业雇主之间架起了一座新的桥梁，开辟了一条大学生与企业双赢的新渠道。企业可以从中筛选出满意的优秀人才，同时也为大学生提供了解行业、熟悉企业的机会。

3. 通过各种途径提供培训机会

目前，许多企业已经开始针对大学生推出一系列具有明确目标和系统方案的培训课程。如 FESCO 深圳方胜“畅想成长”大学生公益培训班，课程提供求职实用技能的培训，内容包括求职心态、商务礼仪、办公软件应用技巧、沟通技巧、简历制作、面试技巧、求职英语等。另外，培训还可以通过竞赛等方式开展。这些培训都将对大学生可雇佣性的提高起到至关重要的作用，为促进大学生从学校环境到工作环境的有效转变提供有利的条件。

（三）对大学生而言

1. 强化专业技能

在调查中我们发现，人力资源管理专业毕业生所掌握的专业技能急需加强。在与部分毕业生的访谈中我们也了解到，企业如今更看重毕业生人力资源管理的知识储备与实践经历，并且更认同能灵活运用大学所学专业知识与实践能力来解决自己职责内实际问题的员工。因此，人力资源管理专业本科生应当提高学习自觉性，重视自身可雇佣性的培养，积极地做好就业准备，特别是掌握好专业知识与专业技能，为日后从事与人力资源管理相关的工作奠定扎实的基础。

2. 积极投入实习计划

大学生实习主要是作为“专业实习”出现在教学实践环节中，但短暂的三周时间远远满足不了实习大纲所提出的多项目的。鉴于实习已经转变为促进大学生就业和提高其可雇佣性的重要途径，需要学生在不影响日常课程学习之余，主动利用假期和进入高年级后的课余时间，参与到有助于锻炼提高自身未来人力资源管理工作可雇佣性的各种实习计划活动中去。

参考文献

[1] 郑东辉. 可雇佣性导向的大学课程设计方式探讨. 全球教育展望，2012（5）：55～60.

[2] 李跃军，叶才华. 试析大学生可雇佣性能力的培养途径. 黑龙江高教研究，2011（4）：101～103.

[3] 田秋丽，刘志虹. 人力资源管理专业人才培养模式探析. 商场现代化，2007（34）：266～267.

[4] 邹鑫. 基于可雇佣性的地方高校人才培养模式构建. 淮阴工学院学报，2011（2）：61～65.

[5] 谢晋宇. 可雇佣性能力及其开发. 上海：格致出版社，2011.

[6] 陈俊. 基于胜任力的人力资源专业本科生培养模式探析. 黑龙江对外经贸，2011（8）：136～138.

[7] 王东恺，章成蓉，刘宏艳．基于“麦可思调查”的高校就业问题探略．四川教育学院学报，2011（6）：1~8.

[8] 金星彤，李潇菲，提高可雇佣能力　缓解就业压力——基于大学毕业生就业问题的分析．辽宁师范大学学报（社会科学版），2011（4）：29~32.

[9] 黄利梅．以就业为导向的人力资源管理专业人才培养模式探究．农业网络信息，2012（7）：127~129.

[10] 杨云峰．论高等教育人才培养模式建构．教育与职业，2008（15）：48~56.

[11] 冯云霞．提高可雇佣能力．企业管理，2008（2）：53~56.

[12] 宋国学．就业能力开发的绩效衡量与实证分析．北京：中国社会科学出版社，2007.

[13] 汪霞，崔映芬．应对全球化的挑战，将学生可雇佣性的培养融入课程．比较教育研究，2009（6）：31~35.

[14] 孙俊华，汪霞．大学毕业生的可雇佣性研究：分析视角、构成维度和测量方法．全球教育展望，2010（8）：66~71.

[15] Thijssen J., Van Der, Heijden and Tonette S. Rocco. Toward the Employability-Link Model: Current Employment Transition to Future Employment Perspectives. *Human Resource Development Review*, 2008 (7): 165-183.

[16] Sue Cranmer. Enhancing Graduate Employability: Best Intentions and Mixed Outcomes. *Studies in Higher Education*, 2006 (2): 169-184.

[17] Ronald W. McQuaid and Colin Lindsay. The Concept of Employability. *Urban Studies*, 2005 (2): 197-219.

如何开展“聚徒教学”
——基于“品牌管理前沿研讨”项目的调查分析*

周志民　李骅子
（管理学院市场营销系）

【摘　要】“聚徒教学”是深圳大学近年来推行的一种小范围、近距离的“精英式”教学模式。作为一种创新的教学模式，“聚徒教学”活动究竟应该如何开展？本文以“品牌管理前沿研讨”项目为例进行探讨。文章首先简要介绍了“品牌管理前沿研讨”项目的基本情况，然后通过开放式问卷调查，分析参与的同学对于该项目的参与动机、评价与期望，最后基于调查分析结果提出开展“聚徒教学”活动的建议。

【关键词】聚徒教学　教学形式　教学内容　教学创新

一、引言

为进一步深化教学改革，积极探索大众化教育阶段的精英教育模式[1]，“聚徒教学”模式应运而生。这是由深圳大学原校长章必功教授首创的，以“师傅带徒弟”形式开展的一种全新的研究式教学模式。自2010年开始，深圳大学已经资助了多个“聚徒教学”项目，并取得良好的教学效果。

作为课堂教学的补充，“聚徒教学”是指以加强学术交流、思想交流和情感交流为特点，以研究性教学为基础，小范围、近距离的“精英式”教学模式[2]。其目的是为师生提供良好的交流和学习平台，营造学术氛围，提高学生学术兴趣，培养学生独立思考和解决问题的能力。“聚徒教学”提倡的是小范围、近距离的精英式教学，比起平时的课堂教学，这种教学模式在形式上更加多样，在内容上也更加广泛而深入。师生之间可以充分交流，从而更有针对性地帮助学生提高学术能力。

作为一种全新的教学模式，“聚徒教学”究竟应该如何开展才会更有效果？本文以笔者承担的“品牌管理前沿研讨：理论·工具·案例”项目（以下简称“品牌管理”）为对象，基于对学生的调查资料来对此问题进行探究。

二、“品牌管理”聚徒教学项目简介

2012年4月，笔者以“品牌”为主题申请了聚徒教学项目，顺利获得批准，项目

* 项目资助：深圳大学“聚徒教学”项目“品牌管理前沿研讨：理论·工具·案例”（编号：JG2012062）阶段性成果。

名称是“品牌管理前沿研讨：理论·工具·案例”。之所以申请这一项目，是因为在为本科生上“品牌管理”课程的时候，发现一些同学对品牌很感兴趣；同时，笔者也希望在大众教育时代尝试精英教育，培养一些优秀的学生。同学们对这一项目很感兴趣，最后有18位同学报名，所在专业包括营销、广告、外语、中文等。本项目有四个具体目标：①使学生了解最新的品牌管理理论进展；②使学生学会分析品牌管理案例，从中归纳提炼经验；③使学生学会品牌管理理论研究的基本方法；④使学生掌握品牌策划的实操方法。为此，教学内容涉及品牌管理的最新理论、品牌管理案例、品牌管理研究方法和工具、品牌策划的流程与方法等。为使教学方式丰富新颖，本项目除了安排案例研讨、读书分享、文献阅读、聆听讲座之类的校内活动之外，还组织大家到校外进行企业参访，参与全球品牌峰会等。在1年的学习当中，笔者组织安排了15次学习活动，其中主题研讨8次，学术讲座5次，校外企业参访1次，参加全球品牌峰会1次（见下表和图1）。

“品牌管理”聚徒教学活动一览表

授课时间	授课地点	授课人	授课内容	授课形式
2012.5.14	文产院会议室	周志民	品牌学术与品牌实践	主题研讨
2012.5.23	文科楼1400	Michael Heller（英国东伦敦大学博士）	The Developing Status and Tendency of Brand Management	学术讲座（英文）
2012.5.28	文产院会议室	周志民	品牌关系与品牌社群	主题研讨
2012.6.11	A8音乐集团	刘晓松（A8音乐集团CEO）	音乐与科技融合	企业参访
2012.6.13	益田威斯汀酒店	知名教授与企业家	首届全球品牌峰会	品牌会议
2012.6.19	文科楼1400	寿志钢（武汉大学副教授、博导）	如何做营销学术研究	学术讲座
2012.9.10	文产院会议室	周志民	品牌成功密码	主题研讨
2012.9.19	文科楼1400	周南（香港城市大学教授、博导、长江学者） 苏晨汀（香港城市大学教授、博导、市场营销学系主任）	理论贡献：学术性与思想性的兼容； 文章千古事	学术讲座
2012.10.8	文产院会议室	周志民	社会化营销与品牌传播	主题研讨
2012.10.15	文产院会议室	周志民	中国文化下的品牌营销	主题研讨
2012.10.22	文产院会议室	周志民	品牌个性与品牌认同	主题研讨

(续上表)

授课时间	授课地点	授课人	授课内容	授课形式
2012.10.25	文产院会议室	Michael Keane（澳大利亚昆士兰科技大学教授、博导）	让中国文化产业更具创意	学术讲座
2012.11.5	文产院会议室	周志民	创意如何创富	主题研讨
2012.11.19	文产院会议室	周志民	创意指数开发	主题研讨
2013.4.28	文科楼1400	周政（香港大学教授、博导）	How to Publish at International Journals	学术讲座

图1　部分活动照片

各位同学为这个项目也投入了许多感情，例如经过大家讨论，将本项目学习小组的名称定为“深大品牌研习社”（SBC），为此设计了专门的标志（见图2），创建了博客（http：//blog.sina.com.cn/u/2772963092，见图3），建立微博和Q群等。各种沟通平台有利于同学们分享自己的心得，并引发讨论（见图4）。

SZU Branding Club
深圳大学品牌管理研习社
Shenzhen University Branding Club

图2　深大品牌研习社 LOGO

图 3　深大品牌研习社博客

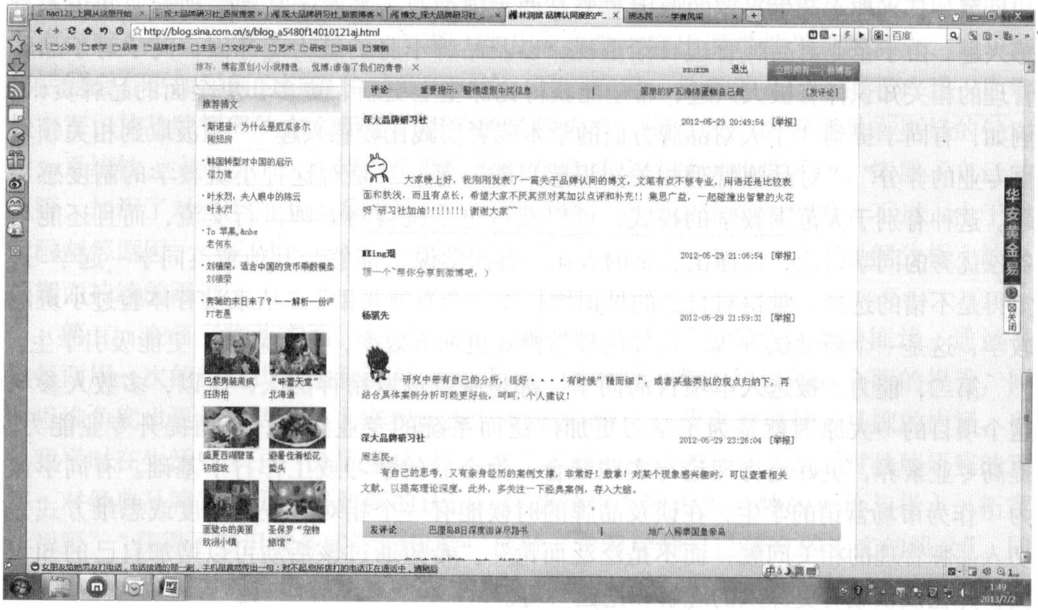

图 4　微博讨论

本项目取得了良好的效果。同学们纷纷表示收获很大（见后文问卷调查部分），不仅思维方式和学术涵养有所进步，而且已有同学在核心期刊上发表文章，如李骅子和林润斌同学在 2013 年第 1 期《销售与市场》（管理版）上合作发表论文《发展中国家的创牌之路》。倪嘉璇、芮雪、林润斌、陈亮生四位同学分别被英国、法国以及我国香港、深圳等地的高校录取为硕士研究生。此外，有两位同学还在笔者指导下获得毕业

生还是缺少一定的主动性，比较被动地接受老师的知识”“多鼓励学生就某一关于品牌管理的主题自主搜集有关案例，并通过PPT、演讲等方式向大家展示自己的学习和研究成果，届时由教师进行专业点评和总结”“我觉得我们的学习可以更加轻松”等。总的来说，同学们比较看重教学形式的灵活性、主动性、应用性。有同学建议形式可以更充满活力，比如可以一起出去喝个下午茶，然后对茶的品牌经营进行讨论；可以一起去手机卖场，观察手机销售情况，探讨每个品牌的现状以及未来。还有同学希望在时间上加长，在成员考核上希望增强等。这些想法给聚徒教学形式的改进提供了宝贵意见。

在教学内容上，有同学系统地总结出“内容应包含理论、案例、活动分享。理论包含基本理论的延伸、学术论文的辅导和撰写、当前学术研究的梳理等；案例包含经典案例和最新案例，通过分享与讨论增强理论与实践的结合。活动分享指每一次参与各种活动以后，学员的反馈和分享。通过各种形式，如比赛等，增加学员和老师、（其他）学员之间的交流”。还有，“在系统性品牌知识研究与学习内容上，融合其他学科，如社会学、心理学等知识，多学科、多角度分析品牌知识”“保留原有以案例为主的教授过程中，增加对最新品牌管理动态的一些分析报告写作，给予一段时间让学生进行自主形式的写作。如果条件允许，老师可以邀请更多相关的行业人士来进行交流和研讨”。不少同学都希望增加实战性、前沿性、个人观点这些方面的内容。也有同学强调了一个问题，就是时间的不足与延续性不高，对教学内容有一定的影响。以上这些期望都充分展现了同学们对这个项目的热情和自己的主见，对项目未来的发展有较大的意义。

（四）项目反思

通过问卷调查，笔者更清晰地了解了同学们对于这个项目的体会、评价与期望，从中也能引发对这个项目的一些反思。项目的形式与内容，从设计到实施，仍然存在许多可以改进的方面。在形式方面，虽然比平时的课堂教学更加丰富了，但是还是以老师讲授为主，较为单一。鉴于目前同学们的视野比较开阔，也比较充满活力，所以形式上的丰富度要增加。还有教学中对于学生们的积极性和主动性的引导和鼓励还不够。而在内容方面，学生对于知识的范围、更新、深度都要求很高，同时还看重个人意见的分享。

四、“聚徒教学”模式的建议

通过对“品牌管理”聚徒教学活动参与者的调查和分析，笔者对于“聚徒教学”模式有了更深刻的体会和反思，总结出以下几方面的建议：

首先，在组织上，精简的小班制教学一定要坚持，人数的限制，是教学质量的保证。而在成员的选拔和考核方面可以相对加强，增强淘汰机制，或增加轮换机制，加大对于学生们的考核，这样可以提高学生们的积极性，也能为更多的同学提供参与的机会。另外，除了每次的例行活动外，还可以鼓励学生自行组织活动，或者利用网络或社交媒体加强联系，这样可以增加彼此的认识和交流，还可以时刻分享对于主题的个人看法。

其次，在形式上，可以增加一些更有创意和活力的活动，兼顾教学的需要和学生的兴趣。可以给同学们多提供走出校园的机会，参加各种类型的活动。另外，形式的改进要适度增加学生个人的主观能动性，以学生为本，并且通过及时的交流反馈来改进项目的形式。

最后，在内容上，增加一些最新的、帮助提高同学实践能力的案例分析，更好地结合理论与实践。还有知识的延伸不局限于专业本身，可以涉及一些相关的学科。并且，要更加注重同学们个人观点的分享与交流，增加机会给同学们进行自我展示。

以上建议主要是基于同学们的意见和期望，在实际操作中，项目负责人还需要结合项目本身、学校的条件和教学资源等方面综合考虑，从而既能尽可能满足同学的需要，又能够使项目得以顺利开展。让每位同学都能在聚徒教学活动中有所启发，有所收获。

参考文献

[1] 潘懋元. 大众化阶段的精英教育. 高等教育研究, 2003, 24 (6): 1 ~5.

[2] 赵振富, 李盟, 於秋爽, 刘志刚. 新时期的“聚徒教学”与医学生创新能力培养. 中国高等医学教育, 2012 (6): 35, 36.

中国人人格测量工具的适用性问题

柯年满
（管理学院人力资源管理系）

【摘　要】人格测量是招聘选拔中经常运用的测评手段之一。本文在收集相关人格量表及相关实证研究文献整理的基础上，提出国内人格测量工具分为三类，分别是修订型、改进型和本土化型，并分析每种类型测评工具的优缺点及其适用性。最后，就如何开发修订中国人人格量表梳理出若干建议。

【关键词】人格量表　EPQ　CPAI　QZPS　适用性

一、前言

在对员工素质要求越来越高且就业形势比较严峻的当下，无论是当前公务员选拔还是企业招聘，经常利用科学的测量工具对应聘者进行测评，以确定应聘者是否符合招聘职位的基本要求。德才兼备是人才选拔的基本标准，但当前人才测评的重心是应聘者的智力、能力（倾向）、知识和经验等方面，而对他们的价值观、需要、工作动机、情绪稳定性、心理健康等人格特征则测量不足（黄希庭和范蔚，2001）。按照这种失衡的人才选拔标准录用的人才，在实际工作中可能会出现诸如工作倦怠甚至自杀等负面结果，因此对应聘者进行人格测评是招聘选拔人才不可或缺的环节。

不可否认的是，中国的人格理论研究和相应的测量工具受西方影响比较大，目前国内运用广泛的人格测量工具（16PF、“大五”人格量表、EPQ 和 MMPI 等）都是国内学者引进和修订的。与此同时，国内一些学者针对引进量表存在的问题，从本土化的角度出发，开发了诸如 PHI、CPAI 和 QZPS 等人格量表。本文的研究目的就是在教学实践基础上，梳理其中典型的人格量表及其优缺点，并探讨这些人格测量工具的适用性。

二、中国人人格测量工具类型

根据笔者在中国期刊网、万方数据库等网络数据库的查阅显示，目前中国人人格测量工具比较多。这些人格测量工具大体上可以分为以下三类：

（一）修订型人格测评量表（以 EPQ 为例）

修订型人格测评量表的基本假设是人格结构具有普适性（universal）。McCrae 和 Costa（1997）就认为西方人的人格“大五”模型（外向性、愉悦性、公正性、情绪稳定性和开放性）具有跨文化的一致性。艾森克夫妇曾用艾森克人格问卷分别在 34 个国家进行跨文化研究，研究对象具有不同的文化、政治和种族背景，结果表明：不同文化背景中的个体，都具有三个主要的人格维度（E、N、P），只是不同国家的个体之间，在这三个维度上得分的高低有所差异（赵守盈，2012）。

艾森克人格问卷（Eysenck Personality Questionnaire，EPQ）是由英国心理学家艾森克（Eysenck）夫妇编制的。这个问卷分成人和幼年两种形式，成人量表有 101 个项目，幼年量表有 97 个项目，每一问卷均包括四个量表，即精神质量表（P）、内外向量表（E）、情绪稳定性量表（N）和效度量表（L）。

陈仲庚（1983）根据 643 人样本的项目分析结果对 EPQ 进行修订，形成成人式问卷（共 85 个项目），编制了中国常模，并检验了 40 人小样本的折半信度（0.34 ~ 0.77）和内部一致性信度（0.67 ~ 0.92）。

龚耀先（1984）的修订更为深入，选择了相似的项目筛选方法，在全国六大区采集成人样本 2 517 人，形成的成人式问卷共 88 个项目，并计算了这些项目和原问卷项目的符合率（87.50% ~ 97.82%）。根据被试的人口学特征，抽取 1 000 人的样本编制中国成人常模，并把各年龄组各量表的结果制成 T 分数表。另外，吕乐（2008）利用第二次常模样本对该量表的信度和效度进行了再次验证。

艾森克等（1985）编制了成人应用的修订版艾森克人格问卷简式量表（EPQ - R Short Scale，EPQ - RS），每个分量表含 12 个项目，共 48 个项目。该版本由于施测简便，也得到了广泛应用和研究。钱铭怡等（2000）根据全国 30 个省市 8 637 人的样本数据，修订了艾森克人格问卷简式量表，编制了艾森克人格问卷简式量表中国版（EPQ - RSC）。该版本共包括 4 个分量表，各 12 个项目，形式和 EPQ - RS 相同，并提供了 EPQ - RSC 的中国常模。

修订型人格量表的优点在于实施简单，不破坏原量表的人格结构，便于不同文化背景被试人格的比较，但缺点在于它只能找到不同文化背景被试人格中共同的成分，而不能分析出不同文化背景被试人格中独有的成分。事实上人格的形成与发展既有来自遗传的因素，也受到后天环境的影响。从跨文化的角度看，人格结构可以分为两部分：①人格的 etic 成分，即所有文化下人们共有的人格成分，它是人类生存和发展过程中适应共同或相似生存压力的结果；②人格的 emic 成分，即某一文化下人们所独有的人格成分，它是该文化下的人们适应其独有的生存压力的结果。（Church & Katigbak，2000）从这个角度来看，修订的人格量表只能测量中国人人格中的 etic 成分。

此外，不同文化背景的被试对于同一种行为的归类也会有差异，这就意味着修订版的人格量表在中国被试中进行测试时得到的人格结构与原量表会有差异。程灶火和谭林湘（2004）的研究虽然验证了龚氏修订版艾森克个性问卷的结构效度，但结果也显示在 88 个项目中只有 75 个项目负荷的维度与原量表一致，8 个项目在其他分量表上的负荷高于原分量表，5 个项目在原分量表上的负荷高于其他分量表。俞宗火和戴海崎（2005）使用全息项目因素分析方法对 EPQ 进行因素分析，结果表明中国被试人格结构包括神经质、外向性、友善、诚实、任性和严谨 6 个维度而不是原量表的 4 个维度。王登峰和崔红（2005）的研究结果进一步表明中国人人格结构中不存在单独的神经质维度（EPQ 量表的情绪稳定性）。

（二）改进型人格测评量表（以 CPAI 为例）

为了探索建构符合中国文化和国情的人格测量工具，宋维真等（1993）编制了综合性的人格测量工具——中国人人格测评量表（Chinese Personality Assessment Inventory，CPAI）。该量表的建立共分为四个步骤：建立正常与病态人格量表的框架；选择构成量表的项目；确定量表；量表的标准化。CPAI 量表分为三类：3 个效度量表、22 个人格量表和 12 个临床量表。对 CPAI 22 个人格量表的因素分析结果显示，中国人的人格特质背后潜藏着一个四维度的共同结构，即可靠性（DEP）、个人性（IND）、领导性（SOC）及人际关系性（IR），方差总解释率约为 59%。值得注意的是，“人际关系性（IR）”这个因素包含了众多“本土化”人格概念，如“面子”“人情”“和谐性”等，显示出中国人在社会上如何“做人”的行为模式及其文化内涵，如讲究往来人情、避免当面冲突、维持表面和谐、让大家都有面子等。

由于 CPAI 第一版未能反映“大五”人格模型所强调的“开放性”人格特质，研究者于 2001 年在内地和香港对 CPAI 进行了修订和重新标准化（即 CPAI－2）研究。标准化样本为 1 911 名 18～70 岁的成年人。为了能够检验开放性维度是否在中国人人格结构中表现为明显的因素特性，CPAI－2 增加了 6 个本土化的、与开放性相关的分量表（Cheung，Cheung et al.，2008），同时对 CPAI 第一版原有的部分分量表也作了调整。但对标准化常模的分析显示，尽管增加了开放性量表，CPAI 原来的四因素（领导能量、可靠性 、容纳性和人际取向）结构仍然得到良好支持，它们共解释了 48.5% 的总体方差。（范为桥等，2011）

Cheung 等（2001）对 CPAI 和 NEO PI 各分量表作了一次求证性的联合因素分析（joint factor analysis），该研究结果清晰地显现出一个人格特质六因素结构，其中有 4 个因素分别与 NEO PI 中的情绪稳定性（N）、外向性（E）、宜人性（A）和责任性（C）人格因素相包容；第 5 个因素仅容纳 NEO PI 中的开放性（O）量表，单独构成一个因素；而 CPAI 中的“人际关系性（IR）”量表则未与任何 NEO PI 的量表相交融，也独自形成第 6 个因素。在此基础上，张建新和周明（2006）提出了一个包括上述 6 个人格特质的“六因素”假说，并指出开放性（O）与人际关系性（IR）人格特质因素均展现出中华文化和西方文化各自的独特性，人际关系性更多地折射出中华文化的人文伦理精神，而开放性更多地反映出西方文化中的理性求索精神。西方社会文明的发展在塑造个体的人格特质时，将“开放性（O）”变成显性的特质因素，而将“人际关系性（IR）”抑制成为隐性的特质因素。在此文化环境中编制出来的西方本土人格测量工具，在测量个体人格特质的过程中很可能存在一个“盲点”，抓不到潜在的“人际关系性（IR）”特质因素。与西方文明相反，中国悠久的历史和特色的文化将“开放性（O）”压抑成为隐性的特质因素，而特别突出了“人际关系性（IR）”这一显性的特质因素。因此，中国本土化的人格测量工具（如 CPAI）在测量人格特质时，同样也存在一个“盲点”，难以探查到潜在的“开放性（O）”特质因素。

显然，改进型量表相对于修订型量表不仅确定了不同文化背景人群人格的共性成分，而且也突出了中国人人格的“人际关系性”特质，无论在理论上还是在人格测量上都是一个进步。同时，我们也可以看到，CPAI 尤其是第一版许多项目来自于 16PF、EPQ、MMPI 等量表，因此 CPAI 研究结果得到的中国人人格特质与运用西方相关量表得到的人格特质之间具有天然的相关性，这种相关性有可能只是两种量表分数的相关，不一定体现的是人格特质上的相关或共性（etic）。另外，范为桥等（2011）关于 CPAI－2（包括中文版、英文版、韩文版、日文版）跨文化的效度验证结果以及张建新和周明（2006）关于“人际关系性（IR）”和“开放性（O）”显性/隐性表现的假说似乎又在强调人格的共性因素。

（三）本土化人格测评量表（以 QZPS 为例）

这种量表的特点是根据西方成熟的人格研究路径，采用完全本土化的项目选择方法探讨中国人的人格结构。研究者在系统收集各类汉语词典、文学作品和被试实际用于描写具体人物的形容词的基础上，通过对词表的化简和对被试的评定，得出中国人人格结构的七因素模型，并编制出两种量表：中国人人格量表—QZPAS（形容词评定）和 QZPS（问卷形式）。

崔红和王登峰（2003）根据杨国枢探讨中国人人格结构的“大七”模型时所用的中文人格特质形容词表，经过化简（由 410 个压缩到 273 个），扩大了样本量（由 733 人增加到 1 511 人），运用探索性因素分析和验证性因素分析方法，得出包括精明强干、严谨自制、外向活跃、淡泊诚信、温顺随和、善良友好和热情豪爽 7 个维度以及 15 个小因素的人格结构（QZPAS），为进一步编制测量量表奠定了基础。

王登峰和崔红（2003）利用人格研究的“词汇学假设”提出了 QZPS 的编制原则和操作程序。按照人格特质形容词的含义编写测量项目，并根据小因素和大因素的含义对项目进行修改，初步确定了 1 600 多个项目。经 2 280 名被试评定，初步筛选出 409 个项目。再经 1 099 名被试评定，确定了包括 215 个项目、7 个维度（外向性、善良、情绪性、才干、人际关系、行事风格和处世态度）和 18 个小因素等在内的 QZPS 量表。

对信度和效度的研究结果显示，7 个维度的重测信度在 0.73～0.96 之间，内部一致性系数在 0.86～0.90 之间；16 个小因素的内部一致性系数在 0.80 左右，两个小因素的内部一致性系数比较低，分别是 0.54 和 0.67；具有较好的会聚效度和区分效度、内容效度和效标效度（王登峰和崔红，2004）。

相对于前面两种人格量表而言，这种人格量表在方法上借鉴成熟的人格量表构建思路，但在具体的项目选择上则完全是本土化的，因此开发出来的人格量表和人格结构可能更加符合中国被试；同时，研究者将 QZPS 与 NEO PI 进行联合分析，也能够分析出不同文化背景人群人格特质的共性成分和独特性成分。但从笔者收集到的文献来看，关于 QZPS 的研究好像主要是王登峰和崔红两个研究者在做，其他研究者参与较少，而且从人格量表的应用来看 QZPS 好像也是三者之中研究较少的一种量表。

三、中国人人格量表的适用性

以上介绍了国内主要的三类人格测评量表及其优缺点，那么在具体的测评实践（包括教学实践）中到底应选择何种量表呢？这就是本文所谓人格量表的适用性问题。这个问题的实质就是中国人的人格结构到底是什么；哪些人格特质与其他国家人群的人格特质是相同的，哪些则是中国人独有的。

对这个问题的理解或许可以从 Berry（1989）提出的跨文化比较的两种模式中得到启示：

（1）强制的一致性（imposed etic）策略，即使用某种文化下建立起来的概念和工具去测量另一种文化下人们的特点，根据这个结果来比较不同的文化是否具有相似的特点。具体来讲，如果用西方的 EPQ 结构模型测量中国人的人格结构，比较中国人的人格结构与西方人是否相似，那么就属于 Berry 所提出的强制的一致性策略。

（2）衍生的一致性（derived etic）策略，是指要比较中西方人格结构的相似性或差异性，应该首先在中国文化下建立起中国人人格结构的概念和测量工具，再与西方的人格结构进行比较。

运用修订型人格量表（EPQ）测量能够显示不同文化背景被试的人格共性，而运用改进型人格量表（CPAI）和本土化人格量表（QZPS）则可以同时探讨不同文化背景被试人格的共性和独特性。张建新和周明（2006）的研究表明中国人人格结构中“人际关系”特质的独特性；王登峰和崔红（2008）认为人格结构的中西方差异存在于对每一个行为的理解上，人格因素或维度水平的比较难以得到有实际价值的结论。换言之，中国人（西方人）的某个人格维度中所包含的内容，在西方人（中国人）看来可能包含了几个人格维度的内容，既有共性成分，也各有其独特性成分。从这个意义上看，中西方的人格结构差异存在于人格的每一个维度、因素和测量量表的项目上。

从上述角度而言，笔者认为用后两种人格量表测量中国人的人格都有可取之处，但恰恰在现实中运用较为广泛的是修订型人格量表（本院所购买的人格测评量表是 16PF）。通过对国内人格测评量表的梳理，结合王登峰和黄希庭等学者的观点，笔者认为开发修订适合中国人的人格量表需要注意以下三点：

（1）研究中国人的人格结构及测量中国人人格特点的最佳途径应该是首先采用本土资料建立系统的中国人人格结构理论模型，并在此基础上建立有效的测量工具。

（2）由于文化的差异，西方人格测量工具所列项目包含的是西方人的人格内容，采用西方人格测量工具只能测出中国人对这一工具所包含内容的反应，而不能测出中国人人格所包含的真实内容，因此既不能直接照搬，也不能简单地采用直接修订的办法用于对中国人人格特点的测量，研究者必须多阅读代表我国传统文化的典籍，深入了解我国的传统文化（黄希庭，2004）。

（3）当需要修订西方的人格量表时，应首先对量表的项目进行探索性因素分析，以确认量表的结构，并在此基础上增加、保留或删除项目，构成新的测量工具。

参考文献

［1］黄希庭，范蔚．人格研究中国化之思考．西南师范大学学报（人文社会科学版），2001，27（6）：45～50.

［2］McCrae R. R.，Costa P. T. Personality Trait Structure as a Human Universal. *American Psychologist*，1997，52（5）：509－516.

［3］Church A. T.，Katigbak M. S. Trait Psychology in the Philippines. *American Behavioral Scientist*，2000，44（1）：73－94.

［4］赵守盈．艾森克人格问卷结构效度层面理论研究．山东师范大学学报，2012，57（4）：146～150.

［5］陈仲庚．艾森克人格问卷的项目分析．心理学报，1983，15（2）：211～218.

［6］龚耀先．艾森克个性问卷在我国的修订．心理科学通讯，1984（4）：11～19.

［7］钱铭怡，武国城，朱荣春，张莘．艾森克人格问卷简式量表中国版（EPQ－RSC）的修订．心理学报，2000（3）：317～323.

［8］程灶火，谭林湘．艾森克个性问卷理论结构的因素分析．中国临床心理学杂志，2004，12（1）：9～12.

［9］俞宗火，戴海崎．中国大学生艾森克人格问卷测试因素结构之探讨．心理学探新，2005，25（1）：58～63.

［10］王登峰，崔红．中国人有没有独立的“神经质”人格维度．西南师范大学学报（人文社会科学版），2005，31（3）：25～30.

［11］宋维真，张建新，张建平，张妙清，梁觉．编制中国人个性测量表（CPAI）的意义与程序．心理学报，1993，25（4）：400～407.

［12］Cheung F. M.，Cheung S. F.，Zhang J. X.，Leung K.，Leong F. T.，& Yeh K. H. Relevance of Openness as a Personality Dimension in Chinese Culture. *Journal of Cross-Cultural Psychology*，2008，39：81－108.

［13］Cheung F. M.，Leung K.，Zhang J. X.，et al. Indigenous Chinese Personality Constructs. *Journal of Cross-Cultural Psychology*，2001，32：402－417.

［14］张建新，周明洁．中国人人格结构探索——人格特质六因素假说．心理科学进展，2006，14（4）：574～585.

［15］范为桥，张妙清，张建新，张树辉．兼顾文化共通性与特殊性的人格研究：CPAI 及其跨文化应用．心理学报，2011，43（12）：1418～1429.

［16］崔红，王登峰．中国人人格结构的确认与形容词评定结果．心理与行为研究，2003，1（2）：89～95.

［17］王登峰，崔红．中国人人格量表的编制过程与初步结果．心理学报，2003，35（1）：127～136.

［18］王登峰，崔红．中国人人格量表的信度与效度．心理学报，2004，36（3）：347～358.

［19］Berry J. W. Imposed Etics-emics-derived-etics：The Operationalisation of a Compelling Idea. *International Journal of Psychology*，1989，24：721－735.

［20］王登峰，崔红．中西方人格结构差异的理论与实证分析：以中国人人格量表（QZPS）和西方五因素人格量表（NEO PI－R）为例．心理学报，2008，40（3）：327～338.

［21］黄希庭．再谈人格研究的中国化．西南师范大学学报（人文社会科学版），2004，30（6）：5～9.

［22］吕乐．艾森克人格问卷第二次常模样本的信度和效度研究．中南大学硕士学位论文，2008.

基于PBL的管理类综合实验方案探索
——以项目管理实验教学环节为例*

陈思佳
（管理学院现代管理教学实验中心）

【摘　要】本文简述了以问题为导向的教学模式——PBL的内容，介绍了PBL在管理类综合实验中的应用，以管理学中具有代表性的课程“项目管理”为例，从课程内容、实验安排、教学方式以及考核方法等方面，提出如何构建PBL的综合实验方案，并对应用中存在的问题进行了分析。

【关键词】PBL　实验方案　项目管理

一、PBL概要

“基于问题的学习”即PBL（Problem - Based Learning），是指以问题为导向的教学模式，让学生通过以团队的形式解决现实生活中存在的问题这一途径，使学生在解决问题的过程中发展解决问题的能力和实现知识的意义建构过程。PBL是以问题为核心，以解答问题为驱动，以小组讨论、分析及沟通为手段，强调在问题解决过程中的知识探究，以激发学生的积极主动性，培养学生的创新思维。PBL起源于20世纪60年代的美国医学教育中，并在80年代的美国研究型大学中迅速发展，取得了教育界普遍的认同和较高的评价。近年来，PBL模式在国内管理学教学研究中也被重视起来，管理类实验课程就是让学生在实际问题情境中去学习，让他们把所学知识和实际生活联系起来，以此培养他们的学习兴趣和学习主动性，同时构建知识框架，所以探索PBL在管理类实验课程中的方法和应用，具有积极意义。

二、项目管理PBL的综合实验教学方案构建

项目管理是近年来发展起来的一门学科，在现代管理学中占有重要的地位，其实验课程要求在项目管理基础理论的支撑下，结合相关的实务操作，在规定的时间和预算之内，完成规定的任务和满足特定的要求，借以建立项目管理的体系认识，全面培养学生的综合创新能力。为此，在项目管理实验课程采用PBL教学方法，以问题、项目为导向，要求学生综合利用学过的理论知识和实践技能去解决项目的实际问题，以完成一个比较完整的项目。在项目管理实验教学中采用PBL教学方法，基本的实施过程如下：

* 项目支持：深圳大学实验室与设备管理研究基金（2012年度）。

1. 分组

具体做法是将学生自由分组，每组不超过6个人，其中1人为组长，组员有明确的任务分工，并在任务完成后，由组长及小组成员按照组内的贡献度互评分数。小组围绕某一问题用项目管理的知识及方法来解决，整个实验过程由学生主导，教师以共同讨论者的身份进行引导、启发。在项目设计过程中，每个学生承担不同的角色和任务，对于这一综合性课程设计，要求各小组对项目的内容进行定义，各阶段均按照实际项目的形式开展，并生成相应的文档和报告。在这种模式中，学生之间不是相互竞争，而是相互合作、相互依赖、共同提高，在分工合作中共同完成项目设计方案，既培养了团队合作精神，又锻炼了撰写报告的能力。通过一个完整项目的训练，学生学习到项目的设想、论证、方案设计，实际了解了进度计划编制、资源配置、费用计划编制、执行控制的全过程，能综合考虑项目各个要素并实际运用项目管理方法。

2. 问题导入

根据项目管理课程的特点和教学要求，在项目管理的九大知识领域中挑选相关模块作为PBL中的“问题”进行实验课程的设计，如项目时间管理、项目成本管理等。设置的问题应尽可能接近项目的真实情景，如让学生虚拟为项目经理或者项目执行人员，学习如何定义项目范围，编制进度计划，制订资源计划，并运用项目管理基本方法。问题还要同时符合项目管理课程的理论框架和方法，应当具有一定的综合性和难度，是组内成员都比较感兴趣的，并通过团队学习才能完成。这样，学生在解决问题的过程中，就能不断地深入学习课程理论，实现自主学习。

3. 知识构架

在这个环节中，学生将在理论课程中学到的知识进行综合运用，融合相关课程的知识点去制订项目方案，解决情景中的问题。项目管理的综合实验和大部分管理类综合实验类似，需要学生整合课程内外学到的理论，并加以综合运用。在这个过程中，学生面对各种问题，要明确自己需要查找的目标知识和信息，一方面从理论课堂上获得基础的知识和能力，另一方面在课外时间通过教材、网络资源、图书馆文献等获取新的知识，通过新旧知识的共同作用，促进学生从实践中循环学习。

4. 综合运用

通过综合实验，让学生深刻体会项目所处环境—约束条件—项目目标—项目方案设计—资源配置—项目实施—项目成果之间的递进关系，以及项目约束之间此消彼长的关系，更深刻理解项目管理的综合性、协调性和整体观念。让学生运用讲授与自学共同构架的知识体系来设计方案并得出解决问题的方法。

5. 反思与考核

在综合实验项目完成后，为学生提供一个“交流”的场所。学生制作课件形成报告，在课堂上进行汇报，并回答教师和全班同学对于项目的提问，有助于对知识有更深层次的理解，并对知识更加灵活地运用。这是一个从个体学习到群体学习的过程，是从自身小组成员的共同协作到各个小组之间的讨论分享。通过提问环节，学生可以反思学习过程，分析各个小组之间的差异和不足，提出改进策略，使学习的深度和广

基于感知质量的网络教学系统持续使用意向的研究*

罗汉洋
（管理学院管理科学系）

【摘　要】本研究在文献回顾的基础上，以感知质量理论与技术接纳模型为主要理论依据，构建了一个集成的探索高校学生持续使用网络教学系统有关影响因素的框架模型，并提出研究命题。研究表明，高校学生对网络教学系统的服务质量、系统质量与信息质量等感知质量因素，感知有用性与感知易用性等技术采纳因素，以及人际影响与外部影响等主观规范因素，将积极影响其使用网络教学系统的满意度，而该满意度则进一步积极影响其持续使用网络教学系统的意向。

【关键词】网络教学系统　持续使用意向　服务质量　系统质量　信息质量

一、导言

当前国内外学者对网络教学系统的开发与网络教学模式进行了大量研究，取得了丰硕成果。但学者们似乎忽略了一个根本性的问题：学生对这样的网络教学系统是浅尝辄止呢，还是愿意持续使用？决定他们是否持续使用网络教学系统的因素有哪些？对这些因素的分析无疑具有重要的意义和价值。倘若学生根本没有持续使用网络教学系统的意向，那么在网络教学系统中融入的现代教育技术、先进的教育思想、创新的教学模式的实践价值便无从体现。因此，对网络教学系统持续使用意向影响因素的研究，具有重要的教学实践意义。

二、文献回顾

1. 网络教学

尽管自20世纪90年代末以来，“网络教学”一词已广泛应用于教育教学领域，但至今仍未形成对其定义完全一致的看法。一些学者认为网络教学是以互联网、内联网或外部网作为教学内容传输媒介的一种教学组织形式[1]；另一些学者则认为网络教学是一种利用基于网络（尤其是互联网）的交流、协作、知识转移与培训，以增加对个体与组织的价值的教学形式[2]。从教育产业的角度看，网络教学已经成为竞争性教育服务市场不可或缺的重要部分。教育服务提供商可提供在线课程、在线测试和基于网络的教学咨询，以满足教育服务消费者的不同需求[3]。

* 基金项目：深圳大学教学改革研究项目“高校学生网络课程使用意向的实证研究”（项目编号：JG2011023）。

网络教学积极倡导主动学习。与让学生被动地接受信息与知识的传统教学方式不同，主动学习是促使学生自觉加入学习过程、主动完成学习任务的一种教学方式[4]。网络教学系统可为学生提供基于网络的多媒体教学内容展示与传输渠道以及以学生为中心的交互式的学习环境[5]。

基于现有的一些研究的有关界定，本研究认为：网络教学是运用网络进行交流协作、多媒体内容展示以及知识转移，以支持学生不受时空限制的一种主动学习方式。

2. **服务质量**

服务质量领域中最为经典的理论当属 SERVQUAL 理论，是由美国市场营销专家 Parasuraman 等人（1985，1988）基于全面质量管理理论（Total Quality Management，TQM），于 20 世纪 80 年代后期，最先在服务行业中提出的一种服务质量评价体系，其理论核心在于“服务质量差距模型”。该模型认为，服务质量是由用户感知的服务水平与用户期望的服务水平之间的差别程度决定的。因此，该模型也称为“期望—感知”模型[6]、[7]。SERVQUAL 包含了 5 个测量指标：可见性（tangibles）、可靠性（reliability）、响应性（responsiveness）、保证性（assurance）、移情性（empathy）[6]、[7]。从产业的角度看，教育业属于服务产业中的一种。而作为一种教学管理软件系统，网络教学系统本质上也是一种服务系统，因此有关服务质量的理论也可运用于网络教学系统。

三、模型构建与命题提出

本研究梳理了国外期刊上发表的有关网络教学方面的研究论文，在感知质量理论与技术接纳模型的基础上，提出一个集成的探索高校学生持续使用网络教学系统有关影响因素的框架模型（如下图所示），并提出有关命题。

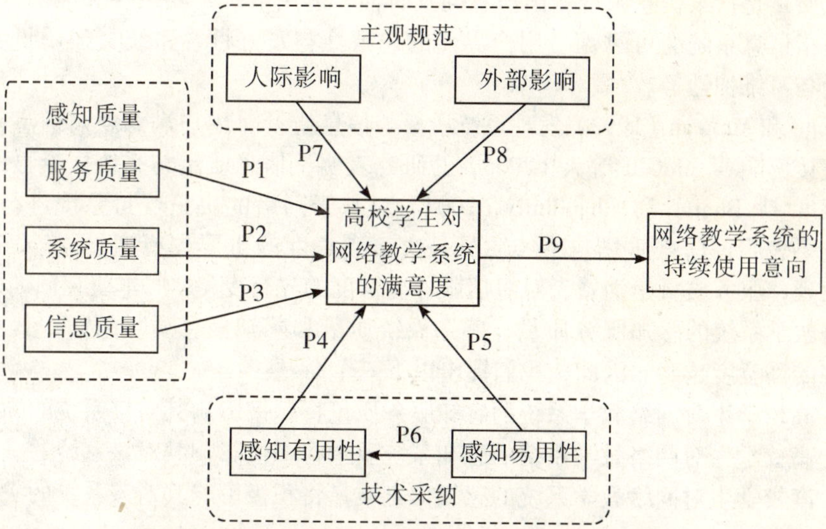

高校学生持续使用网络教学系统有关影响因素框架模型

该模型包含的研究命题是在梳理大量有关文献并结合笔者的网络教学改革实践的基础上提出的，简述如下：

1. **感知质量**

本研究中，感知质量是指高校学生对网络教学系统服务质量、系统质量与信息质量的感知。

服务质量可被界定为消费者预期与感知服务质量之间的差别[6]，通常用5个维度来测量：可见性、可靠性、响应性、保证性、移情性[7]。本研究中，服务质量各维度的界定如下表所示：

服务质量五大维度的界定

服务质量维度	维度界定
可见性	高校学生对网络教学环境方面，如网络教学实验室物理设施、设备及外观的感受与评价。
可靠性	高校学生感受到网络教学系统以一种可靠的、可依赖的方式提供承诺的教学服务的程度。
响应性	高校学生感受到网络教学系统及时为其提供所需服务并迅速响应其要求的程度。
保证性	高校学生感受到网络教学系统的专业化水平并给其带来信心的程度。
移情性	高校学生感受到网络教学系统给予每个学生单独的关注，并且充分考虑其利益的程度。

信息质量是指某信息系统输出信息的及时性、适用范围、相关性和准确性。[8]系统质量则是指信息系统的可靠性、用户界面的一致性与友好性、系统文档质量、程序代码的质量与可维护性等。[9]

DeLone 和 McLean（1992）发现系统质量与信息质量对用户满意度与信息系统使用度有着直接影响。[8] McGill 等人（2003）的研究表明，信息质量与系统质量显著积极地影响满意度。[10] Bharati 和 Chaudhury（2004）对基于网络的决策支持系统进行了研究，其研究结果表明，信息质量与系统质量是决策满意度的重要先行变量。[11] Lai（2004）的研究发现，服务质量是消费者对短信服务满意度的先行变量。[12]本研究预期，高校学生对网络教学系统的感知服务质量、感知系统质量和感知信息质量越高，其对该网络教学系统的满意度越高。因此，我们提出以下三个命题：

P1：高校学生对网络教学系统的感知服务质量将积极影响其对该系统的满意度。

P2：高校学生对网络教学系统的感知系统质量将积极影响其对该系统的满意度。

P3：高校学生对网络教学系统的感知信息质量将积极影响其对该系统的满意度。

2. **技术采纳**

本研究中，技术采纳是指感知有用性与感知易用性。

技术接纳模型（Technology Acceptance Model，TAM）是 Davis 运用理性行为理论研究用户对信息系统的接受时所提出的一个模型。该模型认为用户对系统的感知有用性、感知易用性将积极影响其对该系统的接受程度，而感知易用性将正面影响感知有用性。[13]本研究中，感知有用性指高校学生所感受到的使用网络教学系统促进其学习效率与效果提高的程度，感知易用性指高校学生感受到的容易使用该网络教学系统的程度。

Bhattacherjee（2001）的研究表明，感知有用性是决定用户满意度的一个显著性因素。[14]、[15]Rai 等人（2002）的研究发现，用户满意度受到感知有用性与感知易用性的显著影响。[16]Devaraj 等人（2002）的实证研究则表明，在电子商务环境下，感知有用性与感知易用性是决定消费者满意度的重要前提条件。[17]本研究预期，高校学生对网络教学系统的感知有用性与感知易用性将积极影响其对该系统的满意度。因此，我们提出以下命题：

P4：高校学生对网络教学系统的感知有用性将对其使用该系统的满意度产生积极影响。

P5：高校学生对网络教学系统的感知易用性将对其使用该系统的满意度产生积极影响。

根据技术接纳模型的基本理论框架，我们提出以下命题：

P6：高校学生对网络教学系统的感知易用性将对其感知有用性产生积极影响。

3. 主观规范

本研究中，主观规范是指人际影响与外部影响。

参照 Bhattacherjee（2000）[18]的变量定义，本研究中人际影响是指朋友同学、家庭成员、教师长者及其他有使用体验的个体对高校学生持续使用网络教学系统的影响；而外部影响则是指媒体报道、专家意见等对高校学生持续使用网络教学系统的影响。Hsu 和 Chiu（2004）将消费者购物后的交流和口碑传播视为人际影响与外部影响，以预测电子商务服务系统的持续使用性。其研究结果显示，人际影响与外部影响均显著地影响消费者满意度，且前者的影响程度更高。[19]本研究预期，作为主观规范方面的影响因素，人际影响与外部影响将积极影响高校学生持续使用网络教学系统。因此，我们提出以下命题：

P7：高校学生的人际影响将对其使用网络教学系统的满意度产生积极影响。

P8：高校学生的外部影响将对其使用网络教学系统的满意度产生积极影响。

4. 满意度与持续使用意向

以前的大量研究已经表明，消费者满意度对其未来的重复购买意向产生积极影响[20]，用户对信息系统的满意度也积极影响其持续使用该系统的意愿[14]、[15]。因此，我们提出以下命题：

P9：高校学生对网络教学系统的满意度将积极影响其持续使用意向。

四、结束语

本研究在文献回顾的基础上，以感知质量理论与技术接纳模型为主要理论依据，构建了一个集成的探索高校学生持续使用网络教学系统有关影响因素的框架模型，并提出研究命题。研究表明，高校学生对网络教学系统的服务质量、系统质量与信息质量等感知质量因素，感知有用性与感知易用性等技术采纳因素，以及人际影响与外部影响等主观规范因素，将积极影响其使用网络教学系统的满意度，而该满意度则进一步积极影响其持续使用网络教学系统的意向。

本研究提出的框架模型和研究命题仅在文献回顾和理论推演的基础上得出，其正确性尚需实际调研数据的支持与验证。因此，在后续研究中，将开发量表，开展问卷调查和重点访谈，收集大量的实际数据，并进行信度、效度分析和命题检验，以验证本研究所提出的框架模型的正确性和合理性。

参考文献

[1] E. Engelbrecht. Adapting to Changing Expectations: Post-graduate Students' Experience of An E-learning Tax Program. *Computers & Education*, 2005, 45 (2): 217 –229.

[2] T. Kelly, D. Bauer. Managing Intellectual Capital Cia E-learning at Cisco. *Handbook on Knowledge Management* 2: *Knowledge Directions*, 2004. pp. 511 –532.

[3] B. C. Lee, J. O. Yoon, I. Lee. Learners' Acceptance of E-learning in South Korea: Theories and Results. *Computers & Education*, 2009, 53 (4): 1320 –1329.

[4] C. C. Bonwell, J. A. Eison. *Active Learning: Creating Excitement in the Classroom.* School of Education and Human Development, Washington, DC: The George Washington University, 1991.

[5] D. Zhang, J. L. Zhao, L. Zhou, et al. Can E-learning Replace Classroom Learning? *Communications of the ACM*, 2004, 47 (5): 75 –79.

[6] A. Parasuraman, V. A. Zeithaml, L. L. Berry. A Conceptual Model of Service Quality and Its Implications for Future Research. *Journal of Marketing*, 1985, 49 (4): 41 –50.

[7] A. Parasuraman. SERVQUAL: A Multiple-item Scale for Measuring Consumer Perceptions of Service Quality. *Journal of Retailing*, 1988, 64 (1): 12 –40.

[8] W. H. DeLone, E. R. McLean. Information Systems Success: The Quest for the Dependent Variable. *Information Systems Research*, 1992, 3 (1): 60 –95.

[9] P. B. Seddon. A Respecification and Extension of the DeLone and McLean Model of IS Success. *Information Systems Research*, 1997, 8 (3): 240 –253.

[10] T. McGill, V. Hobbs, J. Klobas. User Developed Applications and Information Systems Success: A Test of DeLone and McLean's Model. *Information Resources Management Journal*, 2003, 16 (1): 24 –45.

[11] P. Bharati, A. Chaudhury. An Empirical Investigation of Decision-making Satisfaction in Web-based Decision Support Systems. *Decision Support Systems*, 2004, 37 (2): 187 –197.

[12] T. L. Lai. Service Quality and Perceived Value's Impact on Satisfaction, Intention and Usage of Short Message Service (SMS). *Information Systems Frontiers*, 2004, 6 (4): 353 ~368.

[13] F. D. Davis. Perceived Usefulness, Perceived Ease of Use, and User Acceptance of Information Technology. *MIS Quarterly*, 1989, 13 (3): 319 -340.

[14] A. Bhattacherjee. Understanding Information Systems Continuance: An Expectation-Confirmation Model. *MIS Quarterly*, 2001, 25 (3): 351 -370.

[15] A. Bhattacherjee. An Empirical Analysis of the Antecedents of Electronic Commerce Service Continuance. *Decision Support Systems*, 2001, 32 (2): 201 -214.

[16] A. Rai, S. S. Lang, R. B. Welker. Assessing the Validity of IS Success Models: An Empirical Test and Theoretical Analysis. *Information Systems Research*, 2002, 13 (1): 50 -69.

[17] S. Devaraj, M. Fan, R. Kohli. Antecedents of B2C Channel Satisfaction and Preference: Validating E-commerce Metrics. *Information Systems Research*, 2002, 13 (3): 316 -333.

[18] A. Bhattacherjee. Acceptance of E-commerce Services: The Case of Electronic Brokerages. *Systems, Man and Cybernetics, Part A: Systems and Humans*, IEEE Transactions on, 2000, 30 (4): 411 -420.

[19] M. H. Hsu, C. M. Chiu. Predicting Electronic Service Continuance with A Decomposed Theory of Planned Behaviour. *Behaviour & Information Technology*, 2004, 23 (5): 359 -373.

[20] P. G. Patterson, L. W. Johnson, R. A. Spreng. Modeling the Determinants of Customer Satisfaction for Business-to-business Professional Services. *Journal of the Academy of Marketing Science*, 1997, 25 (1): 4 -17.

高校团队教学的思考与实践研究

赵　洋
（管理学院管理科学系）

【摘　要】团队教学是在教育部提出加强本科教学质量工程的背景下重点发展的教学方法。本文全面分析了团队教学模式的内涵，并结合实际教学情况对其在ERP理论与实践课程中的实践应用进行介绍，对教学中的体会和问题进行了探讨。

【关键词】团队教学　实践研究　启示

一、团队教学模式的内涵

教育部、财政部在2008年联合下发了《关于“十二五”期间实施“高等学校本科教学质量与教学改革工程”的意见》2号文件，提出高校本科教学应加强提升质量工程，特别强调高校团队化教学实施的重要性。为了响应号召，近几年各高校也都根据自己的实际情况进行了不同程度的建设，取得了一定的效果。笔者根据自己的教学体会谈谈对团队教学的感悟。

对于什么是团队，不同的学者都给出了自己的观点。美国学者乔·卡岑巴赫（2005）认为，团队是由为数不多的若干名具备互补性技能的人组成的。他们致力于一项共同的宗旨或目的，采用一项共同的工作方法，负责实现一系列共同的绩效目标。并且，他们还要为上述宗旨或目的、目标以及工作方法共担责任。[1]还有人认为，团队（Team）是由不同人员组成的一个共同体，它合理利用每一个成员的知识和技能协同工作，解决问题，进而达到共同的目标。团队有几个重要的构成要素，总结为5P——目标（Purpose）、人（People）、定位（Place）、权限（Power）、计划（Plan）。

综合各研究成果，结合我们的实际情况，笔者认为团队教学模式就是以学生为服务对象，以一些技能互补而又相互协作、沟通的教师为主体，以教学内容和教学方法的改革为主要途径，通过大课堂集体教学、小课堂分组讨论和个人独立研修相结合的形式，由多位教师共同承担某一课程、某一个班或几个班教学任务的方法。

一个教学团队的构成同样具有五个要素，即团队的教学目标、团队的教学人员、团队的教学计划、团队的权限、团队的定位，简称为团队的“5P组合”。

团队教学是以提高教师教学水平、提高教育质量为目标而组成的一种创新型教学基本组织形式。团队成员的个人目标和集体目标是一致的，所以团队所起的作用远远大于个人能量的总和。[2]

团队的教学人员组成不同于传统的教学系的构建，人员组成应具有异质性，也就是在教学团队组织内部教师的年龄、学历、职称、专业素质、教学风格、知识背景等方面是具有阶梯性的。这种团队组成方式打破了传统的学科界限，以教研室、实验室、实训基地、教学基地等为依托，形成知识结构合理的有层次的教学梯队。

综上所述，团队教学模式具有以下特征：由相互协助的个体组成的正式群体，实现集体绩效的目标，积极的协同配合，个体承担共同的责任，相互补充的技能，其核心是团队精神。[3] 因此，团队教学模式作为一种团队形式，不能被简单地理解为“几个人合上一门课”，而更应该把它看作是一种深层次上的教学思想的改变和教学方法的变革。

二、团队教学在“ERP 理论与实践”课程中的应用

1. 团队的组建

根据已有的研究成果，团队的组织结构形式通常分为两种。在“多人分别在多个班级开设同一门课”的情况下（如开设班级比较多的基础平台课），适宜采用“树形”结构（见图 1），即在团队负责人的组织与领导下，由各主讲教师完成各个班级的教学工作。[4]

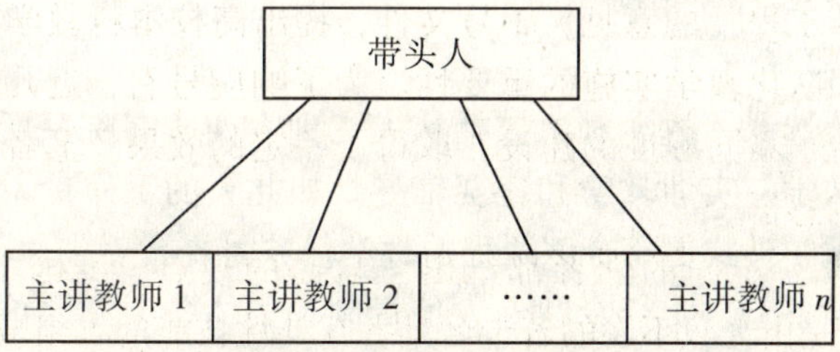

图 1 “树形”结构团队

而在“多人在同一班级讲授同一门课”的情况下，适宜采用“扁平”结构（见图 2），即在团队负责人的组织与安排下，各具优势的教师负责相关内容的教学。[4]

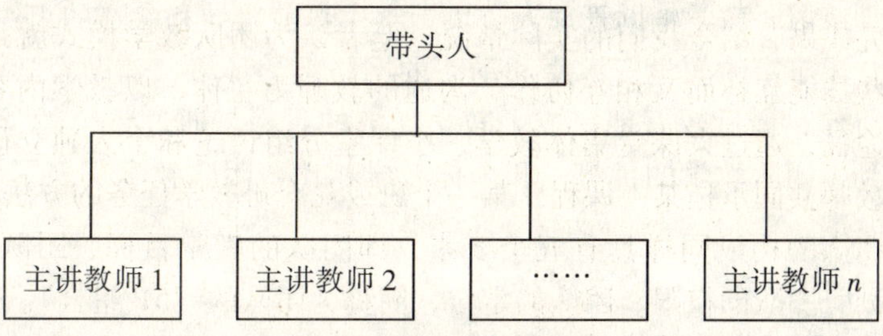

图 2 “扁平”结构团队

针对“ERP 理论与实训”这门课程的特点，我们采用了两种结构相结合的方式组成了教师团队。“ERP 理论与实训”这门课程既有理论教学，又有实践实训，同时还有

参赛训练，内容丰富而精彩。单凭一个教师的力量是远远不够的，所以我们的组合方式是由不同的教师教授不同的班级，从而形成“树形”结构；对于同一个班级的教学而言，由不同的教师分工承担不同的工作，从而形成“扁平”结构。最终形成了“树形”与“扁平”结构相结合的综合结构团队（见图3）。

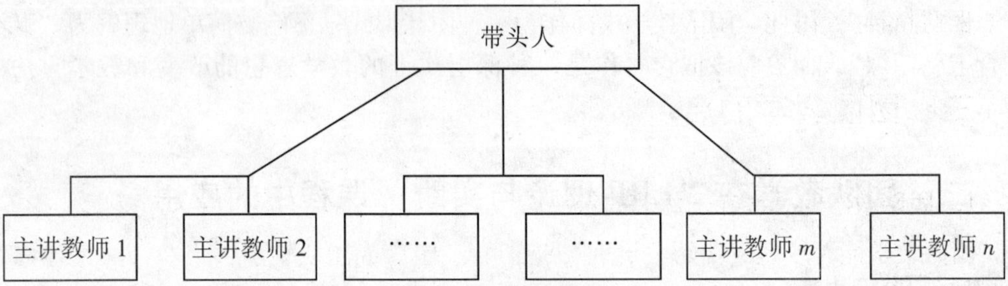

图3　综合结构团队

在团队结构中，含负责人1～2人、主讲教师3～5人、教学辅助管理人员2人。除了本校的专职教师以外，我们同时聘请了实习基地的专家来进行授课与辅导，因此在整体上形成了以专职教师为主、外请专家为辅，以学术骨干为基础、中青年教师为主体，学术实力较强的课程团队。

2. **团队教学的过程**

本课程是全校公选课，教学对象包括从大二到大四所有院系所有专业的学生，学习内容涵盖了理论教学、实训教学和比赛辅导，如此大的工作量不是哪个教师能独立完成的，因此团队教学模式更符合该课程的教学任务需要。

在教学资源的准备上，实行专题专人负责制和集体备课制。首先是由教学团队共同商议，确定教学大纲、教学内容的范围以及教学的重点难点，然后指定几位教学能力突出的教师负责整理资料，编写实训教程，制作教学课件，实行专题专人负责。最后再集体讨论，根据具体情况对教案进行调整和充实，并以此为标准对学生进行统一授课。

在授课过程中，团队教师分工合作，主讲教师负责理论授课，校外专家和主讲教师共同负责实训练习，教学辅助管理人员负责学生赛前辅导和参赛的组织。与此同时，课程团队还建立了丰富的教学资源库和动态的网络教学环境，辅助教学过程。经过整个团队的通力协作，最后较好地完成了教学任务的目标。通过整个教学过程的实施，我们深切感受到了团队教学的优势，和个体教学相比，团队教学实现了优势互补，资源共享，合作共赢。

3. **团队教学的效果**

经过几个学期的实际教学之后，我们对学生进行了问卷调查，分别从对课程的评价、学习的效果、课程的优缺点等方面进行了解，希望发现问题与不足，从而让我们能够对课程进行更好的完善和提高。针对“ERP理论与实践”这门课程，学生问卷调查结果表明：81%的同学对本课程表示喜欢；83%的同学对本课程教学效果的评价是满意；80%的同学认为本课程采用模拟情景的教学方式能达到体验式学习的效果；88%的同学认为本课程的实训教学能提高自主学习能力与合作沟通能力。

总体看来，通过采用团队教学的方式，使“ERP 理论与实践”这门课程基本上达到了预期效果。通过不同教学人员的配合协同，使得理论学习与实训相结合的教学方式能够顺利实现，这种授课方法也同时提高了学生分析问题和解决问题的能力，增强了学生的判断决策能力与团队合作精神。

三、团队教学的启示

1. 团队教学的关键在于优秀的带头人

团队教学能否取得成功的关键在于是否有一个好的团队核心，是否有一个优秀的团队带头人。团队带头人负责整个团队的协调与指挥，其水平和能力决定了团队建设的成败。对内而言，带头人既要承担教学科研工作，还要负责整个团队的管理与建设；对外而言，团队带头人还需处理教学团队与外部环境之间的关系，比如与行政单位之间的关系，与实习、实训基地之间的关系，与相关科研院所之间的关系。所以说团队建设的好与坏、成功与失败，直接和团队带头人的作用相关，作为团队带头人，不但要教学能力突出，更重要的是应具有较强的领导能力和职责使命感。

2. 以团队教学为契机提升教学质量

团队教学是负责讲授某一课程的若干教师采用分工合作形式进行教学的一种方法。通过团队教学，教师之间可以互相学习，在重点问题上多加沟通、研究。此外，梯队化的团队组合方式能够充分发挥教师成员间传、帮、带的作用，年长教师带年轻教师，做到经验共享，促进教师专业成长。具有不同知识背景和学科来源的教师通过共同参与课堂教学、精品课程建设、教改课题研究和教学研究论文撰写等方式相互学习，取长补短。最终达到提高教师整体素质，进而提升教学质量的目的。另外，在授课过程中，教师与校外专家或相关从业人员也需要相互学习和交流，这在实践层面使教学人员得到了锻炼和收获，更进一步促使教师专业知识更新，也能达到提升教学质量的目的。

3. 团队教学有利于优势教育资源整合

采用团队教学的方法，可以促进优势教育资源进行整合。从微观层面来看，在同一学院内部，团队的构成是由团队带头人和一定数量的年龄结构、学缘结构、专业结构梯次合理的教师组成的教学组织，这就实现了对教师人力资源的有效整合。同时，带有实践、实训性质的团队化教学，还需要借助辅助教学资源完成教学工作，这就提高了实验室、实验仪器设备、相关教学场所、图书资源的服务利用率，使得这些辅助教学资源得以优化整合。从宏观层面来看，团队教学需要和教学基地、实训基地、实习基地等组织机构进行合作，需要和校外专家进行研究、交流，甚至在不同的高校间也需要进行资源共享、互利合作，这些都有利于教育资源的整合。

团队教学是在教育部提出加强本科教学质量工程的背景下重点发展的教学方法，

它的应用可以达到提高教学质量，优化现代师资结构，短时间内提高教师教学能力和学术水平的目的，同时可以有效整合优势教育资源。在实践中，我们结合学院实际情况，将它应用到相关课程中，取得了比较好的效果。我们认为这种教学模式是值得肯定和推广的。

参考文献

[1] 杨亭亭．“教育技术学导论”课程团队远程教学实践．现代远程教育研究，2010（2）：59.

[2] 什么是教学团队．http://zhidao. baidu. com/question/121323015. html，2009.

[3] 王燕珺．以教学团队模式解决省级电大教学质量滑坡问题的探讨．天津职业院校联合学报，2011（12）：49.

[4] 赵亚平，顾志良．高校教学团队建设的理论思考与实践探索．现代教育管理，2011（10）：76.

[5] 李晓娟．团队教学模式在高校形势政策课教学中的应用．山东社会科学，2011（5）：188.

[6] 李前杰．高职团队教学新观察．科技信息，2009（23）：649.

[7] 韩艳萍，王小佳，李娟．团队教学改革的探索与启示．中共太原市委党校学报，2012（6）：64.

[8] 团队．http://baike. baidu. com/view/296931. htm，2009.

[9] 翟春光．基于过程管理的高校教学团队运行机制研究．江西师范大学硕士学位论文，2012.

[10] 赵洋．基于开放式自主学习的实践教学方法研究．陈智民．基于创新创业人才培养的高校教学改革探索与实践：深圳大学管理学院教学研究文集（4）．广州：暨南大学出版社，2011.

基于世界咖啡屋的MBA新教学模式
——群互式研讨的探讨与实践*

刘　军[1]　宋　铠[2]
（1. 管理学院MBA教育中心；2. 台湾中央大学管理学院）

【摘　要】MBA课堂教学虽早已从传统的“一对多”的单向“满堂灌”教学模式转向“多对一”的对话互动及讨论的教学模式，但此模式仍局限在“教师为主”的旧框架中，MBA本质性的“教师智慧主导、学员智慧分享”双轨机制教学模式并未形成。是否有一个有效路径，可以让MBA学员的局部点滴精彩之识成为全班学员皆备的精彩？一般的教学思维与做法，就是通过教师的学科理论体系建立、大量案例研讨或是模拟训练来让其自悟，以达成目的。但教学实践证明，以上方式的必然有效性多大？这很有质疑的空间。

本文从中国MBA现行教学模式与学习模式的困局、局限与反思切入，提出了解决此问题的新教学模式——基于世界咖啡屋的群互式研讨，分析了该模式的“共生”价值及具体做法、流程，最后讨论了该模式的主题边界、延伸问题、教师角色定位等。

【关键词】世界咖啡屋　MBA教学模式　群互式

一、引言

有人说，巴黎因塞纳河而生动，塞纳河因左岸而文明。左岸星布的咖啡屋、随性的画室与旧书摊，左岸的大学城，左岸的教堂，还有左岸的幽静，成就了众多学者、哲人和艺术家的聚集。我们不禁要问，左岸因何成为圣耳曼街哲学家们口若悬河的地方？文人们又为何能在迷人沁香的咖啡屋的流连辗转中成就不朽名作？[1]、[2]无独有偶，一条高不足200米的上坡路两边林立的小酒吧，何以成就了位于香港中环的兰桂坊酒吧的大名气？[3]

其实，左岸的咖啡屋、兰桂坊酒吧，这些地点的条件、氛围仅是辅助，真正让人们下班不回家，而在咖啡屋、酒吧流连忘返并乐此不疲的，并不是咖啡、啤酒的功劳，而是所有参与者自运行于不同咖啡屋、酒吧，与不同对象群互式交流所获得的收敛“认知”和精炼“思维”的收益快感。此时，以信息“发散→流转→取益”为特征的“左岸文化”形成了。

实际上，中国人对此文化并不陌生，过去遍布大城小镇的茶馆茶社就有消息传布、流转功能，只是生活节奏加快、信息来源渠道有了更快非人传的网络，自不可同日而语。但笔者认为，今日左岸的咖啡屋、兰桂坊酒吧的依旧热闹在于运行其中的需求满

* 本文被全国MBA教育指导委员会“中国MBA教育创新研讨会”评为优秀论文（广州，2008年12月）。

足的升级，消息需求满足变成了思维需求满足。据说，该升级文化形式已千里迢迢来到了中国，正沿着中国地理的脉络，渐渐地隐入了有着千年文化的古国，并在这里得以发扬光大。上海的新天地、深圳老外云集的蛇口海上世界啤酒一条街，多有此意。

这里要讨论的是如果将其运行机理搬迁运用于 MBA 学习，让具有不同职业经历、不同表达方式，甚至不同行事风格的人，来群互式研讨学习问题，效果如何？笔者有幸担任深圳大学 MBA 的“人力资源管理”课程教师，小加试用，几轮下来竟发现效果十分奇特，体悟其中的功效与价值，感觉十分丰富，于是以“基于世界咖啡屋的 MBA 新教学模式——群互式研讨的探讨与实践”为题撰写本文，与读者共识、共享。

二、中国 MBA 现行教学模式与学习模式的困局与反思

MBA 教育已诞生 100 周年，中国 MBA 教育也已经过十几年的迅猛发展，进步斐然。但不可否认的是，由于对 MBA 教育中传递思维、培育职业能力为主的本质属性认识上的模糊性，我们在 MBA 教学模式与学习模式的安排上仍存在不少缺憾。

1. 现行 MBA 教学模式与学习模式的困局

中国 MBA 规定报考者起码要具备本科毕业 3 年（专科毕业 5 年）的工作经历，此准入资格的潜台词至少表达了两层含义：第一，MBA 学习必须要建立在一定的职业经历之上；第二，职业经历应成为 MBA 学员在学习中共同充分利用的宝贵资源。虽然制度设计的 MBA 入门资格硬性体现了其概念，但在 MBA 实际教学中，并未更深刻、完全实现此意。

首先是教学模式。异地举办 MBA 的浮漂、速成，或“偷工减料”降低训练时日自不待言，就是在校园中举办的在职 MBA，也会由于周末、晚间的“边角时间效应”加课程时间紧、任务重，呈现出两种表现：

一是屡见不鲜的“满堂灌（覆盖所有学生）”、“灌满堂（从头到尾）”的“一对多”教学模式。道者情绪激昂，手持麦克风作精彩陈词状，岂不知，持续的单向激昂，早已令听者审美疲劳，昏昏欲睡，打不起精神，虽有人睁大眼睛，但大都早已停止了思考。这是一种被称为“死寂”的课堂，显然效果不佳。连带而来的必然是学者的低出勤率和教者的心理意愿下降。

二是在“一对多”单向教学模式中增加“多对一”的对话互动及传统分组讨论的教学模式。但“教师为主”思维模式的局限性依然存在，一切都唯老师布置、老师标准、老师点评是从，学员依旧在“老师要求”的框架内被动学习，分布在不同个体脑袋中的实践经历没有被群互交集，并无新的体验观点派生，学员能动意愿及思维方向时常会与老师概念分行，而非同行。

其次是学习模式。在上述两类教学模式下，学员不是感觉无聊，学得不深刻，得不到思维升级，就是成为不断反抗、不断听话的“被修正有限乖乖学生”，哪有学习的强烈兴奋感和内化收获感可言？

2. 现行 MBA 教学模式与学习模式对能力锻炼的局限性与反思

从能力锻炼的角度看，上述第一种教学模式与学习模式的表现，并不能令学员生

成能力，甚至学员入学时仅有的思维交流、选语择言表达、聆听识别别人话语本质的能力也极有可能下降，因为没有机会，没有承载多向观点信息的对流，没有激奋状态；第二种教学模式与学习模式的表现，给学员的能力锻炼也非常有限。虽具备职业经历的学员发问胆量不小，但在大庭广众之下问及太过愚笨的问题，仍有形象受损的危险，故脸皮薄者大都会沉默收声，“多对一”的互动及传统分小组讨论的预想功能自然被打折了，学员的能力锻炼受局限。

3. 现行 MBA 教学模式与学习模式对思维提升的局限性与反思

从思维提升的角度看，上述教学模式与学习模式是否能让学员获得思维提升？第一种模式的表现天然受制于老师的表达，并无必然可言，更何况学员从老师的思维所得，在现场就要被折算，学完此门课，极可能所剩无几矣。当然老师还必须是比较有道有料。第二种模式的表现，学员的思维提升则往往要依赖老师的导向能力、主题与案例选择的精准以及最后点评中的思维水平，这对老师的挑战与要求很高，还极易让其感觉“成本”与“收益”倒挂。于是效果还是处于打折之中，学生的思维提升仍受局限。

4. 现行教学模式与学习模式对品格成长影响的局限性与反思

从品格成长影响的角度看，上述教学模式与学习模式能否影响、改变学员的心智模式、使其品格特征趋向完善？学员能否养成善于发现别人的精彩的心智意识，能否养成思维、能力、知识与别人分享的心智意识？显然，两种模式均不天然具备此功能，教学中老师可以用说理的形式，刻意要求，但教学实践证明，这样做并不能让学员心智成长，反而会使其所述品格成长受局限。

综上所述，现行的教学模式与学习模式对 MBA 学员能力锻炼、思维提升和品格成长影响非常有限。就 MBA 学习本质特征与属性来看，正是 MBA 运作在“教师智慧主导、学员智慧分享”双轨机制教学模式与学习模式的形成上表现软弱无力，已经并正在严重影响中国 MBA 教育形象与大众口碑，甚至是长远发展的可持续性。

事实上，MBA 入学门槛要求有 3 年以上的工作经历，已经赋予了我们的授课对象与大学本科生、非专业学位研究生的天然区别，那就是在 MBA 学员的内涵里，已经各自具备了特定的、可贵的工商管理实践体验。此实践体验由于分布在各学员个体，且大都为局部经验，结果也仅会让授课者感觉授课对象有对管理逻辑的实践理解而已。虽有不少确为精彩之识，但也有不少极可能是谬误之见。

是否有一个有效路径，可以让 MBA 学员的点滴精彩之识，变为全班学员皆备的精彩，又如何让可能自以为是的谬误之见的学员认识到而得以提升？笔者认为，基于世界咖啡屋的 MBA 新教学模式——群互式研讨不失为一种大胆有益的探索与尝试。

三、基于世界咖啡屋研讨的定义、做法与流程模式

基于世界咖啡屋的群互式研讨学习是一种通过众多参与者以某一问题为研讨载体，分组并个体在组间流动，带动信息、观点流转，形成在全体参与者中的思维激荡、智慧分享，从而实现优质思维共识和智慧聚焦、收敛，对问题的原因探索、解决的过

程。[4][5] 该新教学模式有着十分明确的做法和严密的流程。[6] 根据笔者的实践体会分述如下：

1. 教师开题

教师开题是基于世界咖啡屋研讨起始的第一个环节，是研讨成功的方向把握。一般包括教师对研讨的主题或案例内容作简要介绍，对研讨目的、研讨安排与要求作出说明。

教师开题要求做到既简明扼要，又深入透彻；既直指主题，又循循善诱；既语气平和，又启发思维。时间不宜过长，一般控制在 10 ~ 15 分钟。

2. 分桌与流转

此为基于世界咖啡屋研讨的第二个环节，可于研讨课前先作“流转式”研讨桌席轮次名单表设计。研讨中的学员分桌与流转安排是基于世界咖啡屋研讨功能实现的保证。一般的主题或案例研讨安排四轮足矣。规则如下：

第一轮：将 MBA 全班学员分成若干桌，每桌 5 ~ 7 人（最佳 6 人），并指定 1 名为桌长，形成第一轮研讨的初始桌，桌长可在下一次世界咖啡屋研讨中轮换；

第二轮：第一轮研讨结束，桌长留在初始桌，其他学员分散到其他各桌，要求同桌学员第二轮不能同时到同一桌；

第三轮：第二轮研讨结束，桌长继续留在初始桌，第二轮所在桌的学员再分散到其他各桌，同样要求前一、二轮同桌学员第三轮不能同时到同桌，且初始桌学员也不能回初始桌；

第四轮：第三轮研讨结束，全体学员各自回归原初始桌。

四轮“流转式”研讨是基于世界咖啡屋研讨的主体，但也需提高效率，保持研讨的新鲜，杜绝超时，让学员养成不使单位时间信息“摊薄”的良好讲话习惯，控制在每轮 20 分钟为宜。安排的桌数应以不使前三轮学员“碰头”为要。

3. 研讨与记录

研讨规则的遵守是研讨效果实现的前提。前三轮每轮研讨开始时，学员先轮流简要阐述各自观点（表达内容可以很少，但必须发言）；紧接着，学员间观点互动（教师也可作为学员参与其中）；最后一轮，学员回归初始桌，轮流向桌长报告在其他桌流转研讨中所获得的精彩观点。

记录是研讨效果的载体，甚为关键。研讨前发放给每位学员 1 ~ 2 张 A3 纸作记录用。研讨中桌长、学员可将“流转式”研讨中听到的别人精彩观点、自己被激发出来的创新想法梳理在纸上，形成带有逻辑关系箭头的思维线路图。

4. 发言与点评

此为基于世界咖啡屋研讨的第三个环节，是研讨的最后归纳与集结，其质量将直接影响整个效果。

第四轮研讨结束后，各桌长轮流上台作本桌总结性、陈述性发言。要求发言者聚焦在自己总结归纳观点与意见的要点上，不必面面俱到，但应有较清晰的思维线路图。桌长发言应时间足够，以使其获得尽量展示，控制在每位 10 分钟为宜。

首先，教师点评应有画龙点睛之效，在具体评价学员研讨主题观点的基础上，可着重启发学员在“问题聚焦→思维发散→方法逻辑”三段进阶上多动脑筋；其次，教师点评应能使学员产生补充知识理论不足、提升思维能力（如整体思维、系统思维、循环思维等）的冲动；最后，教师点评还应能使学员体悟到多听取来自不同人观点的价值和意义。对学员分析观点的具体评价应控制在10分钟内，而启发学员思维和体悟，则控制在20分钟内较宜。

5．选题与支持

基于世界咖啡屋的研讨选择适当的主题非常重要，对于一般的主题研讨，为了保证应有的新鲜和应急式思维激奋，可不必提前预知学员，而对于比较复杂的案例研讨，可让学员在课前完成阅读和初步思考，但也不宜提前准备时间太多，以免直入知识层面讨论，打折思维研讨，产生用事实拒绝思辨等现象。

教室应有多媒体设备，支持幻灯片播放软件等相关设备；同时，课室桌椅应为可移动布置，能将桌子排成大方桌（圆桌更佳），如研讨者能使用手提电脑及FreeMind软件在研讨时及时绘出思维线路图，效果则更好；有条件的话，最好每人再来一杯咖啡助兴；当然，最重要的还是研讨者要带“脑袋”来。

四、基于世界咖啡屋研讨的共生价值分析

从笔者讲授HR课程中的4次基于世界咖啡屋研讨（2次案例研讨、2次主题研讨）的情况来看，学员普遍反映收获感较高、很高（见图1）。

根据人类认知的一般规律，如将学习分层次的话，由易到难可以分为：知识学习、能力学习、思维学习、品格学习。实践表明，由于基于世界咖啡屋研讨的运作机理的存在，表现出其意义不仅在于对议题本身的讨论、细作考量，还在知识内化、能力增强、思维提升和品格成长方面产生了“共生”价值。[7]课程后的问卷调查结果也确切显示了四方面的“共生价值”成效。

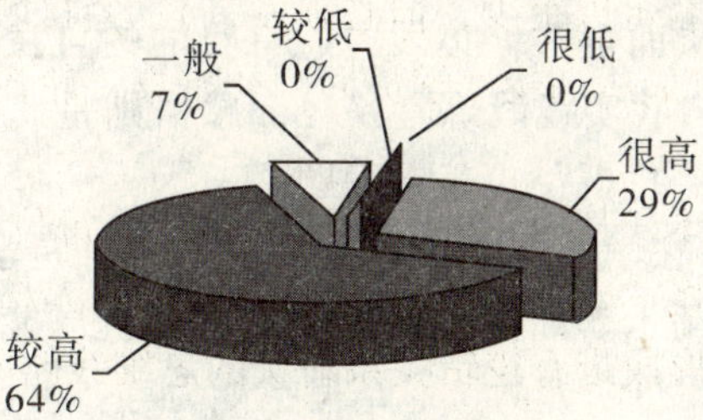

图1 群互式研讨的学员收获感反映①

① 基于World Cafe的MBA群互式新学习模式运用效果调查（深圳大学MBA教育中心，2008年7月）。

1. **知识内化的共生价值**

知识学习是人的第一层面学习，一般透过看书本、听课和练习中的理解等功夫来达成。从人的认知规律来看，“中学→大学→研究生”的学习，应是在知识不断“积累→理解→内化”过程中完成的。现行的大学全日制学生，不管是入门前还是入门后的学习，太多的应试含量，已使学生淡化了可致远、可持续产生力量的内化式知识学习，而转向能够快速获得高分的记忆式知识学习。如果 MBA 学员也有此倾向，就不是小事了。

MBA 教育虽属硕士研究生层次，但强烈的未来管理职业发展导向，其学习不容置疑地必须考虑对知识真正透彻理解的要求，为职业能力增长提供必需的、内化的知识平台支持。而对知识的透彻理解、真正理解的潜台词则是对知识的多方位、多视角、多维度、多层次的打量与扫视。而基于世界咖啡屋研讨对此具有针对性融入之功。

研讨时的知识信息容量大、散点多、同时交汇等特点，恰能使身临“发散思维场”其境、又有学习欲望的学员，更愿意、也更易于感受、吸纳并理解周围学员的差异化知识。2008 年 7 月深圳大学 MBA 教育中心的问卷调查（下同）也证明了此判断：回答加深了对专业知识的感悟的学员占 50%，而学员反映基于世界咖啡屋研讨与 MBA 教育特点结合的紧密程度更是令人感同身受（见图 2）。

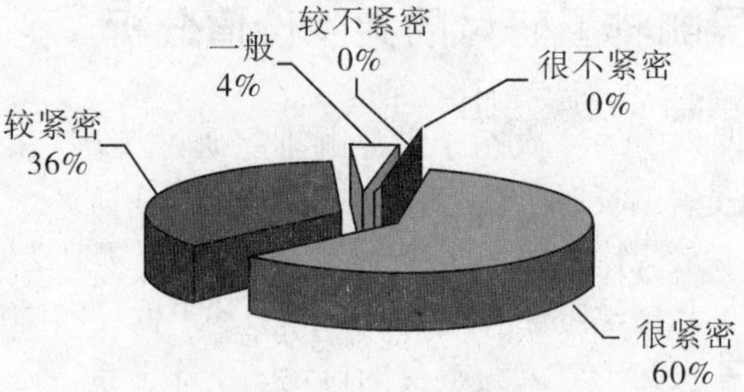

图 2　学员反映群互式研讨与 MBA 教育特点结合的紧密程度

2. **能力增强的共生价值**

能力学习是人的第二层面学习，必须透过有目的的自我实践锻炼及更重要的感悟来实现。有目的是方向，自我实践锻炼是路径，感悟则是此基础上的效率。三个方面缺一不可，其中任一项被“打折”也就有问题了。

就 MBA 学习者来说，在学期间能否增强职业能力，是学习效果好坏的显著标识，也是未来职业能力强弱的预示。如在众人面前的心理抗压能力、语言表达能力、善听善解能力、沟通能力、逻辑分析能力、总结概括能力等。

大学教学实践共知，没有经过训练的学生面对老师课堂上的发问，大都埋下头保持沉默。经与学生沟通得知，有两个关键因素：一是肚里没料，没有理解、没有认识、没有观点，不能说；二是有料，但心理有压力，怕说错了被耻笑，不敢说。这两个因素在刚入学的 MBA 学员身上第一点显示较明显。而基于世界咖啡屋研讨对此具有针对性修正之效。

实际上，人都天然喜欢思考，关键是信心！宽松的课堂氛围是信心产生的基础，众人观点的交互、集纳与启发出的自己观点撞击又生成了新见解，则是信心产生的关键。肚里有货，心中不慌，有理解、有认识、有观点，自然会有表达的冲动（见图3）。

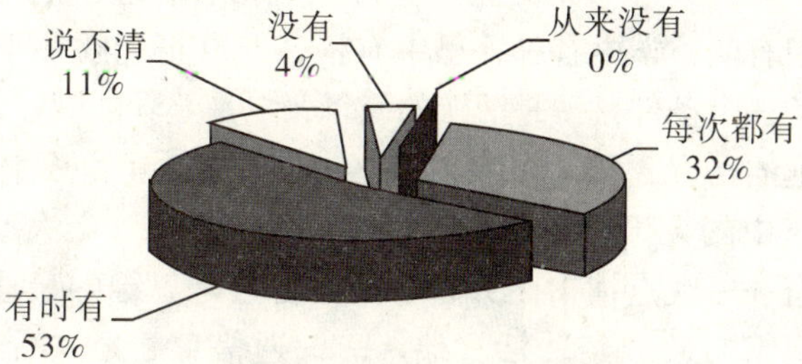

图3 群互式研讨的学员表达的冲动

更何况，同桌者下一轮的不“同往”规则，更易为表达的冲动推波助澜。当若干次的世界咖啡屋研讨，学员具有了持续的成功体验后，语言表达能力自然增强。同时，必需的心理抗压能力、善听善解能力、沟通能力、逻辑分析能力、总结概括能力也将在不知不觉中伴生积累而来（见图4、图5）。

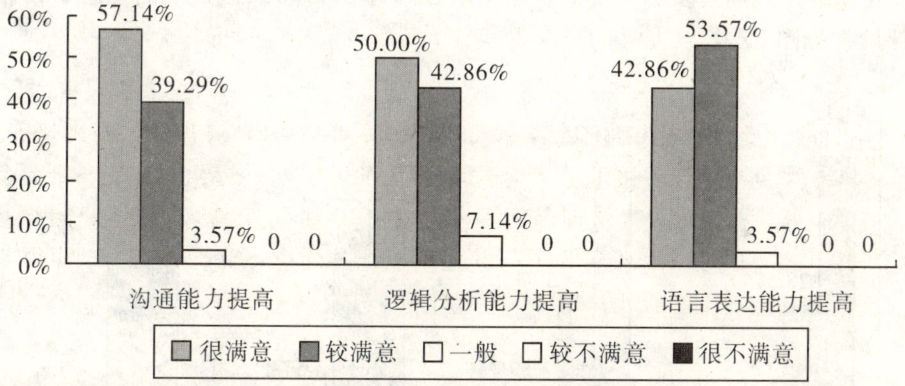

图4 群互式研讨的学员能力增强满意水平评价

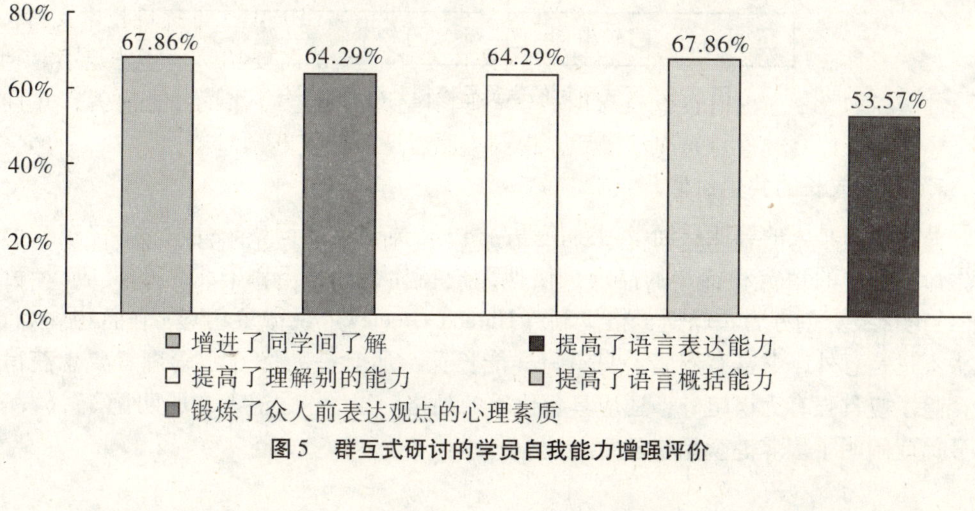

图5 群互式研讨的学员自我能力增强评价

3. 思维提升的共生价值

思维学习是人的第三层面学习，学而不悟则废学，其提升只有通过学习中的感悟来实现。管理学习，此悟乃管理道之悟、管理策之悟、管理术之悟。学习本应是学与思的互译过程，学中有问，学中有思，思中有悟，但真正能够让学者学而有思悟却并非易事，起码要具备三个条件：一是活跃的气氛，二是差异的观点，三是有趣的主题。

思维能力是致远的秘密武器，MBA 教育之道的本意也正是要学而悟道，以致长久！基于世界咖啡屋研讨中的人声鼎沸、气氛活跃，显示着课堂上大家都活着——积极思维之活，显示着兴奋——观点撞击之兴奋，而兴奋正是思维的最佳状态，人在兴奋中从不言累；其次是组织的通“经”活“络”——通信息之经，活思维之络，通则活，不通则痛，来自不同企业不同职业经历、不同成长路径的 MBA 学员多人交融、多向追踪、流转研讨，差异观点自然而成；同时并没有丧失思维的宽度，加之老师有趣主题的设计。三件齐备，还有不思之理？

笔者每次都感叹研讨中学员们大呼“过瘾”要“延长时间”的强烈要求，但每次都只能在等待下次再来的期盼中收场。问卷调查结论也的确显示了基于世界咖啡屋研讨中思维提升的共生价值。如认为对自己有拓展思维与清晰思维和有知识经验思维共享的感悟的作用，而更多的学员对基于世界咖啡屋研讨思维提升的满意水平给出了较高的评价（见图6）。

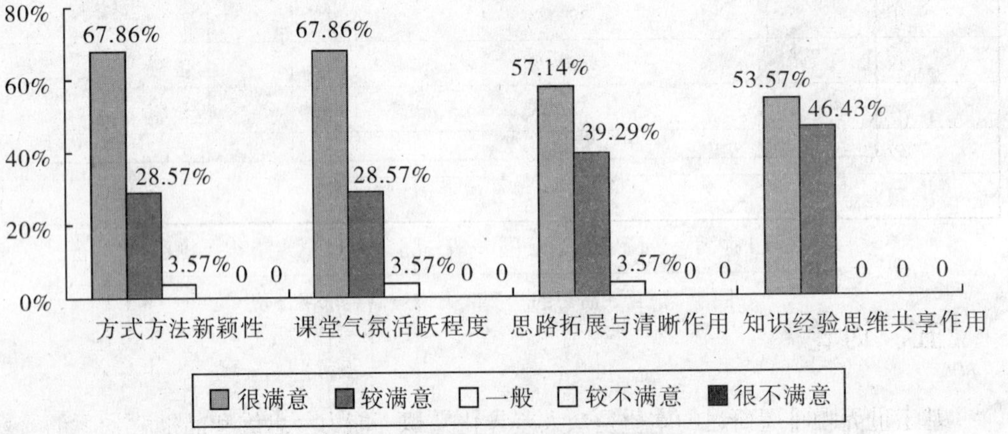

图6 群互式研讨的学员思维提升满意水平评价

4. 品格成长的共生价值

品格学习是人的第四层面学习。何谓品格?《美国英文词典》定义为：“在一个人的生命中建立的稳定和特殊的品质，使他无论在什么环境下都有同样的反应。”美国《纽约论坛报》创办者霍勒斯·格里利（Horace Greeley）说得更精彩：“名望如烟雾，风头不过是意外，财富有翅膀，只有一样能长存，那就是品格。”[8] 管理者要想获得成功，除了应具强有力谋略外，还应具备优秀的品格。“大学之道，在明明德”!《大学》一开篇就阐明了培养健全品格的重要性。[9]

实践也证明，一名管理者若拥有核心品格的80%，就会大获成功。如在日常管理上的有序、尽职、明辨、敏锐、主动和热诚品格；在战略管理上的明智、谨慎、专注、果断、创新和坚韧品格；在组织管理上的公正、亲切、信心、忠诚、谦逊和尊重品格。[10]

人的一生都在塑造自己的品格，至MBA学习年龄，品格固然业已形成，但绝未固化，还具可塑性、可成长性。通过基于世界咖啡屋研讨的实践，笔者猛然得悟，其运作竟然对MBA学员还有品格成长的共生价值。

如在研讨中，因为要说得与别人观点不同，就必须主动、热诚、专注、尽心地听取别人的表述，以使思维撞击成为可能，因此学会了容忍不同的思维；因为要说得让自己明白，也让别人明白，就必须将自己的、别人的想法归纳梳理成有序的思维线路；因为要说得让自己感觉精彩、也让别人感觉精彩，就必须去寻找、明辨别人的精彩、学会敏锐地提建设性、创新性意见。于是，研讨久之，基于世界咖啡屋研讨就成了愉快的训练，成了学会谦逊和尊重倾听、学会公正理解、学会用心欣赏别人精彩的训练。而这三样，正是管理者成功必备的核心品格。此判断从问卷调查结果中学员第一次至最后一次世界咖啡屋研讨的发挥程度的大幅度进步也能窥见一斑（见下表）。

群互式研讨的发挥程度调查表

发挥程度	第一次世界咖啡屋研讨	最后一次世界咖啡屋研讨
很好	27.1%	7.1%
较好	39.3%	60.7%
一般	32.1%	28.6%
较差	21.4%	3.6%
很差	0	0

五、讨论

基于世界咖啡屋研讨的本质是众人差异化知识、能力、思维和品格背景下的流转、交融和撞击而“生新”的过程，因此能够成为MBA这种管理职业发展导向下团队学习有效教学模式。但笔者的实践表明，在运作中也有三点非常值得注意。

首先是主题边界问题。可在两个方向取舍主题：一是未知问题研讨取向。为了提供更多可能想法，不以观点的水平高低、正确与否作判断，主题较佳的选择是尽量具有模糊性。此主题特征是给足发散思维的创新空间。同时最后可能的答案应具有足够的不确定性、动态性和开放性。二是非共知问题研讨取向。也能够为寻找更多答案，寻找更好答案提供研讨空间。

其次是使用延伸问题。使用范围是否可以从MBA学员研讨学习问题向企业内部管理问题解决路径、方法的研讨延伸？从MBA学员回答问卷“如果今后有可能，您在单位有问题需研讨，您会选择基于世界咖啡屋研讨模式吗”来看，32.1%回答肯定会，53.6%回答可能会。已较好地说明向企业内部延伸是可能的；而向在校的本科大学生课堂的学习问题研讨延伸，笔者曾尝试了若干次，效果虽不比MBA，但绝对比一般研讨强。

再次是基于世界咖啡屋研讨中教师的角色与功能定位问题。不管是未知问题研讨，还是非共知问题研讨，面对具有弹性的问题，教师也仅是“闻道在先”，此时教师自定位为“道在上”的教练，自定位为研讨中引导、客串的主持人，自定位为思维之戏的设计师、现场指挥与导演较合适。当然最后的点评就看教师在指向、点拨和激励三方面的功夫了。

参考文献

[1] 孙清华．巴黎与塞纳河．城市，2001（3）：52~53.

[2] 言实．艺术之都——巴黎．当代世界，2003（9）36~38.

[3] 窦然．香港“自由行”魄力何在．沪港经济，2004（7）：57~58.

[4] Brow, J., Isaac, D. *The World Cafe: Shaping Our Futures Through Conversations That Matter*. San Francisco: Berrett - Koehler Publishers, Inc., 2005.

[5] Brown, J. The World Cafe: *Catalyzing Collaborative Learning and Creative Futures*. Unpublished Doctoral Dissertation. California, The Fielding Institute, 2001.

[6] Brown, J., Margulies, N. *The World Cafe: A Resource Guide for Hosting Conversations That Matter*. Whole Systems Associates, 2002.

[7] Vogt, E., Brown, J., Isaacs, D. *The Art of Powerful Questions: Catalyzing Insight, Innovation, and Action*. Whole Systems Associates, 2003.

[8] 李良达．如何培养子女的品格．中华网鱼福音传播协会，2002.

[9] 礼记·大学．十三经注疏．北京：中华书局，1982.

[10] Brow, J., Isaac, D. The World Cafe: Living Knowledge Through Conversations That Matter. *Systers Thinker*, 2001 (12): 1-5.

基于强化“3A”定位的MPA教育理念探讨
——深圳大学MPA教育的理念与实践*

吴海燕[1] 孙良柱[2]
(1. 管理学院公共管理系；2. MPA教育中心)

【摘　要】深圳大学MPA项目根据深圳公共管理的实际需求，以“3A”为核心确立教育理念定位。“3A”即强调能力（Ability）培养、态度（Attitude）熏陶、成就（Achievement）激励。围绕这一教育理念，深圳大学MPA项目致力于形成强化能力培养的课程体系，塑造强化态度熏陶的校园生活，开拓强化成就激励的培养过程；并以此为基础，制定未来的发展战略。

【关键词】MPA教育　教育理念　项目定位

MPA（Master of Public Administration）是国际上通行的专业硕士学位，也是目前最为重要的管理类硕士学位之一，其培养目标是政府部门及非政府公共机构的高层次、应用型专业管理人才。2010年，经国务院学位委员会批准，深圳大学获准为全国第五批公共管理硕士（MPA）专业学位研究生培养单位，成为深圳市首家本土院校MPA学位授权点。承担MPA教学工作的深圳大学管理学院是一所学科发展颇具特色的学院，设有3个一级学科：工商管理、公共管理和管理科学与工程。目前有工商管理、人力资源管理、市场营销、管理科学、公共管理共5个系；并设有一级学科工商管理、管理科学与工程、政治学及二级学科行政管理共4个学术型硕士学位点，工商管理硕士（MBA）、公共管理硕士（MPA）和项目管理硕士（MPM）3个专业型硕士学位点。

深圳大学MPA项目充分依托综合性大学的学科优势以及文理交融的学院资源，强调实用性、实践性与开放性，确立了以“3A”为核心的教育理念定位。

一、围绕“3A”定位形成办学特色

深圳作为中国改革开放的前沿城市，随着经济、社会不断发展，其城市建设正在转型升级，改革举措密集推出，如大部制改革、行政审批制度改革、社区治理改革、公务员制度改革等。这一背景环境要求深圳大学MPA的培养应当聚焦城市治理视野，提升学生的公共管理能力。

（一）确立以“3A”为核心的项目定位

深圳大学MPA项目根据深圳公共管理的实际需求，以“3A”为核心确立了教育理念定位。“3A”即能力（Ability）培养、态度（Attitude）熏陶、成就（Achievement）

* 感谢蒋建武副教授对本文“3A”理念提出的启发性意见。

激励（如下图所示）。

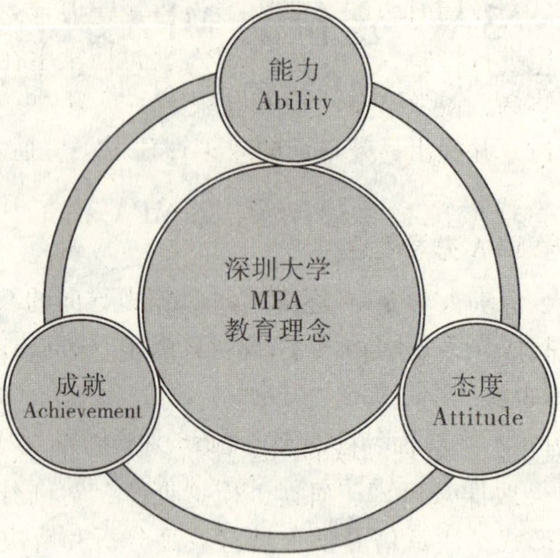

深圳大学 MPA 教育理念

1．强调能力（Ability）培养

这意味着深圳大学 MPA 教育强调公共管理所需能力的培养。作为一种专业型研究生培养模式，MPA 教育主要目的在于为本科毕业后踏入公共管理领域一段时间的人员，进一步补充和完善解决公共管理实践问题的知识体系，并最终提高公共管理所需的能力。因而，在深圳大学的 MPA 培养中，主要依据特定的能力框架来设置课程体系，采用以提高能力为主的多种教学形式，紧密结合改进和提高学生相关能力来进行论文写作。在这种培养模式中，能力取向是主导的、直接的。

2．强调态度（Attitude）熏陶

由于深圳大学 MPA 的教学研究活动在校园内开展，深大校园的人文和教学资源，朝气蓬勃的校园文化，是已本科毕业离开校园工作了一段时间的 MPA 学生需要的心灵滋养和操行陶冶的必备氛围。在依山起伏、荔枝成林、花木繁盛、环境优美的深大校园中，在一所有着学者化的教师队伍、专业化的技术人员队伍、职业化的管理人员队伍的校园中，MPA 学生上课时受到严格规范课堂管理的约束，学会将规章制度提升为自由意志；通过师生间讨论辩论汲取学识，直面批评，不吝赞美；通过各种体育锻炼和休闲娱乐活动，调整状态，享受生活；通过积极参加集体活动，增进了解，相互提升。这使 MPA 学生在校园的学习氛围中熏陶出勇于负责、顾全大局的态度，并以此融合成为深圳大学的一分子。

3．强调成就（Achievement）激励

深圳大学 MPA 教育强调成就激励，认为检验 MPA 教育是否合格的其中一个指标就是成就。我们认为，对 MPA 学生的考核和评价不能仅局限于授课教师的课堂考试成绩，更应强调其通过 MPA 教育提高综合能力，获得公共管理实践的专长，从而能够在

学习过程与工作实践中获得成就感。在课程学习中，MPA授课教师要创造一个有利于激发学生学习热情和自我发挥的环境，使学生在各种形式的教学中有所收益、有所感悟，体验到成就的满足。与此同时，MPA学生多为公共管理者，他们往往会通过具体工作对所学知识是否有用进行检验。学校通过MPA教育使学生在工作中能够更好地进行组织、指挥、沟通与协调，使学生在从事专题报告、政策研究中能够针对政府工作实际更深入地分析、研讨，并提出易被采纳的政策性建议。应通过MPA教育，使学生具有更好的职业成长性。

（二）形成深圳大学MPA办学特色

围绕上述教育理念，深圳大学MPA逐渐趋向"能力导向的教学内容、直接利用的校园资源、开放深厚的特区平台、国际视野的体验行动"四位一体的办学特色。

1. 能力导向的教学内容

深圳大学MPA把强化公共管理领域的问题判断、研究方法、分析工具以及经验借鉴的能力作为突破口，采取课堂讲授、研讨、模拟训练、案例分析、项目规划、社会调查、撰写报告等授课形式，注重培养学生具有较高分析和解决公共管理与公共政策问题的实际能力，并结合MPA学生职业生涯发展，为学生提供增强职业竞争力与优胜力的技能训练。

2. 直接利用的校园资源

深圳大学MPA的教学研究活动在深大校园内开展，学校配备有专用教室、案例研讨室、实验室、图书资料及数据库资料等一流的教学条件。深大校园的人文和教学资源、朝气蓬勃的校园文化，也是一届又一届学子们创新涌续的不竭动力。

3. 开放深厚的特区平台

承担MPA教学工作的管理学院拥有一支力量雄厚的师资队伍，横跨管理门类的公共管理、管理科学与工程、工商管理3个一级学科，具有很好的互补性；同时，MPA导师组由专职教师与来自深圳市政府部门的资深公共管理者共同组成，这些资深公共管理者也作为兼职教师参与教学过程，为学生们提供人际互动与经验互动的良好机会。

4. 国际视野的体验行动

深圳大学MPA充分利用深圳大学与港澳台及国外高校的地缘优势，在学习期间安排"海外知行"活动，形成外向型的体验学习行动体系，注重提升MPA学生的国际交往能力与综合素质。

二、强化"3A"教育理念的具体实践

在办学的具体实践中，深圳大学MPA项目践行"3A"理念，致力于形成强化能力培养的课程体系，塑造强化态度熏陶的校园生活，开拓强化成就激励的培养过程。

（一）强化能力培养的课程体系

1. 常规课程体系

深圳大学MPA依据特定的能力框架以及教育指导委员会的要求设置课程，MPA研

究生需修满40学分，其中核心课程须修满18学分，专业方向必修课程须修满8学分，选修课程须修满10学分，必修环节（含社会实践与专题讲座）须修满4学分。常规教学体系主要有“公共管理”“公共政策分析”“公共经济学”“政治学”等8门核心课程；由于深圳大学MPA研究生的专业方向为行政理论与行政改革，为此开设了体现深圳公共管理实践特色的“公众参与理论与模式”“城市基层治理”“行政改革研究”“香港与新加坡公共管理”4门专业方向必修课；在此基础上，深圳大学MPA中心鼓励教师开设选修课，为学生提供多视野知识，目前共开设“领导力与领导方法”“NGO与社会管理创新”“博弈论在公共政策中的应用”“公共危机管理方法与技巧”“竞争上岗与公开选拔技能训练”等12门选修课供学生选择。

2. 高校—政府“双教授”课程

为凸显MPA公共管理的能力导向，深圳大学MPA中心还邀请政府中的资深公共管理者作为特约教授走进课堂，打造高校—政府“双教授”课程。

高校—政府“双教授”课程自开课以来，相继邀请了深圳市委组织部副部长王卫参与“公共部门人力资源开发与测评”课程，深圳市应急管理办公室副主任杨锋参与“公共危机管理方法与技巧”课程，深圳市民间组织管理局局长马宏、深圳市民政局副局长杨春生参与“公众参与理论与实践”课程，受到了MPA学生的欢迎。学生们普遍认为，“双教授”课程在专业理论讲授的基础上，又结合实际开展一些情景化的桌面演练和案例分析，更能够充实课堂内容、开阔视野，从而也更能够提升应对公共管理实践问题的能力和水平。

3. “海外视界”课程

深圳大学利用地缘优势以及与新加坡、美国、我国港澳台等国家和地区之间的学术联系，打造了公共管理“海外视界”课程。

在第一期MPA公共管理“海外视界”课程中，深圳大学邀请了美国加州州立大学富乐顿分校公共行政研究所丁元教授开设“美国公共行政与政府改革”课程，与学生们一起探讨美国公共行政及政府改革的相关情况，对学生的启发很大，取得了良好的教学反响。

4. MPA风云论坛

为了开拓MPA学生视野，活跃学生思维，帮助学生了解本专业前沿动态，深圳大学不断邀请学术界精英、资深公共管理实践者走进MPA风云论坛进行演讲，如复旦大学副校长林尚立教授的“创造自给自足：政府的使命及其对中国的意义”、中国行政管理学会副秘书长沈荣华研究员的“大部制改革前沿”、中山大学政治与公共事务管理学院副院长倪星教授的“公共部门绩效管理：理论与实务”、深圳市人力资源和社会保障局局长王敏的“深圳公务员制度的改革与发展”等，为深圳大学MPA学生开坛布道、答疑解惑。到2013年7月初，深圳大学共举办了13期MPA风云论坛。

（二）强化态度熏陶的校园生活

1. 拓展视野的“海外知行”活动

为实地了解其他国家和地区的公共管理现状，学习先进公共管理经验，深圳大学

MPA 教育中心组织学生开展了“海外知行”活动。2012 年 12 月，首次“海外知行”活动的目的地是我国台湾，MPA 学生参观了台湾桃园县中坜市公所、台湾中央大学、台湾全球华人竞争力研究中心等公共管理机构和民间组织，通过中坜市长、石滋宜等专家、学者的现场讲授及学生们的实地参观，使大家了解了台湾行政机关日常运作及公众服务内容，对台湾地方行政工作理念有更清晰的认知。

2. “固定 + 自选”模式的学生活动

深圳大学 MPA 教育中心十分关注学生的身心健康和心态调试，积极举办各种体育锻炼和休闲娱乐活动，帮助学生调整状态，享受生活，增进了解，共同提升，让 MPA 学生在校园的学习氛围中能够熏陶出良好的工作、生活态度。

深圳大学 MPA 中心通过“固定 + 自选”的模式开展学生活动。“固定”活动是由中心组织、学生必须参加的学生活动，学生每学期的课程表中至少有两天（次）的课程是“学生活动”，旨在保障学生有足够的机会参加活动。这些“固定”活动包括开学典礼、学前教育、拓展训练、新年晚会、学生班级活动。“自选”活动是学生自行组织的，学生可以根据自己的兴趣、爱好组织相关活动，MPA 中心提供相关经费支持。这类活动既为学生提供了更深度、更专业的交流，又起到了“非正式”组织的作用，是“固定”活动的重要补充，主要有体育比赛、演讲比赛、兴趣小组等形式。

3. 规范严格的教学管理

MPA 学生在校园中学习，必须遵守学校的各项规章制度，按时参加各项教学活动。深圳大学 MPA 中心规定，任何一门课程如请假超过三分之一学习时间，则必须重修该门课程，并采用指纹打卡制度进行考勤。学生最初颇有意见，但坚持执行制度后，学生们慢慢就习惯了这一方式，并理解学校的纪律要求。

同时，深圳大学 MPA 中心对授课教师进行质量管理来保证 MPA 课堂教学效果，坚持凡参与 MPA 课堂教学的任课教师，均须接受课堂教学测评。教学测评包括深圳大学 MPA 教学指导委员会专家随堂听课测评与学生听课测评，主要从教学态度、教学内容、教学方法和教学效果四个层面对课堂教学情况进行测评，由 MPA 中心负责统计并汇总测评结果，将测评结果和意见通过电子邮件方式反馈给每位任课教师。与此同时，任课教师的学生测评结果作为评选优秀教师、能否继续担任课程任课教师的主要依据。到 2013 年 7 月初，MPA 中心对已经开设的 28 门课程进行了学生测评，其中最高分 98.82、最低分 83.44、平均分 93.28，MPA 中心依据学生测评成绩对 11 名任课教师进行了表彰。在进行课程测评过程中，MPA 学生也感受到深圳大学认真办学、真诚服务的态度并增强了认同感。

（三）强化成就激励的培养过程

1. 鼓励学生参与学术交流与学术沙龙

2012 年 4 月 8 日，入学不到一年的 2011 级 MPA 研究生代表秦璐和蓝莹莹参加了中山大学 MPA 十周年庆典暨学术研讨大会，秦璐同学提交的论文《浅议新媒体环境下“网络政治参与”对建设“服务型政府”的启示》和蓝莹莹同学提交的论文《论深圳社会建设中特殊群体的服务与管理》被研讨会论文集收录，这激发了她们进一步认真学习的动力。

2012年9月8日，深圳大学围绕城管执法问题举办了MPA学术沙龙，学生在学术沙龙中积极提问，踊跃发言，表现出良好的公共管理理论素养，学生满足感较高。

2. 以保障学位论文质量来激发学生成就感

学位论文既是检验学生学术功底的重要砥砺，也是使学生在实际工作中能够针对政府工作实际进行分析、研讨，并提出易被采纳的政策性建议的重要磨炼。为此，深圳大学MPA中心高度重视学位论文写作这一重要环节，设专人、专岗负责学位论文的各项工作。此外，MPA中心设置了学位论文的多重质量监控机制，构建了论文导师师生互选制、开题报告集体审定制、学位论文中期检查制、学位论文盲审评阅制、学位论文预答辩制、校内外导师共同指导制等学位论文管理机制，以提高MPA学位论文写作质量来激发学生成就感。

2011级MPA学位论文开题报告会于2013年4月举行，其中应参加开题61人，实际开题58人，通过开题58人，推迟开题3人。深圳大学MPA中心鼓励MPA学生坚持问题导向，结合自己的工作实际进行论文选题。从本次开题情况来看，MPA学生的开题报告从选题、类型、难度、工作量等要素，都能较好地反映公共管理领域、工作实践领域的基本问题、难点热点问题，符合MPA专业特点及培养目标要求，同时锻炼了MPA学生撰写政策建议、调研报告的能力，有利于其获得更好的职业成长。

三、深圳大学MPA未来发展思考

（一）深圳大学MPA历年招生情况

MPA作为具有市场化特征运作的办学项目，院校间在招生、办学特色、人才培养等方面的竞争激烈。其中对深圳大学MPA教育构成直接竞争压力的学校有十多所，主要有两部分：一部分是面向深圳招生的大学研究生院；另一部分是地处广州招收MPA的院校。坐落在强手如林、高校云集的深圳，深圳大学MPA教育勇于面对强大的压力与外部挑战，立足于自身的本土化、差异化优势，理性定位，迈出了自己的步伐，在招生中取得了一定的成绩。

自2011年至2013年，深圳大学共招收3届MPA学生，在校学生数达到177人。自2011年深圳大学MPA开始招生以来，网报人数、现场确认人数、实际参加考试人数逐年增加，历年报考、录取情况如下表所示：

深圳大学MPA 2011—2013年招生情况总览

班级	复试时间	第一志愿现场确认人数	第一志愿实考人数	第一志愿上线人数	复试人数	录取人数	录取比例
2011级	2011年4月	112	72	32	64	64	1：1（100%）
2012级	2012年4月	230	118	33	51	51	1：1（100%）
2013级	2013年3月	285	168	61	80	65	1.23：1（81.25%）

（二）深圳大学 MPA 下一步发展战略

由于办学时间尚短，还有诸多不足，深圳大学 MPA 中心将在现有工作的基础上，继续强化“3A”教育理念定位，并在未来五年以“五化”发展为基本战略：

1. 教学质量优质化

教学质量优质化的举措主要包括四个方面：一是继续引进外部优质教学资源，充分发挥优秀教师的示范作用；二是继续坚持学生测评与随堂听课测评，并以此作为评优评先、教师选聘的重要依据；三是继续坚持特色课程建设，在目前高校—政府“双教授”课程、“海外视界”课程基础上，再创新 1～2 类特色课程，形成深圳大学 MPA 特色课程体系；四是以案例库建设推动以案例引导教学，以实践性强化能力导向。

2. 教学资源丰富化

教学资源丰富化主要包括三个方面：一是建设规划 MPA 教学案例库，通过立项资助鼓励教师根据教学需要开发、写作案例，逐年编制成册，并形成案例库电子平台；二是利用特约教授建设特色课程库，形成 3～5 门高校—政府“双教授”课程，打造 MPA 课程中高校与政府师资合作互动的培养模式，突出深圳大学 MPA 课程的实践性；三是形成 2～3 门海外教授学者担纲的公共管理“海外视界”课程，突出深圳大学 MPA 课程的全球视野和开放性。

3. 师资力量雄厚化

通过“走出去”与“引进来”结合的方式，结合每年 1～2 次的教学研讨会，不断增强深圳大学 MPA 的师资力量。“走出去”是指深圳大学 MPA 中心安排全职教师参加教育指导委员会、兄弟单位组织的专业培训、教学研讨会、教学观摩会等，打造一批专业知识过硬、授课风格多样的专业教师队伍；“引进来”是指通过引进资深公共管理实践者、海外学者等形式，组建一支有公共管理经验、有海外学术背景的兼职教师队伍。

4. 培养方向细分化

在初期集中力量办于“行政理论与行政改革”这一专业方向的基础上，积极尝试专业方向细分，结合深圳公共管理实践的实际需求，新增 2～3 个专业方向，满足不同层次、不同领域学生的需求。

5. 管理服务精致化

在严格管理的基础上为 MPA 教学与学生工作提供良好的服务，对办学初期制定的规章制度运行中反映出来的问题及时作出调整，并进一步完善教学、论文、学生等管理事务，回应教师与学生的合理需求，以细节见水平，通过管理与服务的精致化增强深圳大学 MPA 品牌的吸引力。

希望通过努力，能使深圳大学 MPA 教育办出特色，使之成为本地公共管理者更新知识和提升能力的有效途径，为深圳改革实践提供理论和人力资源的支持。

参考文献

[1] 全国公共管理专业学位研究生教育指导委员会. 中国 MPA 教育的总结与前瞻. 北京：中国人民大学出版社，2012.

[2] 谢廷良，孙多勇. MPA 教育特色凸显：公共性、应用性和跨学科性. 高等教育研究学报，2006（1）：85 ~ 87.

[3] 顾建光. 国外 MPA 发展与办学特点. 中国行政管理，2001（7）：17，18.

[4] 徐林. 基于公务员能力提升的我国 MPA 教育路径选择. 中国行政管理，2009（12）：90 ~ 92.

[5] 刘旭涛，雷强. 论能力导向型 MPA 培养模式. 中国行政管理，2005（10）：38 ~ 42.

[6] 徐林. 以能力提升为导向的 MPA 培养模式研究. 学位与研究生教育，2009（1）：21 ~ 24.

[7] 张再生，张廷君. 中国 MPA 教育与公务员职业嵌入机制研究. 学位与研究生教育，2009（9）：26 ~ 30.

[8] 冯锋，梁樑，陈晓剑. "4C" 教育创新体系——中国科学技术大学 MPA 教育的理念与实践. 学位与研究生教育，2009（1）：25 ~ 28.

第三编

学生园地

浅谈 ERP 沙盘在高校中的普及推广

吴家琪[1] 谭丽莹[2] 简月洁[3] 魏翠平[4] 姜博文[5]
（1. 2. 4. 管理学院人力资源管理系；3. 管理学院电子商务系；
5. 管理学院工商管理系）
指导老师 黄凯珊

【摘　要】随着21世纪信息时代的到来，无论是在中国还是在全世界，都掀起了一场关于管理思想和管理技术的革命。本文从高校入手，论述了ERP沙盘的基本情况以及在高校间推广ERP沙盘的必要性和制约因素，并立足于现实，从深圳大学管理学院ERP俱乐部的视角，提出了相应的推广方式。

【关键词】企业资源规划　高校ERP沙盘推广　管理技术与思想

一、ERP 沙盘的概念

ERP是企业资源计划（Enterprise Resources Planning）的简称。而ERP沙盘就是一种实现模拟企业经营的系统，通过将经营背景设定为一家已经经营若干年的生产型制造企业，并将企业的现金流量、产品库存、生产设备、银行借贷等指标用各色币种在沙盘盘面上清晰地展现出来，实现了企业从生产到销售一整套流程运作。

二、ERP 沙盘在高校普及推广的意义

（一）培养了学生的企业管理能力和自主学习能力

ERP沙盘系统的模型设计是以企业的基本管理模块为基础，将企业的流程运作制作成类似的实物模型，通过模拟公司的运作，让学生理解和领悟企业经营管理过程。同时，ERP沙盘通过体验式的教学，让学生能够在参与学习的过程中提高自主学习能力。

（二）为学生创业提供了一个有效的平台

学生能通过一个接近实战的演练，从感官上、理性上充分再认识自己的想法，并通过实践完成对自己想法的验证。“工欲善其事，必先利其器”，只有熟悉了企业内部的操作规程，包括财务、生产、采购、销售等，才会对企业成功运作有一个总体的筹划。而ERP沙盘给了学生一个实践的机会，学生通过对这个机会的把握，完成自己在创业过程中对整体思路的构想。

（三）培养了学生的团队协作能力

ERP沙盘系统本身的设计就是各个模块的相互连接，这就要求学生在模拟过程中

各司其职，然后以商讨以及协作的形式制定出适宜的企业发展策略，从而能够很好地培养学生在团队合作中的领导能力、沟通能力以及团队协作能力。

综上所述，推广 ERP 实训在大学生创业中的意义是显而易见的。我们要多多鼓励学生去更深入地了解、学习、掌握 ERP 沙盘实训的内容，在实训中运用创造性思维，为自己创造出美好的明天。

三、ERP 沙盘在高校普及推广中的制约因素

（一）学生受传统的教学观念影响难以对 ERP 沙盘很好适应

ERP 的生命力在于其自主性、灵活性、探究性、体验性、协作性，但是在传统的教学观念与固化的教学模式下，学生很少有这种自觉学习的观念。面对 ERP 沙盘这种要求生动、活泼、互动式的教学活动，学生感到不适应、不习惯，也缺乏深入研究、探索和投入的信心与勇气，导致他们运用知识不灵活。

（二）过分注重形式，忽视了与实际的联系

现有的 ERP 沙盘形式往往过分注重过程的控制和规则的强调，给人最深的印象是一张张表单的正确填制，最终使人沉溺于各类表单填制方法的熟练掌握上。而现实中，进入企业面临的最大挑战并不是如何使用 ERP 沙盘系统，而是面对真实的市场环境时如何参与设计实施和改造管理方案。过于重视形式，将导致学生没有办法把理论和实践很好地联系在一起。

四、ERP 沙盘在高校普及推广的方式

以下从深圳大学管理学院 ERP 俱乐部的角度，提出了相应的推广方式。

（一）校内

1. ERP 俱乐部的人事

在招新活动中，加大面向全校推广的力度。ERP 俱乐部的招新不应该仅限于在管理学院本身的招新活动中进行，而且更要争取在校级的社团招新活动中得到招新摊位，让更多人了解 ERP 沙盘。

（1）会员晋升制的含义。

将俱乐部人员分为会员、干事，于是就有了晋升的条件。会员晋升制，即对一些活跃于 ERP 社团活动的会员进行优选并晋升为干事，从而使更多人得到学习 ERP 沙盘的机会。

（2）会员晋升制的意义。

根据调查，在 ERP 俱乐部会员招新中，所招的会员人数是不少的，但每次参加培训的会员远远不能达到当时所招收会员的数量。从某种程度上说，一个部门的晋升机制影响了员工的去留。因此，探讨建立良好的会员晋升机制以降低会员流失率具有重要的现实意义。当一个 ERP 团队增添了充满活力、勇于挑战自我的会员，并使其成为

ERP工作团队的一分子时，更加有利于ERP在不同学院的宣传工作，有利于ERP的推广。若他们通过会员晋升制晋升为干事则效果更佳。

（3）考核标准。

①考核会员的积极性：在考核周期内，将会有专门的监察人员对会员参与俱乐部会员活动的情况进行记录，记录其到位情况以及活动表现，并进行考核。

②考核会员的工作能力：在考核周期内，会专门给会员布置任务，考核其工作能力以及与其他人相处的能力。

2. 课程安排

（1）改名。

可对有关ERP沙盘的课程进行名称的修改，在原先的标题中加入“ERP沙盘”一词，使得ERP沙盘更为深入人心。

（2）课程安排。

在全校范围内开展更多有关ERP实训的课程，让学生了解更多有关ERP沙盘系统的知识，使其进一步了解ERP沙盘背后的深意。

在经济学院和管理学院内，培养的人才倾向于商业人才，而商业人才又与ERP联系密切，所以在课程开设时，ERP沙盘基础必修课程和ERP沙盘选修课程可以相互结合，从而为培养更多更加专业的商业人才打下基础。

3. 比赛

深圳大学ERP俱乐部作为一个学术型部门，主要以ERP沙盘为核心来培养人才。为了使深圳大学的更多学生接触、了解ERP沙盘，可定期举行相关比赛、交流会，深圳大学的所有学生均可参赛。同时，对于校外对ERP沙盘有兴趣的学生，也欢迎他们参加，可相互交流，吸取经验。为了与其他学校能共同进步，增强实力，也可与其他兄弟学校进行友谊对抗赛或相互切磋，提高水平。

4. 社团间的合作

在暂无扩招计划的前提下，可考虑与其他社团合作。

（1）在2012—2013年上学期经济学院实践部举办的手工沙盘比赛中，ERP俱乐部与经济学院团委实践部合作，由经济学院提供人员支持，ERP俱乐部提供技术支持。

（2）在全国大学生ERP沙盘大赛校内选拔赛中，鉴于需要招募大量志愿者，ERP俱乐部与深圳大学义工协会以及深圳大学管理学院义工协会合作招募志愿者，并且承诺志愿者可在比赛中进行志愿活动后，得到志愿者证以及实践学时。

5. 系列讲座

现在管理学院ERP俱乐部有“企及巅峰”系列讲座和会员日的“商业能力拓展培训”，其中“企及巅峰”主要是针对用友公司的沙盘校内赛而设定的。在此，我们可以把讲座多元化，丰富系列讲座、讲坛的内容和形式，不仅可以请毕业的师兄师姐回校分享有关ERP的经验、经历，还可以邀请曾在相关比赛中取得优异成绩的参赛队伍分享比赛心得及感受，亦可邀请各大公司的高级培训师为深圳大学的学子进行专门的ERP讲座，传播ERP思想。

6. **设置校内体验点**

可向学校申请一个空置的场地，将其改为 ERP 沙盘的校内体验点。深圳大学校内学生凭学生卡登记即可进入。如有校外人员到访交流，亦可对其开放。在体验点内，有对 ERP 沙盘的介绍，深圳大学 ERP 俱乐部的发展历史以及各种赛事的成绩、合影、奖状、奖杯展示等。体验点开放时间为周一至周五（8：00—20：00），看守人员可向学校义工联合会申请，将看守时间列为义工时计算。

7. **ERP 沙盘文化节**

在每年年中固定的一个月里设置 ERP 沙盘文化节，该文化节以企业资源规划为核心，以摊位的形式进行游戏闯关活动，深圳大学的所有学生均可参加。通过宣传，不仅可以让更多的同学了解 ERP 沙盘，还能丰富同学们的大学生活。

（1）游戏方式：同学在第一个摊位得到工作人员的指示要求后，依次在后面的摊位中参与游戏，按照工作人员的要求依次完成指示后，即可通过。

（2）游戏内容：主要以企业资源为主，如完成某产品的采购，计算某产品需要的原料组成，模拟投放广告等。

8. **知识竞赛**

ERP 沙盘的核心为企业资源管理，可以有以下两种方式来进行比赛活动：

（1）聘请资深的人力资源管理师来向参赛者提问关于企业规划的知识。

（2）举行案例分析会，增强学生的企业规划思维。

（二）校外

1. **校企合作**

（1）企业参访。

参观用友、金蝶等公司，感受企业文化，了解企业的组织结构。对相关企业的 HR 做一个访谈，主要谈论公司的独特之处以及 ERP 沙盘实训对大学生就业的影响。聆听在职师兄师姐分享就业经历，与他们交流经验。

（2）兼职岗位。

可以通过与 ERP 相关企业合作，让企业提供适合（时间、地点合理）大学生的兼职岗位。同时，在得到校团委允许的情况下，有组织地张贴海报、悬挂横幅，或者通过高校通发到每位同学手上，让更多的同学参与进来，利于公司更好地选择人才。

2. **建立广东省高校 ERP 沙盘联盟**

（1）现状。

各高校在推广 ERP 沙盘过程中依然存在很大的问题，概括起来有以下四点：

①各高校日常活动都是自己组织的，活动内容同质化明显，造成资源浪费，不利于达到活动目标。

②在人才来源上，缺乏有效的甄别、选拔和确认程序。

③在活动项目设置上，存在忽视学生专业训练的倾向，不够全面化。

④在活动开展上，存在急功近利的倾向。

因此，急切需要整合各高校 ERP 社团资源，搭建交流互动平台，广东各高校也一直在召开论坛讨论相关问题。我们发起建立广东省高校 ERP 沙盘联盟的目的，就在于让各高校能够及时交流经验，解决问题。

（2）目标。

①建立广东省第一个高校 ERP 沙盘联盟，统一各高校 ERP 社团组织，方便管理。

②分析各高校 ERP 沙盘相关活动存在的问题，促进交流，共同进步。

③加强广东省高校各大 ERP 社团组织间的联系和交流，促进各大高校更好地推广 ERP 沙盘。

（3）任务。

①传递信息，分享经验。通过网络平台便于共享各高校 ERP 沙盘相关活动信息，交流活动经验，分析活动存在的问题，共同探讨解决问题。

②协调活动，提高效率。各高校活动难免会存在一些重复，无形地降低了目前各大高校开展活动的效率。联盟成立后，将对彼此进行协调、沟通，让整个广东省高校间的 ERP 沙盘相关活动更加有条不紊地进行。

③积极创新，打造精品。在联盟的组织沟通下，各大高校开展的 ERP 沙盘活动将呈现一个学校主办、多个学校参与的局面，让各高校学生更积极、更直接地参与其中，最后创办出多个优秀服务项目，并组织一些具有代表性的精品活动。

（4）组织结构。

本组织的最高权力机构是联盟会员代表大会。会员代表大会由各个成员组织所推选的代表组成。理事会由会议推选 11 名成员组成，其中含 1 名理事长、2 名副理事长、8 名理事。理事会设理事会秘书处，秘书处常驻联盟最初发起单位深圳大学。秘书处设秘书长 1 名、副秘书长 5 名，理事会秘书长由理事长提名并经理事会表决任命。

五、总结

在 ERP 沙盘旋风式席卷全国各大高校的背景下，如何让 ERP 沙盘在高校中更好地普及推广，是每一个 ERP 沙盘热爱者的责任。随着 ERP 沙盘在高校的不断普及推广、深入发展，将会有更多的学生接触、理解 ERP 沙盘，从而有利于培养学生的现代化企业经营管理理念，提高学生理性的管理素质和决策能力，提高动手能力、思考能力和团队协作能力，为社会培养更多商业人才。

参考文献

［1］黄凯珊．企业模拟实训教学模式的探讨与评价．高教论述，2010（5）：34～36.

［2］张庆丰．对高职财经类专业 ERP 教学中若干问题的探讨．教育与职业，2008（12）：87，88.

［3］孙布克．高职院校 ERP 课程教学探讨．边疆经济与文化，2009（9）：146，147.

［4］李明，陈朝晖．完善 ERP 课程体系　提升主动实践创新能力．高教论坛，2008（6）：34～36.

从价格战看现今B2C电子商务服务平台发展
——以8·15京东、苏宁价格战为例

蔡晓锋 陈泳茵 方佩君 吴嘉玲 徐家恺
(管理学院管理科学系)
指导老师 张灵莹

【摘 要】随着国内电子商务发展迅速，传统企业也进入网上销售，电子商务呈现多元化发展，也带动着B2C电子商务服务平台的发展。价格战作为一种成本领先战略，以低价策略渗透市场，赢得更高市场份额，成为了B2C电子商务服务平台的工具。本文以京东、苏宁价格战为例，首先分析价格战开展的原因、结果及其影响，探讨价格战对电子商务平台企业的影响，并从中得到启示，提出建议。本文的研究是为了找寻在价格战背后的深刻意义，希望能够探究出未来B2C电子商务平台的发展趋势。

【关键词】价格战 B2C电子商务平台 影响 启示及建议

一、前言

随着科技信息技术的日益进步以及互联网的深入发展，目前国内电子商务发展如火如荼，越来越多企业把电子商务作为主要的贸易手段，电子商务已经成为企业之间、企业对个人、个人之间重要的交易方式。

中国互联网络信息中心（CNNIC）于2012年7月19日发布的报告显示，截至6月底，我国网民数量达到5.38亿，是15年前的867倍。未来消费的主流人群都将选择网络这种方式来购物。[1]艾瑞发布的网络经济数据显示，2011年中国网络购物市场规模达7 735.6亿元，其中B2C市场交易规模达到1 791.1亿元，占比超过20%。数据还显示，2011年第四季度网络购物交易规模达到2 369.8亿元，同比增长47.1%，网络购物呈现高速增长态势。

随着网络购物的高速增长、网民群体的不断壮大，新的需求应运而生。为了满足各个年龄阶层的需要，各式各样的电子商务平台应运而生，淘宝、当当、亚马逊、京东商城等成为颇受欢迎的网站，近10年来网站点击率居高不下。

淘宝天猫、当当、亚马逊、京东商城这些电子商务被称为B2C电子商务。B2C（Business to Customer）电子商务是我国最早产生的电子商务模式，是企业针对个人开展的电子商务活动的总称。分析B2C电商平台的发展后，我们决定从8·15京东、苏宁价格战为落脚点，结合现实与理论综合分析B2C电商平台的现状与发展趋势。

京东商城由刘强东先生于2004年初创办，是中国B2C市场最大的3C网购专业平台，以及中国电子商务领域最受消费者欢迎和最具影响力的电子商务网站之一，也是

纯电子商务模式运营的网上商城，有自己的物流配送网络。

与之相比，苏宁易购的不同之处在于它是由实体经营的上市企业所拓宽发展出来的网购平台，即“实体＋网销”双线模式。苏宁电器自1990年创立于江苏南京，截至2011年，苏宁电器连锁网络覆盖中国内地300多个城市，拥有近1 700家连锁店，员工17万人，2011年销售规模达1 800亿元。2005年苏宁网上商城一期面世，销售区域仅限南京。2010年1月25日，苏宁电器在南京总部宣布，公司的B2C网购平台“苏宁易购”于2月1日正式上线。

价格战的起源是刘强东意图通过只占自己业务份额20%的大家电降价去打击苏宁，要知道，苏宁的大家电业务占总份额超过60%。苏宁如果要想安然度过这场没有硝烟的战争，就必须加大资本投入，但这会扰乱苏宁原本的资金链。

价格战前的京东、苏宁是平静的，它们销售产品的价格是相对稳定的，部分产品的价格都低于竞争者。随后，京东发起电商价格战，希望改变现状，令其大部分乃至全部产品价格都低于苏宁、国美等竞争者。价格战闹得沸沸扬扬，然而根据报道，京东、苏宁都有哄抬价格后降价的行为，这等于间接欺骗消费者，因此又引来了一番骂战。

电商平台经过这场没有硝烟的战争后，各个品牌得到了新的发展路线，以这次价格战为契机，各品牌得到了一次重新洗牌的机会。其实价格战打响的原因很简单：每个品牌都希望能够占据更大的市场，获得更好的盈利。

二、价格战与B2C电子商务服务平台

首先，我们必须先明确价格战和B2C电子商务服务平台这两个核心概念的定义。

1. 价格战

著名经济学家曼昆在《经济学原理》一书中从经济学的角度科学地证明了价格战是消费者选择的必然。[2]价格战本身是一种市场竞争手段，具有杀伤力强、短平快等优点，被广大厂商所看好和采用，尤其是在一些特定的行业更为普遍。目前的价格战实际上是指价格竞争，是企业应用价格战略的一个突出表现。价格竞争实际上是市场经济下最基本的竞争形式，也是最容易应用的竞争形式。

从管理学的角度来看，价格战是一种成本领先战略，以低价策略渗透市场，赢得更高市场份额，并对竞争对手构筑起成本性进入堡垒。

价格战产生的主要原因有以下四点：

（1）企业抢占市场。随着产品的丰富化、多样化，生产同一产品的企业日益增多，导致产品结构雷同，技术附加值低。许多企业的产品同质化严重，产品没有创新，技术更新缓慢，缺乏差异性，企业为占有更多的市场份额而进行策略性降价甚至是掀起价格战。

（2）成本优势带动。行业规模经济会导致行业成本降低。企业以拥有成本优势为基础进行价格战。有些企业通过规模经营、建立健康的成本结构和有效的管理措施，使自己在行业内部获得较大的成本优势，从而使自己持续地进行价格战，并可以在价格上给竞争对手形成长期的压力。

（3）市场供过于求。生产能力过剩，恶性竞争意识浓烈。企业的生产成本降低、技术进步导致企业的生产能力过剩，为减少库存收回成本，企业开始在价格上大做文章。市场需求疲软，消费者消费欲望不强，企业为刺激消费、拉动需求，实行降价。

（4）被动应战。更多的中小企业在市场实际运作中都是被动参与价格战的，由于自身企业实力、价格政策、市场规范程度等与大企业无法相比，结果往往是损失惨重，市场沦陷，企业利益受损。

2. B2C 电子商务服务平台

B2C 电子商务是企业针对个人开展的电子商务服务活动的总称，也是我国最早产生的电子商务模式。B2C 电子商务模式分为综合类 B2C、垂直类 B2C、传统企业转型电子直销模式 B2C、平台型 B2C 四类。[3]

B2C 电子商务企业的特点是要面对大数量的客户，如何从寻找客户开始，到完成客户洽谈、订货、配送、支付、开具发票等，进而将信息流、资金流和物流在电子商务应用中完整地实现，是电子商务企业要面对的事情。

当前国内 B2C 行业处于快速发展的上升期，但并不成熟，略显混乱，存在着大量的中小企业以及多个主宰市场的巨头。资金周转困难、定位不准、网上支付体系不健全、物流体系不成熟、信用机制和电子商务立法不健全等问题限制着国内 B2C 的发展。

对于 B2C 而言，价格的影响力可能远大于在传统线下营销中所占比重，像国内早期的 PPG 所缔造的神话就是“成也价格败也价格”，因此当价格战与 B2B 相碰撞，必然产生爆发性影响。

三、京东、苏宁价格战分析

随着线下 B2C 进入线上 B2C，电子商务服务平台竞争加剧，面临着抢占市场、加大规模优势的要求，市场也出现了供过于求的趋势。再加上细分市场的做法，使 B2C 电子商务服务平台开展了价格战的竞争。我们就以京东、苏宁价格战为例，对其进行分析。

1. 京东商城发起价格战的原因

经分析，我们认为主要原因有以下五点：

（1）为了维持线上 3C 产品销售量第一的宝座。苏宁易购在 2012 年 7 月宣布免年费、免平台使用费、免保证金“三免”后，紧接着在 1 个月时间内，再次宣布将供货商的 60～90 天结算周期缩短为 7 天，并实行线上线下同价策略。于是，京东决定及时出击，通过短期的优惠体验积累更多人气，为后期的竞争对决加够筹码，并证明自己在电器线上购买平台绝对老大的地位。

（2）通过与苏宁炒作达到互惠互利的效果。刘强东通过频繁更新价格战情况并且与苏宁高层和网友互动，令“互吵”呼声越来越高。然而，最后消费者看到的却是两家网上商城的点击量和销售量剧增，都赚得盆满钵满的喜庆场面。

（3）借机销售滞销货，加快资金回笼。2012 年中国电商企业上半年的销售任务大半未完成，下半年必须把差额补上，所以会全力整合资源，而且很快将进入黄金消费时段，对滞销商品进行较大幅度的价格优惠是一个很好的计策。商家不会真的做亏本生意，价格大降是噱头，清理库存、实现现金回笼、增加收益才是实质。

（4）投资者推波助澜，推动京东进一步获利。苏宁 80 亿公司债的发行将会在资本市场产生不小的地震。尤其对京东的大股东来说，对手募集资金，壮大实力，最后分红，间接地瓜分了自己的利益，所以必须提高警惕，提前扰乱竞争对手的资本募集。同时，对京东来说，如果趁这次机会展现自身和背后财团的强大实力，未尝不是一个吸引更多投资者下注的好机会。

（5）打击竞争对手，压缩苏宁线下利润。8 月临近国美、苏宁线下的销售旺季"金九银十"，这时候启动针对线下比价的价格战，可以最大程度地压缩对手线下利润，达到最好的制敌效果。

基于以上的原因，京东商城率先发动了对苏宁的价格战。

2. 苏宁响应价格战的原因

苏宁被点名挑战，加入价格战的原因如下：

（1）被动响应。2012 年 8 月 14 日，刘强东在新浪微博上公开向苏宁、国美宣战："京东大家电三年内零毛利，京东所有大家电保证比国美、苏宁连锁店便宜至少 10%。"苏宁立即作出反应："将掀起史上最强促销，不怕跟京东进行价格战。"

（2）与京东相互炒作，达到宣传目的。从 2012 年 8 月 15 日当天苏宁与京东大战的实况来看，真正的价格战戏份非常之少，背后隐藏的更多的是炒作的戏份。京东商城与苏宁易购的网上点击率和流量大幅增长，并得到了广大网民的关注，实现了一次大型的营销活动。苏宁易购的销售量大幅增加，知名度也随之增加。

（3）为维护线下企业形象和优良品牌。被京东商城点名挑战，苏宁如果退缩不应战，会影响其企业形象，给人一种懦弱怕事的感觉，为了维护企业形象，苏宁必须响应。

（4）提升企业交易规模，并借机庆祝成立三周年。苏宁电器网上商城于 2009 年 8 月 18 日全新升级，8 月是苏宁易购三周年店庆月，本来就有相应的促销让利计划。

3. 价格战事件回顾

从 2012 年 8 月 14 日京东商城董事长刘强东发布价格战挑战的微博开始，一直到 8 月 17 日苏宁电器从线上到线下的全面应战，价格战在短短几日内引起了众人注目。从下表可见，在不到一周的时间内，价格战全面爆发。

京东、苏宁价格战过程

时　间	事　件
8 月 14 日	京东商城董事长刘强东发布微博，向苏宁电器宣战：8 月 15 日 9 时起，京东商城所有大家电价格都比苏宁线上线下便宜。
	苏宁易购执行副总裁李斌回应：所有产品价格必然低于京东，并约战次日 9 时。
	京东欣然迎战：如果苏宁敢卖 1 元，京东就卖 0 元。
	或受该消息影响，苏宁电器股价当天一度大跌逾 8%，至收盘仍跌逾 7%。

（续上表）

时 间	事 件
8月15日	上午9时，价格战正式开打，苏宁电器股价继续下挫，早盘一度下挫近5%。
8月16日	刘强东表示：没耐心陪苏宁小幅降价，今日上午大幅降价。
	苏宁易购李斌在微博称：追加5亿资源投入到价格战中，惊喜还在后面。
8月17日	苏宁易购李斌表示：今起1 700家门店启动“全国惠战”。

4. **价格战及其影响分析**

本次价格战的结果有些出乎意料，并不像之前人们所认为的那样鹬蚌相争，消费者坐收渔利。首先，这次价格战带来了京东商城、苏宁易购交战双方访问量大幅增长：网易有道的数据显示，京东和苏宁易购的流量明显上涨。京东稳坐流量第1位，苏宁易购则在9点和13点都超越了淘宝天猫登上流量排名第2位。其中，苏宁易购的流量涨幅达惊人的706%；京东的涨幅虽然不如苏宁易购，但也有132%的高涨幅。其次，实体店未全部同步降价。线上产品价格的下跌让消费者兴奋，不过线下实体店价格却没有同步下调。我们通过走访苏宁电器实体店发现，仅有苏宁的3C产品做到了线上线下同价。

媒体也纷纷将矛头指向两家企业，称之为噱头价格战。电商价格战的各种噱头，包括直减、直降等已经让众多消费者神经麻木。电商的偷涨价、缺货等问题也让一些消费者怨声载道。2012年8月15日来自新浪微博微话题的调查显示，截至19时，27 148人认为“它们在联手炒作”，占比超过90%；只有2 831人认为“他们真要拼了”。

最后，国家发改委价格监督检查和反垄断局介入，对电商价格战展开调查。发改委针对“电商大战”展开的初步调查显示，8月电商价格大战过程中，存在涉嫌价格欺诈行为，有电商的促销宣传行为涉嫌虚构原价、欺诈消费者，并对京东、苏宁等进行处罚。对此，京东、苏宁已作出回应，京东还公开发表了致歉信。

四、价格战对电子商务服务平台企业影响作用分析

价格战由企业发起，但企业的行为不仅对企业本身有影响，还对消费者、市场产生影响。价格战出现的缺乏诚信、炒作至上等做法，给整个电子商务服务平台带来负面影响。良好的电子商务服务平台需要有公平公正的规则。

1. **对参与价格战企业的影响分析**

（1）价格战对京东商城的影响分析。为了维护京东市场份额，提升交易规模，京东不惜向苏宁、国美发起价格战来打击同行对手，短暂的价格战促进了京东销售额的提升，也确实帮助京东达到了造势与抢占市场的目的。2012年8月15日网易有道的数据显示，京东的流量明显上涨，稳坐流量第1位。但是，京东这列快速运转的列车，在此次价格战之中抨击对手，调侃同行，前后言行不一致，点燃全国媒体热情，最后却无法控制舆论导向。从中国民营企业发展史中可以看见，被媒体捧上天的企业，如

果仅仅依靠个人主义也很快被媒体摔到地上。因此，京东商城未来的状态会很极端，要么生得好，要么死得快，没有中间状态。

（2）价格战对苏宁的影响分析。电商行业原本的竞争就非常激烈，这次京东再次全面挑起价格战，对苏宁的负面影响非常大，公司受到来自销售和利润方面的压力很大。首先，受电商价格大战影响，A 股市场苏宁电器当日上午收跌 3.4%，众机构纷纷选择出逃；其次，根据苏宁电器 2012 年一季报显示，其净利润为 9.51 亿元，经营活动产生的现金流量净额却是 -7.39 亿元，为之带来了现金流的问题；再次，由于价格战愈演愈烈，严重损害到整个行业的盈利能力，下半年苏宁的利润会进一步下滑，因此苏宁评级也会被下调。[4]

2. 对电子商务市场的影响分析

（1）价格战阻碍产业链发展。价格战持续蔓延必将挤压经销商和上游厂家的利润空间，进而影响产业链的健康发展。某电商促销的一些家电产品的价格甚至已低于厂商向一级经销商出货的价格，这已引起各级市场经销商的强烈反弹，而厂商可能还是最后的买单者。

（2）恶性价格战将引发行业垄断，不利于市场繁荣。价格战将加快行业洗牌，抬高行业门槛，阻止后来者进入，最终形成少数寡头。垄断的结果是市场上少数几家公司说了算，消费者的利益难以保证。所以说天下没有免费的午餐，消费者现在享受了价格战带来的实惠，未来可能也要尝到垄断带来的苦果。我们并不否认价格战对于排名靠前的电商企业的现实意义，但是仍需提醒的是，价格战并不能留住客户，无法培养客户的忠诚度，反而会让客户变得更加浮躁和挑剔。而由于利润率不可能永远被摊薄，这决定了价格战只能是阶段性策略，不可能一直打下去，如何形成自身的差异化特色、如何加强用户体验、如何以服务和品牌留住客户，才是电商真正需要关心的问题所在。所以，中小型电商企业还需要在供应链和打造品牌方面多下功夫，才能在市场上获得更加长远的发展。

3. 对电子商务服务平台企业的影响分析

（1）价格战透支电商企业未来。某电商企业负责人接受媒体采访时表示，价格战一打，利润势必会被摊薄，如果不打连亏本的机会都没有。这代表了很多电商企业的心声。企业为保住市场份额而被动卷入价格战，利润持续被摊薄，势必会影响企业的健康运营，遏制企业在创新和管理方面的投入，导致企业在质量和服务上尽力压缩成本，客户体验下降，最终损害的还是企业的长远发展。根据媒体的报道，国内很多电商的毛利率不到 10%，而美国亚马逊公司的毛利率始终保持在 20% 以上。国内电商为了上市，片面追求销量和规模，忽视企业运营质量，价格战是最有效的手段，但这无异于饮鸩止渴。

（2）价格战对电商企业的口碑会带来负面影响。这从以下三方面可看出来：其一，电商领域存在的诚信问题一直为消费者深恶痛绝，不仅损害了电商形象，也影响着行业发展。可是在价格战的过程中，却催生出更多的乱象，使消费者对其印象更为不好。价格战中，电商企业为了达到“最低价”的宣传效果，往往无所不用其极，比如此次“三国杀”，京东商城在很多大家电商品上都标注“全民疯抢”等夸大宣传之词，而且很多网站明明标了低价，却发不了货，或干脆挂牌“缺货”……显然，价格战催生了电商行业更多乱象。可是，诚信是商家的生命，电商也不例外，如果给人造成不诚信的印象，要重获消费者的信任就难了。其二，京东如果通过“三国杀”战胜了苏宁、国美，做了家电行业龙头老大，由于企业盈利的本质，加上在前期的价格战中失去利益，涨价恐怕难免。这对消费者又将是另一个打击，消费者会感觉自己被欺骗了，从而对电商企业形成一个负面的印象。其三，电商企业若真出现如以上我们所说的战后抬价，这样一来，价格优势仍将失去，追求低价的消费者还将选择其他电商企业。而且从电商平台和实体店的性质来看，实体店如果淘汰了对手，新的竞争对手培育起来比较难，而电商平台不一样，网络打破了时空的界限，而且进入门槛也低，一个对手被打败，新的竞争对手很快就会出现。如此一来，价格战将不断发生，这样很容易让消费者感到厌烦，并对电商企业失去信心。

五、管理启示及建议

1. 管理启示

价格战使参战双方互惠互利，能够加快资金回笼，为自身企业宣传，树立企业形象。但是由于企业操纵价格战，控制产品价格，给消费者的感觉只是噱头，并不是让利于消费者，给消费者不诚信的观感。企业应该诚信经营，否则会影响企业声誉，令消费者失去信心。

价格战作为企业的经营手法之一，并不是不可取代的。企业应结合自身优势，尊重市场规律，诚信经营。企业可以通过增加其产品的附加值、满足顾客需求、提高顾客的忠诚度等做法更好地经营，而不是一味地进行价格战。

电商和实体店虽然面对的都是消费者，但它们却属于两种不同的业态类型，具有不同的经营特点。相比于实体店，网店不需要支付昂贵的店面租金，其经营成本普遍要比实体店低，因而在价格战中也就占据着先天的优势。电商向实体店发起的价格战无论是否会升级、加剧，其已经赢在了起跑线上。

从企业领导管理者来说，这次事件更需要我们思考规模企业的管理体系和规范运作。此次拥有数万名员工、上百亿销售额、几千家商品合作伙伴的规模企业发动了如此震撼的价格战，影响将会深远。价格战是企业竞争战术的一种，但这类战术带有很浓重的20世纪工业时代的痕迹。如今是21世纪，我们除了拥有现代技术、设备、资金外，更需要运用互联网的先进思想。即使要进行价格战，也要明白是为了谁而战。如果真是为了消费者而进行的价格战，你的对手应是传统的既得利益群体和模式，那将是一场持久的、单调的竞争。

消费者对于价格战应擦亮眼睛，理性对待。此外，随着经济发展，诸如电商等新业态不断孕育，建议国家规范竞争的措施也应紧紧跟上。政策应对弱势业态给予相应的保护，比如在避免恶性价格战的同时，将商家的价格竞争手法只限定于同一业态内。

2. 建议

有人认为价格战对消费者是有巨大好处的，但事实上恶性价格战会严重损害消费者的利益。假如生产厂家在价格战中没有利润，甚至是亏损经营，充当炮灰，厂商们是不可能提供后续服务的，更不可能有持续创新。

企业应诚信经营，无论什么样的商业模式，商家之间的价格战和营销战都不应该牺牲消费者利益与损害其他厂商的利益。如同马云所说，如果一场价格战是绑架了厂家，“欺诈”了消费者，用投资者的钱打自己认为值得的“名战”，这代价实在太大了点。“真正的价格战”标准有三个：第一，低价商品要属于畅销品类，而非二三线品类；第二，低价商品不能只供应十几台，供应量要有保障；第三，网上商城返券等让利行为要有所规范。造成行业诸多问题的原因在于，现在电商 B2C 行业里没有真正的行业领导者，没有人对电商行业定标准、立规则。电商行业应回归零售本质，做些对行业发展、对消费者的确有意义的事情，让低价不再成为噱头。可让几家企业通过一段时间的交锋，见好就收，在相互切磋的基础上，探索总结出一种新型的营销模式，实现企业共赢，并极大地满足消费者需要。

而在国家政策的重点扶持下，物联网、云计算等技术在电子商务中的应用，有力地促进了 B2C 的产业链整合，物流配备工程进一步得到加强。随着网购规模的持续增长，物联网、云计算等更推动了 B2C 加速整合。一波又一波的电商价格战过后，被吸引了眼球的消费者，其消费习惯已经发生了决定性转移，网购已经逐渐成为消费的主流模式。

网购规模的持续扩大，也意味着消费者习惯、方式的转变，以及电商时代的进一步进化。随着年轻消费群体的崛起，网购已经受到更多消费者的关注，各式各样更多的“电商价格战”将会成为下一个热点。

电商应增加其产品的附加值，满足顾客需求，提高顾客的忠诚度。电商要发展，诚信、服务、品质和优越的客户体验才是根本。互联网给予大家商品质量的保证，给予购物过程优越的服务和体验，这才是消费者所真正关心和关注的根本。无论线上还是线下，消费者确实都在关心价格，但一味的低价只会错误引导消费者的线上购物习惯。

这次价格战终归是对京东和苏宁各自的流量冲击力、物流承载能力、制造商供应链、资本关系等的测试考验，到了最后必定是各自以自己的方式结束价格战，而最重要的是消费者习惯的决定性转移。

六、总结

我国 B2C 电子商务服务平台发展迅速，除了原有的传统 B2C 企业如京东商城，还有线下门店如苏宁易购，都加入了快速发展的服务平台行业，给当今尚未成熟的行业增加了许多竞争和挑战。为了在行业中占据更有利的位置，京东商城率先挑起了对传统线下企业的价格竞争，并在短时间内得到了响应，更引起了 B2C 电子商务服务平台的一次大战。

虽然闹得沸沸扬扬的“电商价格战”逐步淡出了人们的视线，但对 B2C 电子商务服务平台来说，其影响尚未结束。单从本次事件来看，这场价格战恐怕更像是一场安排好的事件营销，而我们已经看到，消费者并不买账，对价格战惠民让利抱有怀疑的态度，使企业的信誉度下降，透支着电商企业的未来。从宏观的角度分析，价格战对于 B2C 电子商务服务平台也是下下选。从发展的轨迹看，电商目前算不上是技术驱动型的科技行业，这就决定了这种业态的亮点应该是商业模式上的推陈出新，应该是更人性化的用户体验、更完善的物流体系、更及时的配送、更到位的服务等，而不是此起彼伏的价格战。也许价格战的伤害还没完全体现出来，但内患是存在的，迟早会在外在表现出来，而我们更希望的是更多的电商能从自身服务着手，做好服务，做好客户体验，用品质和服务牢牢把握消费者，这才是创造盈利的根本之道。唯有如此，电子商务才能回归商业的本质：持续的盈利。

参考文献

[1] 中国互联网络信息中心（CNNIC）. 第 30 次中国互联网络发展状况调查统计报告. http://www. cnnic. net. cn/hlwfzyj/hlwxzbg/hlwtjbg/201207/t20120723_32497. htm, 2012-07-23.

[2] [美] 曼昆. 经济学原理. 梁小民，梁砺译，北京：北京大学出版社，2009.

[3] B2C 电子商务管理平台. http://baike. baidu. com/view/4820804. htm，2012-08-30.

[4] 国美苏宁受价格战影响股价震荡. 21 世纪网，http://it. sohu. com/20120816/n350742967. shtml. 2012-08-16.

[5] 方美琪. 电子商务概论. 北京：清华大学出版社，1999.

[6] 曾强. 电子商务的理论与实践. 北京：中国经济出版社，2000.

[7] 程守红，张雪梅. 价格战的成因及其根治对策. 江苏商论，2003（11）.

[8] [美] 科特勒，凯勒，卢泰宏. 营销管理. 梅清豪译. 北京：中国人民大学出版社，2009.

[9] 陈志浩. 网络营销. 武汉：华中科技大学出版社，2010.

中国移动支付产业现状调查与研究

周海燕　黄　梅　张晓明　张　建　杨金龙
（管理学院管理科学系）
指导老师　张灵莹

【摘　要】随着中国手机用户数量的暴涨，移动支付业务在中国也快速地发展起来。但在其产生和发展的过程中出现了一些新的现象和问题。本研究基于对中国移动支付产业发展状况的调查，分析了移动支付在中国的发展所面临的机遇和挑战，包括来自信用、法律、技术、商业模式以及消费者等各方面的问题。本文简单介绍了移动支付的定义，分析了当今移动支付的发展现状，并结合近期中国移动支付业界新标准的确立对移动支付产业未来的发展提出了一些对策和建议。

【关键词】中国移动支付　现状　问题　对策

一、前言

（一）调研背景

近几年来，移动支付业务发展势头大好，用户数量日增月涨。截至 2012 年 1 月，中国手机用户数已达 10 亿，超过了欧洲手机用户数的总量，同时是北美手机用户数的三倍。然而，这么庞大的数字背后却是中国的手机普及率不及全球平均水平的现状。基数庞大且迅速攀升的手机用户数量，给中国的移动产业提供了一个商机遍地的市场。移动互联网领域也在这一手机浪潮的大背景下迅猛发展起来。而作为移动互联网中最具代表性的移动支付产业不可避免地吸引了所有人的眼球。

从 2002 年发展至今，中国的移动支付产业始终处于一种不愠不火的状态。技术的多样性与标准不统一，使得多数商家感到无所适从，于是便始终采取观望的态度看着移动支付产业的发展。运营模式的多样化使得移动支付产业链上各方各自为政，无法求得利益共同点。而安全性问题始终无法得到保障也是消费者无法信任的因素之一。另外，信用机制的不健全和法律条例的缺失也是造成移动支付产业发展道路不平坦的一个重要原因。

（二）选题的目的及意义

移动支付作为货币电子化和移动通信相结合的产物，具有方便易行、兼容性好、支付成本低等优点。诸多研究机构的分析报告为我们描绘了一幅幅移动支付未来发展的美好蓝图。我们选择移动支付作为研究课题，是为了探究中国移动支付的发展现状，了解目前中国移动支付的市场环境和特点，发现该产业现在存在的一些问题，以及在新形势下移动支付的发展前景等。本调研报告采取了互动访谈法和资料查阅法，内容包括移动支付的含义、技术实现方式、产业发展现状以及问题分析、标准化背景下移动支付产业前景分析及预测。

二、移动支付的含义及技术实现方式

（一）移动支付的含义

移动支付（Mobile Payment），也称为手机支付，就是允许用户使用其移动终端（通常是手机）对所消费的商品或服务进行账务支付的一种服务方式。整个移动支付价值链包括电信运营商、金融机构（银行、银联等）、应用提供商（公交、校园等）、设备提供商（终端厂商、卡供应商、芯片提供商等）、系统集成商、商家和终端消费者。

移动支付主要分为近场支付和远程支付两种。所谓近场支付，就是用手机刷卡的方式坐车、买东西等，很便利。远程支付是指通过发送支付指令（如网银、电话银行、手机支付等）或借助支付工具（如汇款）进行的支付方式，如掌中付推出的掌中电商、掌中充值、掌中视频等属于远程支付。移动支付标准的制定工作已经持续了三年多，主要是银联和中国移动两大阵营在较量。

（二）移动支付技术实现方式

（1）SMS 技术。利用短消息上下行方式办理移动支付业务，是一种扩展了的短信服务业务，具有费用低廉、节省成本的特点。

（2）IVR 交互式语音应答技术。这种技术互动性强，语音直接，个性化需求高，方便快捷，操作简单，无须上网准备其他设备。

（3）WAP 技术。无线 Internet 的标准，定义了一个分层的、可扩展的体系结构，为无线 Internet 提供了全面的解决方案。手机屏幕狭小和网络连接速度慢是它的缺点。

（4）WEB 接入技术。以互联网为选购界面，用户在互联网上挑选商品，并通过互联网激活、手机支付，具体通过 K-java 方式和 Brew 方式实现。可通过从 Java/Brew 技术平台下载支付软件到手机终端，来实现移动支付及其银行管理功能。

（5）USSD 技术。USSD 非结构化补充业务数据是一种面向连接的、基于会话的数据业务，在使用上与 SMS 类似，拥有可视操作界面，可与 GPRS 实现实时连接。

（6）红外线技术。红外线传输是一种点对点的无线传输方式，要求近距离传输，对方向有严格的要求，中间不能有障碍物，且几乎无法控制信息传输的进度。

（7）蓝牙（Bluetooth）技术。蓝牙技术是一种无线数据与语音通信的开放性全球规范，以低成本的近距离无线连接为基础，为固定于移动设备通信环境建立一个特别连接，同时形成一种个人身边的网络，使得身边各种信息化的移动便携设备都能无缝地实现资源共享。系统设计通信距离为 10 cm ~ 10 m，如增大发射功率，其距离可长达 100 m。

（8）射频识别（RFID）技术。射频识别技术是 20 世纪 90 年代开始兴起的一种自动识别技术，利用射频信号通过空间耦合（交变磁场或电磁场）实现无接触的信息传递，并通过所传递的信息达到识别目的。该技术与传统识别方式相比，无须直接接触，光学可视，人工干预即可完成信息输入与处理，操作方便快捷。RFID 产品的工作频率有低频、高频和超高频之分，根据频率可以定义符合不同标准的产品，不同频段的RFID产品有不同的特性。

三、中国移动支付现状及问题

（一）中国移动支付现状

近年来，由于受到来自消费者移动支付需求增长的刺激以及电子商务、移动互联网的兴起与快速发展等因素的推动，移动支付在全球范围内得到各方越来越多的关注并呈强劲增长态势。美国、日本、韩国等国家最早推出了移动支付业务，其移动支付不仅可以付款，而且能从银行转账，实现收进支出，发展至今支付产业体系日趋完善成熟。反观中国，国内互联网咨询机构艾瑞调查研究发现，2011年中国移动支付市场交易规模达到481.4亿元，同比增长149.4%。艾瑞预计，中国移动支付交易规模将在2013年底超过2 000亿元。我国手机支付市场进入高速增长期，多数互联网专家认为在2020年移动支付将取代现金和信用卡成为主流支付方式。但是，就目前我国11亿多的手机用户而言，与日韩等发达国家相比，由于国家信用与法律体系不完善、支付标准与运营模式不统一、消费者移动支付意愿不高以及日益猖狂的手机病毒的阻碍等因素，我国手机支付发展水平有待提高，普及率仍非常低。

根据图1可知，目前主流的电子支付媒介仍旧是电脑，占了总数的65%，而手机支付仅占30%。但由此也看出，中国消费者已经有很大一部分人开始尝试使用移动支付，主要使用的是远程支付业务，如支付宝的手机客户端和手机银行等。近场支付对消费者来说仍然是比较陌生的。

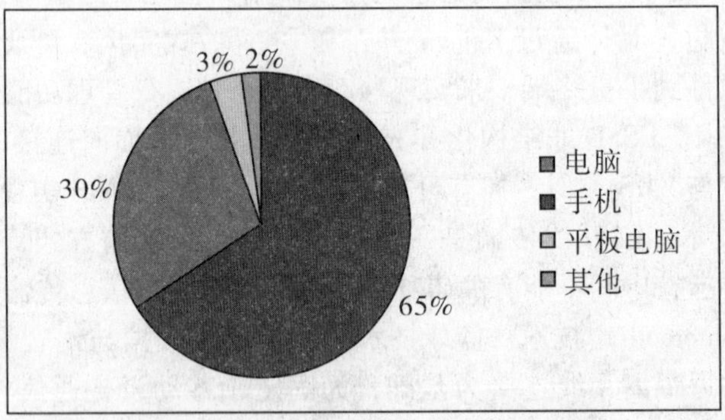

图1　用户最常使用的电子支付媒介

（数据来源：2012中国手机银行安全性调研报告．手机腾讯网）

根据图2的数据，未来消费者最为期待的支付方式主要是手机银行以及手机的直接支付。其中手机银行支付占51.90%，手机直接支付占49.40%，这说明很大部分消费者都期待移动支付的应用，这就会形成大量的需求，但同时也要求相关产业在技术上以及业务支持上能够迎合用户的期待。

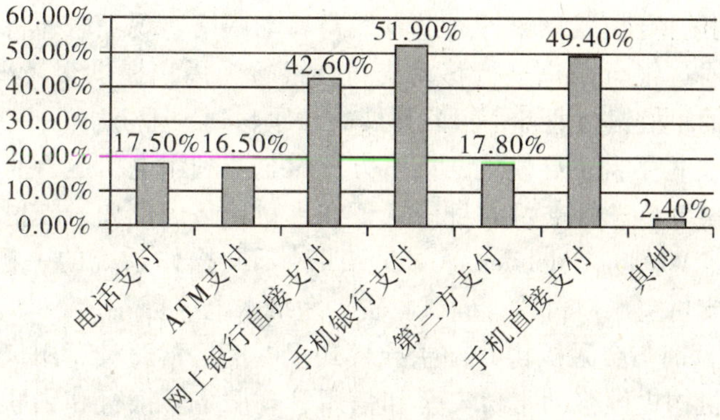

图2 未来用户最期待的支付方式

（数据来源：2012 中国手机银行安全性调研报告．手机腾讯网）

（二）中国移动支付产业面临的问题

1. 支付安全问题

移动支付的安全性问题一直备受关注，因为移动支付涉及人们的账户信息，安全是使用的前提条件。但目前移动支付的安全性并没有得到足够的保障，仍然存在很多让我们担忧的安全问题。

（1）加密和及时性问题一直是移动支付发展和普及的主要阻力，目前手机在使用WAP功能支付时，已经可以使用移动网络中的加密技术，可是相对电脑支付而言，并不能有效地保障安全。

（2）身份识别机制的缺乏是移动支付发展的第二阻碍。作为支付工具存在时，手机里面会涉及多方的私人信息，包括银行、商家以及用户的现金账户信息等，这些重要的信息一旦丢失，对用户可能造成巨大的损失。

（3）信用制度缺失很大程度上限制了移动支付产业的发展。处于初始阶段的移动支付多是小额支付，因为可以通过手机话费账户实现。信用意识和体系缺失，一定程度上也限制了移动支付的发展和普及。

（4）手机容易丢失的隐患。移动支付一般与手机卡、银行卡、信用卡相关联，如果手机丢失的话，可能面临移动支付账户被他人冒用的风险。

2. 商业模式问题

移动支付产业链涉及电信运营商、金融机构、应用提供商、设备提供商、系统集成商、商家和终端消费者。产业链的各方都在寻求利益最大化。技术提供商、标准制定者、银行、运营商、终端制造商、第三方支付公司等各路人马既有自己明确的诉求点，又各有顾忌，造成移动支付生态系统的秩序空前混乱。在移动支付发展中形成了电信运营商、金融机构和第三方支付平台这三方主导力量。

（1）电信运营商主导模式。电信运营商与用户和商业客户直接建立联系，主要以用户话费账户作为移动支付账户，在移动终端中采用特制的 SIM 卡，在商户端布放支持非接触交易的 POS 机，并搭建统一的移动支付运营平台。此模式与银行的关联较少，如中国移动“手机钱包”业务。

（2）金融机构主导模式。银行通过专线与移动网络实现互联，将银行账号与手机账号绑定，用户通过银行账户进行移动支付，银行为用户提供交易平台和付款途径。如各大银行开展的手机银行业务、银联开展的“手付通”业务。

（3）第三方支付平台主导模式。第三方支付企业利用电信运营商的通信网络资源和金融机构的支付卡，进行支付的身份认证和支付确认。例如，支付宝开发了可以支持 Symbian、IOS、Windows Mobile、Android 四种不同操作系统的手机支付宝客户端，用户可以向对方支付宝账户付款、确认收货、缴纳水电煤费等。

（4）电信运营商与金融机构共同主导模式。电信运营商具有用户优势和增值业务运营经验，金融机构提供移动支付安全和信用管理服务。银行和银联等金融机构具有金融结算资质，增强了对金融风险的承受能力，放宽了支付额度的限制，提高了信用安全等级。

电信运营商、金融机构以及第三方支付平台之间缺少合作，各方仅靠企业内部力量推行移动支付，使得金融机构即使有安全强大的金融系统也无法控制终端；电信运营商即使有大量的客户和完善的基础设施也无法跨越行业进行大额支付；第三方支付平台安全级别低和线下用户少也阻碍着移动支付的发展。三方各自为政，从而导致我国移动支付没有形成一条完整有效的移动支付链，这使得移动支付发展所需的各种信息、技术、网络基础设施等资源的整合率低下，限制了移动支付的发展。

3. 消费者的使用习惯问题

一个新技术、新产品的推出，必须要迎合消费者的口味，即使一件产品在开发者的角度看来完美无缺，如果消费者无法接受，那么也终将是一件失败的产品。影响消费者选择的因素有很多，对于移动支付这一全新的消费支付方式，很多相关文献资料都谈到了“消费习惯”这一关键词。决定消费者使用习惯的因素包括移动支付的安全性、私密性、便捷性、易用性以及消费者自身的习惯。从消费者调查结果来看，目前消费者仍然习惯以现金和刷卡消费为主，而移动支付的使用习惯则尚未被多数人接受。移动支付现在仅仅是小部分消费者的一种尝试，并没有成为一种大众习惯，如果移动支付业务想要得到全面的推广，就非常有必要培养消费者对移动支付业务的消费习惯。

4. 信用以及法律保障问题

在经济进入全球化的过程中，信用是进入国际市场的通行证。移动电子商务作为一种商业活动，信用同样重要。据调查，国内的手机用户中有超过 90% 的人曾经收到过欺诈短信，更有半数以上的用户对通过手机进行支付的安全性抱有怀疑的态度。如果不能解决信用问题，手机支付只能流于概念。在我国目前的发展阶段，无论是企业还是个人，信用缺失的现象普遍存在。信用作为一个文化问题，它的培养是需要很长周期的，需要一个真正完善和深入人心的漫长过程。

移动支付涉及面广、法律关系复杂，再加上互联网、无线传输、管理软件等错综复杂的先进技术，因此在移动支付过程中，经常会出现因过失或故意导致资金划拨迟延或资金划拨错误而造成损失的现象。但是，我国缺乏相应的法律法规或合同约定不明，一时很难明确法律责任。

四、对我国移动支付产业问题的对策探究

（一）安全问题的对策

针对移动支付安全性的问题，我们从终端安全和网络安全两个方面来分析对策。

（1）终端安全。终端安全包括以下方面：设备的管理，主要是对终端固件、软件的配置进行更新以及信息采集；失窃防护，通过终端的自动锁定以及远程控制技术防止手机数据被盗；数据的传输安全，数据传输的过程使用严密的协议，提供端对端数据保护；数据存储的安全，对存放数据的空间进行加密保护，最好能实现自动识别；数据备份与恢复，能实现短信、通讯录以及其他数据的安全备份和恢复；终端自带安全系统，提供防火墙、杀毒程序、VPN 等控制手段，通过集中配置安全策略，防止用户主动泄漏信息，同时防护外界病毒等恶意程序的攻击，实现双重安全。

（2）网络安全。仅仅解决终端的安全问题不能完全保证支付过程的安全，还需要将网络和终端相互配合。需要配合的过程主要包括：加密协议、安全存储、数据备份、管理以及交易。各个过程应该严密地按照特定的协议，实现终端和网络的连接，并且在支付的过程中，终端和网络的安全检测程序应保证交易过程的安全，检测到异常程序时应立即终止交易并且暂时停止账户的使用。

（二）商业模式的对策

移动支付如今正处于快速发展阶段，但由于产业链的复杂性及合作模式的多样性，未来竞合关系依然是行业发展主旋律。若只是简单的利益争夺，很容易造成内耗，市场蛋糕难以做大。我国移动支付要规模化发展，应该形成如图 3 所示的合作产业链：

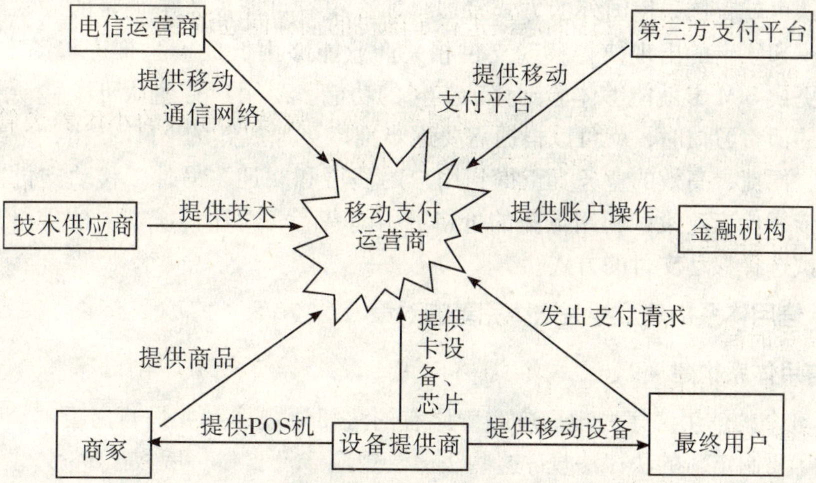

图 3　移动支付运营模式

在上述移动支付产业链中，核心是移动支付运营商。无论是移动支付运营商、电信运营商、金融机构还是第三方支付平台，它们都应该有很强的整合能力，能够把移

动支付链中的各种资源有效整合。在我国，中国移动与浦发银行在2011年就开始合作，形成初步的移动支付产业链。2013年，中国移动再次牵手中国银联，协议在移动支付上开展深入合作。日韩的移动支付可以取得成功，一个重要的原因就是电信运营商与金融机构和第三方支付平台在产业链上进行深度合作。产业链深度合作的缺少是制约我国移动支付发展的一个重要原因。所以，在我国移动支付标准统一、移动支付产业链初步合作的基础上，加强电信运营商与金融机构和第三方支付平台的合作、深入发展移动支付产业链、创新我国移动支付模式是推动我国移动支付发展的一大重要举措。

（三）消费者支付习惯的培养对策

移动支付是对人们日常消费习惯、支付习惯的一种创新和变革。人们的消费习惯从传统的现金货币支付发展到刷卡消费再到网上支付历经了很长的时间，因此移动支付产业想要培养消费者形成移动支付的消费习惯，不能急于求成，应做到以下三点：

（1）使消费者打破传统消费习惯的束缚。相关产业可以通过参与基础设施的建设或者网络营销等手段，使消费者对移动支付有更加全面的了解。例如，深圳的“手机深圳通”就是移动支付和公交系统的整合，在便民利民的同时也能够使消费者对移动支付有了认识，这为消费者充分接受移动支付奠定了基础。

（2）提供方便快捷的操作体验。移动支付的特点就是其便捷性，快速且高效的消费体验能够让消费者对移动支付产生偏好。如果支付过程过于复杂，那么可能会使消费者对移动支付失去耐心。这就要求更加人性化的技术支持以及更加全面的业务支持。

（3）更低的成本和价格。国外发展移动支付业务往往采取的是利用定制手机，嵌入NFC芯片。这就要求用户更换内嵌了NFC芯片的手机才能够使用移动支付的全部业务，包括近场支付和远程支付。但是在中国，基于国情的特殊性，如果移动支付尚未被用户所认可就直接采用国外的方式发展，那么很有可能投入了大量的成本却毫无成效。RFID－SIM卡的出现使得移动支付相关产业能够用低成本去推广移动支付业务，用户只需更换SIM卡就能够体验到移动支付的功能。当用户普遍认可了移动支付并且形成相应的消费习惯时，就可以根据需要逐步推广更加成熟的NFC技术，最终使这样一种全新、便捷、高效的业务真正得到用户的认可和欢迎。另外，移动支付在发展阶段也可以依靠优惠政策，利用低廉的价格吸引消费者，对比传统支付的价格，相信消费者会尝试选择移动支付的方式。

（四）信用体系构建及相关法律完善的对策

1．信用体系构建

（1）健全的信用法律法规。应完善原有的法律法规体系并进行必要的调整；为适应发展的需要制定新的法律法规，这些法律法规应涉及支付、版权、专利、网络加密、消费者权益等方面。

（2）发达的信用技术。要研发网上信用体制所需要的基础技术，比如认证、安全协议、安全技术以及必备的基础设施等。

（3）严密的网络信用机制。包括征信机制、信用评估、信用管理等。

（4）信用意识的培养。网络经济中信用意识的关键是在社会氛围中人们都讲信用，并通过信用制度来约束人们的商业行为。

（5）信用的监督与管理。建立失信惩罚机制是整顿网络环境的重要措施之一，失信惩戒的目的是使失信者付出的代价远高于其获得的收益，甚至使其经济生命终结，让机会主义者无路可选。

2. 法律完善

（1）移动支付立法应强调安全性要求。为了确保支付的安全，数字签名、电子认证和 SET（Secure Electronic Transactions）标准等安全控制技术应运而生，但同时这些安全控制技术也会带来新的法律问题，因此立法时必须对有关安全控制技术作出具体的规定。

（2）移动支付立法应规范移动支付市场。移动支付立法应对商业机构、电信运营商、金融机构、支付平台运营商和认证中心规定相应的资格，对它们的市场准入作出科学的规定。

（3）移动支付立法应明确当事人的权利与义务。移动支付行为包括支付指令的签发、接收、执行等，移动支付立法应针对这些行为设定相应的规则，使移动支付主体有规则可循。

五、移动支付产业前景分析及预测

（一）移动支付产业标准定义及新标准的确立

移动支付业界的支付标准主要指的是近场支付应用中射频识别技术（RFID）的工作频率。中国银联采用的是国际市场上通用的 13. 56MHz 支付标准，而中国移动自主研发了 2. 45GHz 技术标准。2. 45GHz 与 13. 56MHz 标准的比较：

（1）在可操作性方面，2. 45GHz 技术拥有较强的穿透性和远距离感应，但这样的技术对于近距离支付来说是完全没有必要的，反而可能会让设备遭受太大干扰导致交易失败。

（2）在安全性方面，2. 45GHz 的工作范围较大，因此会暴露很多无线信号，这些无线信号极有可能会被不法分子捕捉，造成不必要的损失。

（3）在功耗方面，便携式移动产品通常对功耗非常敏感，2. 45GHz 所消耗的电能远大于 13. 56MHz。

（4）在兼容性方面，两种协议不相兼容，若要普及 2. 45GHz，那么目前市面上大量成熟的 13. 56MHz 读卡设备都要更换。而且 13. 56MHz 是国际公认的支付标准，如果将来要与国际接轨，那么 2. 45GHz 无疑处于劣势，即使继续使用，也会付出巨大的成本。

随着中国手机普及率的提高，市场环境日趋成熟，移动支付的发展也展现了其巨大的潜力，但缺乏统一的移动支付标准始终制约着产业的发展。只有自己的支付标准被广泛接受，才能够主导移动支付的产业链。2012 年 8 月初，由中国人民银行科技司主办的中国金融移动支付技术规范专家评审会在北京举行，对中国移动支付技术规范进行了一场内部评审。至此，业界讨论了许久的移动支付标准初步有了定论，金融体系移动支付标准明确了近场通信频率采用13.56MHz。

（二）移动支付产业发展前景

移动支付标准确立之后，整个产业将会迎来全新的发展。在这之前，由于标准的不确定，卡片以及芯片的生产厂商如果站错队伍，就可能会造成巨大的损失。例如，标准确立之后，中国移动2.45GHz技术标准的生产商“国民技术”股票一跌再跌，损失惨重；NFC手机、POS机、SIM卡、RFID芯片等相关生产企业则率先受益。

据德勤会计师事务所发布的《2012—2015年中国移动支付产业趋势与展望》报告显示，移动支付在未来三年将成为中国的产业热点，新标准的确立使移动支付得到了各方的持续关注，到2015年，移动支付将可能发展成为主流的支付手段，更多的参与方将会进入移动支付的产业链中，市场竞争也会更加激烈。在德勤的调查对象中，有32.71%的人认为在未来1~2年内近场支付将发展成为主流的支付手段，50.45%的人认为远程支付将在未来1~2年内成为主流的支付手段。

巨大的潜力使得移动支付产业成为了市场激烈争夺的香饽饽，银联、银行以及第三方支付企业在新环境下都有频繁的动作，争先在移动支付市场饱和之前占领较大的市场份额。2012年7月19日，易宝支付宣布和南方航空公司合作，推出了通过拨打手机实现信用卡“无卡支付”购机票服务；7月20日，财付通宣布在江苏省推出手机充值加油卡服务；7月30日，支付宝推出利用近距离无线通信（NFC）、定位服务（LBS）等技术的新客户端；银联和三星公司合作，在新推出的GALAXY SIII手机上安装置入银联安全支付芯片的手机卡。这些企业的动作表明，在未来的几年里，企业间移动支付业务的合作将会继续加深，移动终端设备的加速普及、移动电子商务的发展以及客户规模的扩大，将使移动支付产业的发展无法估量。

参考文献

[1] 中国电子商务协会．第三方电子支付探索与实践．北京：中国标准出版社，2008.

[2] 帅青红．网上支付与安全．北京：北京大学出版社，2010.

[3] 易观顾问．移动增值业务系列研究报告：IVR业务研究，2004.

[4] 2012中国手机银行安全性调研报告．手机腾讯网，2012.

[5] 德勤会计师事务所．2012—2015年中国移动支付产业趋势与展望．2012.

[6] 吕延杰．移动入股浦发将刺激手机支付产业发展．http://it.sohu.com/20100226/n270448066.shtml.

[7] 许莲．中国移动通信集团手机钱包业务发展策略的研究．上海交通大学硕士学位论文，2009.

[8] 徐超毅．我国手机支付发展的瓶颈及对策分析．中国管理信息化，2012（5）.

[9] 智研数据研究中心．我国移动支付的主要商业模式．http://club.china.alibaba.com/forum/thread/view/9_30180738_.html.

[10] 张月红．中国移动支付产业急需适合自己的商业模式．http://www.c114.net/

news/552/a628609. html.

［11］周轩千. 浅谈移动支付业商业模式. http://b2b. toocle. com/detail - 5458494. html.

［12］手机支付市场首要培养用户消费习惯. http://www. ccidcom. com/html/chanpinjishu/yewu/yidongzhifu/201011/25 - 129260. html.

［13］符周顺. 三大运营商集体冲刺支付牌照. http://tech. 163. com/11/0824/00/7C6CVO16000915BE. html.

［14］杨剑. 运营商角力手机支付市场首要培养用户消费习惯. http://it. sohu. com/20101125/n277904405. shtml.

［15］王莹. 浦发银行打造第三方支付合作代缴费平台. http://stock. 10jqka. com. cn/20120830/c529187892. shtml.

［16］王晶晶. 中国移动联姻中国银联　移动支付国标基本定局. http://it. sohu. com/20120622/n346281534. shtml.

［17］韩立红，夏秀芳，亓蕾. 我国电子商务信用体系建设的探讨. http://www. studa. net/Electronic/090117/14281138. html.

［18］莫万友. 移动支付法律问题探析. http://www. studa. net/faxuelilun/090824/08260640. html.

［19］张超，张权，刘冰. 移动支付商业运营模式创新研究——合作共赢模式的构建. 图书情报工作，2011，55（14）.

深圳养老保险制度的运行状况及改善对策研究

罗　茵[1]　黄　凯[2]　李　俊[3]　汪映辉[4]　钟宏生[5]
（1.4. 管理学院人力资源管理系；2.5. 管理学院市场营销系；
3. 管理学院工商管理系）
指导老师　张转玲

【摘　要】随着老年人口的不断增加，养老保险制度该如何发展，是我国政府与社会都必须关注的话题。本文通过文献查阅、访谈、问卷等研究方法，探究深圳养老保险制度运行状况。在此基础上，找出深圳养老保险制度存在的问题，分析问题的成因，并找出改善对策，旨在为政府及相关养老管理机构提供借鉴。

【关键词】养老保险制度　双轨制　改革

一、序言

（一）研究背景

深圳作为改革创新的前沿城市，最近出台了一些与养老保险制度相关的政策，意在打破“双轨”，实行“并轨”。这些政策的出台，让我们看到了深圳对养老保险制度改革的重视及改善现状的决心。深圳这个年轻而饱含创新精神的城市，在改革养老保险制度建设方面当然也毫不逊色，大刀阔斧地进行了改革。2012 年 6 月 29 日，深圳市人力资源与社会保障局发布新闻《深圳拟打破养老险“双轨制”　先拿公务员试水》。文章里说道：“我市早已开始探索打破养老金‘双轨制’，公务员和事业单位员工养老都将告别财政统包。目前近 1 800 名新进聘任制公务员已购买社会保险，其中包括养老保险；事业单位新进员工也已购买养老保险；今后，委任制公务员也将纳入养老保险范畴。”2012 年 7 月 11 日发布的《深圳：将力推 22 个改革项目　探索公务员养老保障制度改革》一文则说：“解决一直饱受社会诟病的养老双轨制有望在深圳市破冰。”政府公报公布的《深圳市 2012 年改革计划》透露，2012 年深圳力推 22 个改革项目，其中包括研究探索公务员养老保障制度改革，建立既与企业养老保险制度相统一，又体现公务员职业特点的养老保障制度。接着，2012 年 8 月 30 日发布的《深圳探索事业单位养老保障制度改革》一文说道：“对 2012 年 8 月 25 日后新进入我市事业单位并受聘在常设岗位的工作人员试行‘社会养老保险＋职业年金’的养老保障制度。”深圳正在一步步打破养老保险的“双轨制”。这些新举措引发了民众热烈的讨论，也引发了我们对于深圳养老保险制度实施现状的思考。人们对养老保险制度评价如何，人们对于这些政策持何态度，人们对于改革有何建议，都将会在我们的调查结果中得以体现。

我国养老金主要分为两类：事业单位人员退休养老金和企业人员退休养老金。两者实行的不同制度，被舆论广泛称为养老“双轨制”。两者待遇差距巨大，在我国已经持续20年。[1]

（二）研究目的

（1）了解深圳养老保险制度实施现状。

（2）评估深圳养老保险制度改革的效果。

（3）探究适应深圳城市发展的养老保险制度改革发展之路。

（三）研究主要内容

（1）深圳养老保险制度实施现状。

（2）人们对养老保险制度的了解程度。

（3）人们对退休金的满意度。

（4）人们对养老方式的偏好。

（5）人们对延迟退休的看法。

（6）人们对深圳政府欲打破“双轨制”的一些政策的了解情况与立场态度。

（7）人们对深圳养老保险制度的建议与期望。

（四）研究方法

定量分析与定性分析相结合，包括文献查阅法、访谈法、问卷法。

通过文献查阅法，我们大量收集了与深圳养老保险制度有关的资料，充分了解了深圳的养老保险制度，为调查问卷的编写打下了坚实的基础。

通过访谈法，我们选取不同职业的典型人群进行深入了解，对这些个案作了详细的分析，对我们最终得出结论与提出建议起到了重要作用。

回顾文献后，我们编写好问卷并向各类人群派发，得到大量有效问卷，这对本次调研的分析总结与建议的提出有着最为深刻的意义。

二、深圳养老保险制度运行中存在的问题及改革效果分析

（一）深圳现行养老保险制度在实际运行中存在的问题分析

1.“双轨制”及其弊端

我国现行养老保险制度可简略概括为“双轨制”，即针对企业退休人员与机关事业单位退休人员实行两套完全不同的制度。具体表现为三个不同：一是统筹的办法不同，即企业人员是单位和职工本人按一定标准缴纳，机关事业单位人员则由国家财政统一筹资；二是支付的渠道不同，即企业人员由个人账户支付，而机关事业单位人员则由国家财政统一支付；三是领取的退休金标准不同，即机关事业单位的养老金标准远远高于企业，目前差距是3~5倍。更为准确的说法就是让纳税人承担机关事业单位人员的退休养老开销。[2]

从目前社会各项调查报告均可看出，改革“双轨制”的呼声日益增多，其基本逻辑是：养老、医疗等社会保障制度属于以公平为目的的社会财富再分配，在制度设计

上应该注重保持社会稳定和维护社会公平，而“双轨制”本质上与之相矛盾。因此，采用“双轨制”的模式实行养老保险制度是不科学的，是需要改革的。

2. 养老基金管理账户存在的问题

我国目前养老基金的管理方式是社会统筹和个人账户相结合，前者的功能是收入再分配，即以公平的原则调节劳动者的收入；后者的功能是强制储蓄，注重劳动者的效率。这两种方式的结合，实际上是把“以支定收”和“以收定支”两种不同的财务机制矛盾地结合在一起。很长一段时间以来两者混合管理，模糊了养老基金产生赤字的原因是管理不善还是隐性债务，或者两种原因各占一定比重。由于我国养老负担较重，个人账户上的基金常被挪用至社会统筹部分，因而出现个人账户空账运转现象。我国养老基金从现收现付制向部分积累制过渡，新旧体制的交接、转变决定了社会统筹账户和个人账户必须分开管理，要实行“有偿借支”、“还本付息”等管理手段；同时，个人账户独立管理确实有利于应对人口老龄化现象，避免过重养老负担的代际转移，从而缓解养老金的支付压力。社会统筹和个人账户分开管理，既有利于弄清养老资金缺口的原因，对症下药，采取措施；又有利于做实个人账户，培养个人自我保障意识，以迎接老龄人口高峰期到来。[3]

（二）深圳养老保险制度的改革内容及效果分析

1. 深圳近年来的养老保险制度改革措施、新闻

2007 年，深圳市率先试水开展公务员聘任制改革，对聘任制公务员探索建立了“社会养老保险 + 职业年金”的养老保障模式，实现了聘任制公务员与企业员工社会养老保险制度的统一。

2010 年 5 月，深圳率先推出了《深圳市行政机关聘任制公务员社会养老保障试行办法》，其中详细规定了聘任制公务员职业年金的缴费额度。

2012 年，深圳启动事业单位养老保险改革，探索“双轨”变“单轨”。

2012 年 4 月，《深圳市事业单位工作人员养老保障试行办法》发布，并确定于 8 月 25 日正式实施。办法规定，新进入深圳市事业单位并受聘在常设岗位的工作人员，将跟企业员工一样，参加社会养老保险。作为基本养老保险制度的补充，职业年金的缴费则列入事业单位年度预算，由单位全额缴交，并按月划拨至参加人员职业年金账户。[4]

事业单位新聘人员参加职业年金的月缴费基数为上年度本人月平均工资总额，缴费基数在深圳市上年度在岗职工月平均工资 3 倍以内的，缴费比例为 8%；月缴费基数达到或超过深圳市上年度在岗职工月平均工资 3 倍的，缴费比例为 9%。如果事业单位新聘人员在聘任期间表现突出，可按规定进行一定数额的职业年金奖励。同样，新聘人员因被立案调查等原因暂停发放工资的，职业年金同时暂停缴交，聘用期间行为受到开除处分或被判处刑罚的，其职业年金个人账户余额按照原来的缴交渠道收回。[5]

中国经济新闻网所登《深圳事业单位养老保障制度改革是积极探索》一文提到：深圳事业单位新聘员工告别财政养老，试行“社会养老保险 + 职业年金”的养老保障制度，退休“双轨制”向“单轨制”这一重大转变在社会上引起很大反响。深圳市人

力资源与社会保障局相关负责人告诉记者，《深圳市事业单位工作人员养老保障试行办法》的亮点主要体现在两个方面：一是事业单位与企业在养老制度上由“双轨制”向“单轨制”过渡，符合社会公平理念。二是建立职业年金。职业年金作为基本养老保险的补充，有利于激励事业单位工作人员更用心地服务社会事业，同时实行了年功积累，也体现了服务贡献程度，保障了事业单位工作人员合理的退休待遇。[6]

2. 深圳近年来的养老保险制度改革效果评价

深圳“双轨制”并轨历程才刚刚开始，面对如此新型的改革制度，求是理论网所登《社会聚焦：深圳事业单位养老保险改革》一文提到社会有如下反应：

肯定：迈出步伐值得肯定　但步子需要更大一些

与年年“坐而论道”的做法相比，深圳迈出改革的步伐总是值得肯定的。取消养老金“双轨制”关键是愿不愿做、敢不敢做。目前，在取消养老金“双轨制”方面，已经有了很多的社会共识，说明这项改革已经有了很好的社会基础。因此，废除养老金“双轨制”，从而实现更大的社会公平，无论是深圳还是全国其他地方，步子都需要迈得更大一些。

质疑：

质疑一：四类人豁免使改革留有缺口

与人们的期待相比，深圳在突破养老“双轨制”改革方面迈出的步子还是太小。此次事业单位养老改革存在缺口，其中有四类人获豁免权。有专家评论认为，四类人不适用于该办法没有依据，容易被误读为有针对性地保护一些群体。而这种豁免也为徇私舞弊、打击报复、寻租腐败留下了空间。

质疑二：职业年金是否为变相财政补贴

深圳市人大代表杨剑昌表示，养老“双轨制”变“单轨制”的改革应该更加彻底，职业年金从某种程度上来讲的确体现了公职人员的特殊性，但也对普通老百姓不公平，真正的“单轨制”应该和企业完全一致。

质疑三：避重就轻　公务员改革没有同步进行

有人质疑，深圳公务员养老制度改革会“避重就轻”，先拿事业单位开刀“应付民意”。部分事业单位改制，向企业看齐，然而公务员继续不动，这种取向不仅不能真正化解当前“双轨制”下的矛盾，还会增加参与改革事业单位员工与其他事业单位员工和公务员之间新的利益冲突。

对于深圳并轨人们既有支持又有质疑。根据统计结果，市民对改革的态度是比较支持的，反对者仅占总样本的10.39%，有89.61%的人表示支持和中立。深圳加强养老保险制度改革有效缓解了社会各阶层在“双轨制”不平等待遇下的不满和压力，也更好地为保证社会公平作出贡献。虽然现在仅处在初步实施阶段，成效还难以确定，但其愿景和做法都是具有深远意义的。[7]

三、深圳养老保险制度改革及改革满意度调查

为了进一步了解深圳养老保险制度的现状，了解深圳不同人群的养老保险待遇及其满意度，我们进行了问卷调查和随机抽样访谈。

（一）问卷设计与主要内容

深圳养老保险制度改革涉及内容较多，情况较为复杂，经过各方面二手资料搜索，我们确定了问卷主要调查的三个方面：第一方面为被调查者的基本情况和对深圳养老保险制度的了解情况，其中包括对养老金的了解、对养老体系的了解等；第二方面为对现行“双轨制”养老保险制度的满意程度调查，包括对养老金和养老方式的满意程度；第三方面为被调查者对深圳“双轨制”改革的看法及其建议，包括是否了解新改革方案以及对新改革方案的看法和建议等。本次问卷设计包含了我们调查的内容，涉及市民对养老各个方面的看法。

（二）问卷的发放与回收情况

在本次问卷调查中，我们在深圳的罗湖、福田、南山、龙岗、宝安五个区共发放问卷240份，回收了240份，回收率为100%，其中有效问卷为154份，无效问卷为86份，有效率达到64.2%。

（三）调查数据分析

1. 调查对象的基本情况

如下表所示，在接受调查的人里面，男士占48.05%，女士占51.95%；年龄段分布如下：40岁以下的人占38.96%，40～50岁的人占38.31%，50～60岁的人占11.69%，60～70岁的人占4.55%，70岁以上的人占6.49%；在受教育程度方面，有16.23%的人属于高中以下，11.04%的人属于中专毕业，22.08%的人属于高中毕业，16.23%的人属于大专毕业，31.17%的人属于本科毕业，本科以上的仅有3.25%；在就业状况方面，72.08%的人是在岗人士，14.29%的人是失业人士，还有13.64%的人是退休人士；在（曾）职业所属类别方面，有46.75%的人属于企业单位员工，事业单位员工和个体经营者各占总人数的26.62%。

调查对象的基本情况

性别	男	74人	48.05%
	女	80人	51.95%
年龄	40岁以下	60人	38.96%
	40～50岁	59人	38.31%
	50～60岁	18人	11.69%
	60～70岁	7人	4.55%
	70岁以上	10人	6.49%

（续上表）

受教育程度	高中以下	25 人	16.23%
	中专	17 人	11.04%
	高中	34 人	22.08%
	大专	25 人	16.23%
	本科	48 人	31.17%
	本科以上	5 人	3.25%
现居地	罗湖区	30 人	19.48%
	福田区	75 人	48.70%
	南山区	5 人	3.25%
	宝安区	26 人	16.88%
	龙岗区	18 人	11.69%
就业状况	在岗	111 人	72.08%
	失业	22 人	14.29%
	退休	21 人	13.64%
（曾）职业所属类别	企业单位	72 人	46.75%
	事业单位	41 人	26.62%
	个体经营	41 人	26.62%

2．**调查内容分析**

（1）多种因素导致不参加养老保险。

问卷调查结果显示，一共有 83.77% 的受访者参加了养老保险；从人群分布来看，分别有 95.83% 的企业单位人员和 90.24% 的事业单位人员参加了养老保险，但是值得注意的是个体经营者中仅有 56.1% 的受访者参加养老保险（见图 1）。其余 16.23% 的受访者并没有参加养老保险，其中 44% 的人不参加是因为不能准确知道将来退休能领多少钱，而担心将来无法养老；此外，担心社保制度破产领不到养老金或者是超过年龄不能参加的人也占了 40%，还有少数人是因为负担不起而不参加养老保险。当未参加者被追问将来是否打算参加养老保险时，大部分人表示还是会选择参加，还有小部分人表示不会参加或是没有想过。

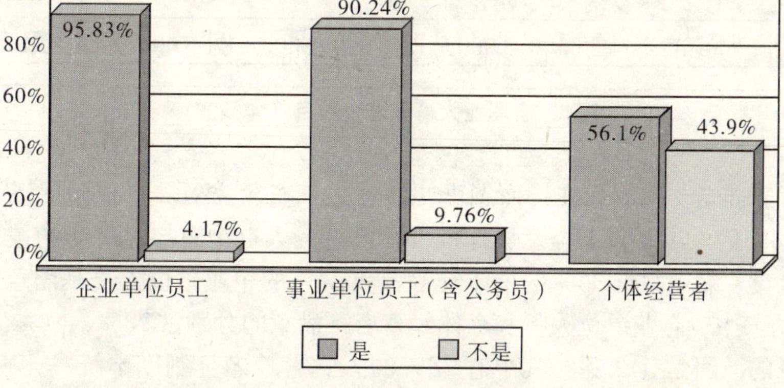

图 1　各职业人群参加养老保险比例

（2）四成被调查者不清楚养老保险制度。

在全部受访者中，只有12.99%的人对养老保险制度非常清楚，44.16%的人表示还是多少了解一些，而42.86%的人表示不清楚也不关注。此外，大部分人了解的都是养老保险缴费标准和养老保险待遇发放标准。由此可见，深圳还是有非常大比例的人对于养老保险制度是不了解或不那么清楚地了解，政府在养老保险宣传与推广的力度上还有待加强。

（3）三成六被调查者不清楚养老金数目，六成被调查者不满意养老金发放标准。

关于各职业人群对退休后养老金数目的了解，我们通过问卷调查，发现不论是企业单位人员、事业单位人员还是个体经营者，都有相当大比例的人不清楚自己的退休养老金发放标准。

如图2所示，企业单位人员的养老金分布在1 500元到5 000元的区间较多，事业单位人员的养老金有近一半都是在5 000元以上，个体经营者中有一半的人都不清楚自己将来能拿多少养老金。而在清楚自己能拿多少养老金的人中，大部分人将来能拿的金额在1 500元到3 000元之间。由此可见，还是有很多人不清楚自己将来能拿多少养老金。从金额上看，这三者中事业单位人员将来拿的养老金是最多的，企业单位人员次之，个体经营者最少。

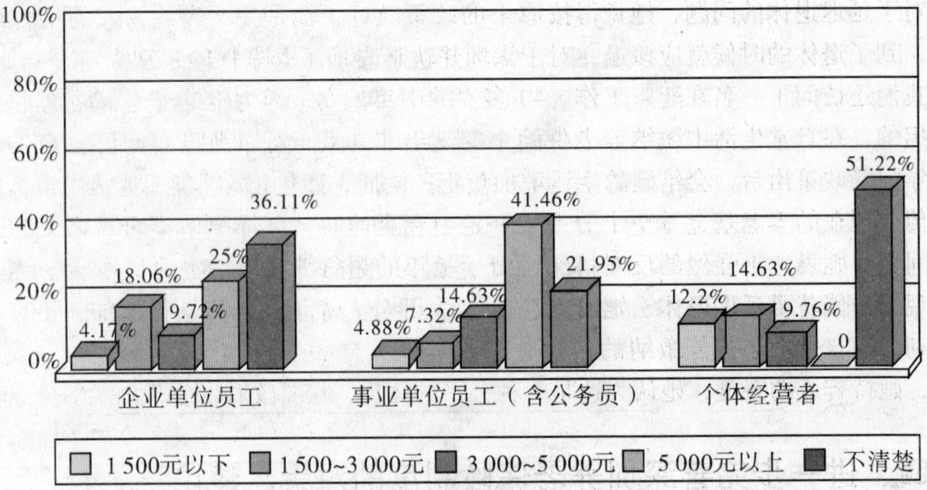

图2　各职业人群养老金数目（含预测）

人们对于养老金发放标准持何态度呢？通过调查大家对养老保险的满意度我们发现，只有38%的人满意养老金发放标准，在满意的人群中有超过一半的被调查者都是事业单位人员，剩下只有36%的个体经营者和27%的企业单位人员是满意的。在不满意的61%的人中，企业单位人员和个体经营者不满意的分别占70%、61%。

不满意的原因是什么呢？其中有38%的人觉得养老金制度不统一，感觉不公平；22%的人觉得每个月交养老保险不划算，交的钱将来不一定都能拿回来，还不如自己存起来；19%的人觉得将来的养老金不能够支持生活；10%的人觉得每个月缴纳会导致他们原本就不富裕的生活更加拮据；还有少数人是因为将来不确定是否在深圳养老所以选择不在深圳缴纳。

（4）居家养老依然是首选。

关于养老方式，现在大部分老人都是居家养老，还有小部分是属于居家式社区养老，还有极少数的人是属于机构养老、以房养老及乡村养老。当我们问还未退休的被调查者们希望以后以什么样的方式养老时，71%的人回答依然是居家养老，可见中国“养儿防老”的观念是多么的根深蒂固。除此之外，居家式社区养老也有17%的人选择，还有极小部分人选择机构养老、以房养老和老年公寓，或是持观望态度。

（5）七成被访者反对延迟退休。

当下的一个热点——延迟退休政策，在社会上引起了广泛的讨论，我们也对此进行了了解。我们发现，有71.43%的人持反对意见。而反对的大多数原因是工作太辛苦和怕影响下一代就业，还有少数认为延迟退休不划算或是想要早些陪伴家人。除此之外，有11.04%的受访者表示可以接受，但大多数只接受2年以下，小部分接受2~4年；还有17.53%的人对此项政策表示无所谓。

在随后的一对一访谈中，我们采访了一位女士，她表示，退休后选择居家养老，和家人一起享受天伦之乐的方式对她来说再合适不过了；她对养老金的发放比较满意，但由于担心物价水平不断上涨，希望政府在未来能够适当提高已退休老人养老金的数目；对于延迟退休的问题，她觉得按原来的政策就好，钱是挣不完的，人的精力是有限的，到了退休的时候就应该退；对于深圳并轨制改革，她持中立的态度。

我们还访问了一名在药店工作、40多岁的中年妇女，因为她的养老保险是自己独自承担的，在日常生活中缴纳养老保险金的支出非常大，所以她担心延长缴纳养老保险金年限的政策出台，会给她的生活增加负担；同时，她更担心养老保险制度的崩溃，因为传闻现在的养老基金亏空十分严重，她怕到退休时一分钱都领不到；对于延迟退休的问题，她表达出强烈的反对情绪，由于长年的超负荷劳动，她的身体状况已经不容乐观了，倘若要延迟退休，她可能在退休后几年就离世了，根本享受不到自己应得的福利，而自己辛辛苦苦缴纳的保险金则是为他人“做嫁衣”；对于深圳“并轨制”改革，她持赞成的态度，她认为这是一种公平的体现，只要政府肯改革，就不会太晚。

四、进一步完善深圳养老保险制度的对策、建议

深圳启动的养老保险制度改革，正试图打破“双轨制”的社会保障不平等局面。从宏观上讲，深圳作为一个经济特区，其地理位置毗邻香港，享有高密度的流动资金和迅捷的物流网络；市内居民又以频繁流动性劳动人口居多，人口老龄化程度中等，人均收入水平较高，因此在养老保险制度改革方面有着天然优势。在这种宏观背景下，也许我们可以借鉴新加坡的养老保障制度来完善深圳的改革。

（一）新加坡中央公积金制度简介

新加坡的中央公积金制度是一种强制性的长期储蓄，是通过强制储蓄的手段来实

行对职工本人的自我养老保障制度。强制储蓄型基金能够有效提高国民储蓄率，而较高的国民储蓄率有利于抑制通货膨胀和控制个人高消费。另外，政府通过这一制度所筹集出来的调控基金，能有效解决职工购买住房和退休后的养老问题。[8]

（二）学习新加坡基金管理经验

新加坡的中央公积金统一由中央公积金管理局管理。中央公积金管理局本身是一个准金融机构，它负责资金的汇集、结算、使用和储存等，是一个独立的系统，单独核算，自负盈亏，独立于新加坡的财政之外，不受政府财政收入丰歉的影响。国家财政无权动用公积金存款，却负有担保偿还公积金存款的义务，因此会员不用担心自己账户的钱被挪用而导致无法按时足额领取公积金。[9]

而在深圳，目前养老基金管理方式是社会统筹和个人账户相结合，基金是交由社会保险基金管理局来管理，隶属于深圳市政府的管辖，预算、核算等经济行为会受到政府财政收入的影响。由知名经济学家郎咸平早前著作中的数据可知，当今的养老金亏空数额已高达1.6万亿。统筹账户资金被侵吞、个人账户资金成空账等现象将会使未来的养老压力剧增。对此，政府可能采取延迟退休、养老金入市等非常规的方式来加快全国社保基金的积累，其实就是把损失转嫁给人民承担。

在这种大环境下，深圳既然成为养老保险制度改革的试点，就应该尝试从制度上进行突破，学习新加坡成立一个独立于政府之外的养老金管理系统，单独负责养老金的汇集、结算、使用和储存等，并及时将信息提交给人民代表大会等权力机关，再发布于网络，交由社会各界人士监督。一方面迫于社会压力必定能够提高养老金的使用效率，另一方面能通过提高养老金管理的透明度来提高政府的公信力，从而使改革更加容易进行。[10]

（三）对深圳未来养老保险制度改革的建议

1. 大力宣传养老保险

由此次调查数据可知，四成被调查者不清楚养老保险制度，对此我们应该大力加强养老保险制度与政策的宣传力度，如丰富人力资源与社会保障局网站关于养老保险制度的内容，在企业、社区和居委会等地派发宣传小册子，在社区举行养老保险知识有奖问答等活动，增加人们对于养老保险制度的认识。

2. 提高民众对养老保险的参与度及满意度

由调查可知，个体经营者中超过半数没参加养老保险，对此政府应制定一些优惠政策，如减少缴费年限或缴费金额等，鼓励这些靠自己打拼奋斗的人参加养老保险，为将来的养老生活做好规划。此外，多种因素导致一些人不参加养老保险，如不能确切知道将来能领多少钱，担心社保制度破产将来领不到养老金等。这些民众反映出的原因引发我们的思考，政府应该尽量做到个人社保账户透明化，让每个人都清楚知道自己已缴、应缴和可拿的养老金金额，从而放心地交养老保险，相信社保制度。

据调查，六成民众不满意养老金发放标准，政府在以后的改革中应多关注养老金发放标准，适当降低养老保险缴费金额，适当增加低收入者的养老金，保障他们的生活需求。

3. **政策制定考虑民生**

调查数据显示，共有七成民众选择居家养老，中国“养儿防老”的观念深入人心，大多数老人更愿意居家养老。在这个计划生育的年代，独生子女较多，如果老人都选择居家养老，则会大大加重下一代人的生活负担。政府可建造设施齐全、服务周到、生活便利、环境优美的养老院，多加宣传，吸引老人们入住，减轻子女的负担。政府也可多加推广形式多样的养老方式，如合居养老、老年公寓、托老所等。此外，政府可在销售保障性商品房的时候给予住有60岁以上老人的家庭适当权重的优先购买权，通过这种行政手段既可以减轻个人及家庭的养老压力，又能降低政府在养老保险统筹账户上的财政压力。[11]

调查数据还显示，七成民众反对延迟退休政策。政府应该慎重考虑这项政策，了解群众的感受后再决定是否延迟退休，怎么实施延迟退休。也可以考虑别的弥补养老金缺口的方式。

综上所述，在养老保险制度改革上，尤其在打破“双轨制”方面，政府应当采取循序渐进的方式，一开始一定要顶住压力进行改革，然后随着时间的推移，依旧延续改革政策的实施来缩小两大群体间的养老待遇差距，最终达到“并轨制”的目的。

参考文献

[1] 陈心德，苑立波．养老保险：政策与实务．北京：北京大学出版社，2008.

[2] 袁志刚．养老保险经济学．上海：上海人民出版社，2005.

[3] 张新民．试论我国社会保险基金监管制度的完善与创新．人口与经济，2004(11)：60，61.

[4] 吕绍刚．深圳启动事业单位养老保险改革 新聘人员试行“保险 + 年金”. http://politics.people.com.cn/n/2012/0827/c1001 - 18836629.html.

[5] 张孔娟，闫军．深圳事业单位养老保障制度改革是积极探索．http://pub.cet.com.cn/dfpd/bwdqzg/611598.shtml .

[6] 深圳市人民政府关于印发深圳市实施《广东省城镇居民社会养老保险试点实施办法》细则的通知．深圳市人力资源和社会保障局网站.

[7] 龙玉其．公务员养老保险制度国际比较研究．北京：社会科学文献出版社，2012.

[8] 袁锐．新加坡的养老保险制度．中国金融，2005 (18)：60，61.

[9] 樊天霞，徐鼎亚．美国、瑞典、新加坡养老保障制度比较及对我国的启示．上海大学学报，2004 (8)：84 ~ 89.

[10] 李红岚，武玉宁．中国养老保险基金收支预警系统．社会保险研究，2006(5)：2 ~ 18.

[11] 张如石．国外社会保障制度比较与启示．经济纵横，2004 (7)：44 ~ 47.

关于深圳市南山区滨海社区养犬管理现状的调查分析

陈　玲[1]　沈秀媚[2]　林晓芳[3]　阚梓真[4]　梁　冰[5]
（1.2.3.4. 管理学院公共管理系；5. 管理学院工商管理系）

【摘　要】当前，饲养宠物犬已成为城市居民生活的一部分。然而，宠物犬饲养所引发的一系列问题，如安全免疫问题、噪声扰民问题、数量日趋庞大难以管理问题等已引起全社会的广泛关注。本文从政府实施条例、居民看法调查、如何人性化管理等角度出发进行调研，针对南山区滨海社区几个附属小区在管理模式上出现的问题提出必要的建议。

【关键词】宠物犬饲养　影响　居民调研　启示及建议

一、调查概况

1. 调查背景

当前，饲养宠物犬已成为城市居民消费的新热点。然而，宠物犬饲养引发的一系列问题如安全免疫问题、噪声扰民问题、数量日趋庞大难以管理问题等已引起全社会的广泛关注。政府颁布的《深圳市养犬管理条例》（以下简称《条例》）实施至今是否收到成效，居民对社区的养犬管理工作到底存在怎样的评价和看法，怎样的管理模式才是有效并且人性化的，这些都是本次调查研究需要弄清楚的问题。抱着这些疑问，我们对深圳市南山区滨海社区的居民进行了随机的抽样问卷调查。

2. 调查目的及意义

了解学林雅院、海文花园、锦隆花园等几个所属滨海社区的小区养犬管理现状，针对出现的问题和现有的管理模式提出必要的建议。

二、前期准备

1. 调查时间

2012 年 8 月 1 日—9 月 15 日

2. 调查对象

深圳市南山区滨海社区居民

3. 调查地点

深圳市南山区滨海社区（学林雅院、海文花园、锦隆花园、创世纪、宏观苑、海阔天空）

4. **调查方式**

（1）实地随机抽样问卷调查。

（2）访谈调查。

5. **小组成员及具体分工**

组员：陈玲、沈秀媚、林晓芳、阚梓真、梁冰

具体分工

任　务	负责人	完成时间	备　注
工作任务分配	阚梓真	8月2日	合理分配每个成员的任务，难易程度适中
资料收集	林晓芳	8月10日	确定收集有关主题和调查地点的信息
资料分析	梁冰	8月13日	分析所收集的资料，对方案可行性进行分析
问卷设计	陈玲	8月17日	按照主题设计需要调查的问题和顺序
确定调查对象	陈玲	8月17日	确定需要调查的对象以方便派发问卷
收集问卷	陈玲	8月19日	收集好所派发的问卷
问卷数据分析	林晓芳	8月21日	对收集好的问卷进行整理分析
调研访谈联络	沈秀媚	8月20日	与需要进行访谈的对象确定联络时间等
访谈内容设计	沈秀媚	8月21日	结合所学知识进行访谈问题的设计
访谈内容整理	沈秀媚	8月24日	对访谈所得到的信息进行整理
访谈实际操作	沈秀媚、梁冰	8月22日	进行访谈调研
访谈结论分析	梁冰	8月26日	对访谈得到的信息进行理论性分析
网络等其他言论	阚梓真	8月26日	查看网络等媒体对于养犬的不同言论
各方信息整理	阚梓真	8月27日	整理好所有信息并进行归纳整合
问题分析、总结建议	林晓芳	8月29日	对所有的资料进行分析
调研报告制作	全组成员	9月3日	

三、调查过程

1. **问卷调查**

本次调查的方式为对深圳市南山区滨海社区居民进行实地随机抽样问卷调查，一共发放问卷150份，收回150份，其中有效问卷124份，问卷有效率为83%。

2. **访谈**

（1）访谈地点：深圳市南山区滨海社区工作站（锦隆花园内）

（2）时间：2012年5月10日15：00

（3）访谈员：沈秀媚、梁冰

（4）访谈对象：社区工作站负责人

（5）访谈过程记录方式：文本记录（社区工作站负责人不同意录音或录像）

（6）访谈问题：

话题引入：深圳市的“养狗”问题一直以来难以把握，致使城市里面出现的“黑狗”、流浪狗数量多达七八万只，这实际上已经成了城市管理的一个隐患。今天我们做这个社区养犬管理调查就是想从身边出发，了解一下距离我们生活最近的社区养犬管理的有关状况。

①请问你们社区的管理事务是否包括养犬管理？养犬管理的主要工作有哪些？

②作为社区工作站的工作人员，请问你们对《深圳养犬管理条例》熟悉程度如何？

③社区内的养犬登记状况如何？

④社区（小区）内有因为居民养犬而发生过一些纠纷或者事故吗？如果有，这种情况多吗？一般是如何处理的？

⑤我们在对小区居民进行问卷调查的过程中发现小区内有设置一些文明养犬工具箱，请问这些工具箱的具体用途是什么？（针对学林雅院）

⑥社区内的养犬管理工作涉及哪些机构或者单位？

（7）访谈内容整理及结论：

①社区管理范围包括养犬管理。

②工作人员对《条例》不熟悉。

③滨海社区已经登记的宠物狗不多，比例应该较低。

④愿意给宠物狗打疫苗的人挺多，但是愿意登记的人少。

⑤许多人抱怨登记费过高，每年还要收取年审费。

⑥社区有因为宠物狗而发生的纠纷，大多是私下解决。

⑦社区居民经常受到宠物狗随地大小便的困扰。

⑧工作人员的职责只是配合街道办，不能够施加任何强制手段。

四、问卷数据整理及分析

1. 受教育程度

调查数据显示，受调查居民中，受教育程度为大学本科及以上的比例为62.1%，大专比例为24.19%，高中（中专）比例为7.26%，高中（中专）以下比例为6.45%（见图1）。受教育程度为大学本科及以上的人占了大部分，说明居民文化素养普遍较高。

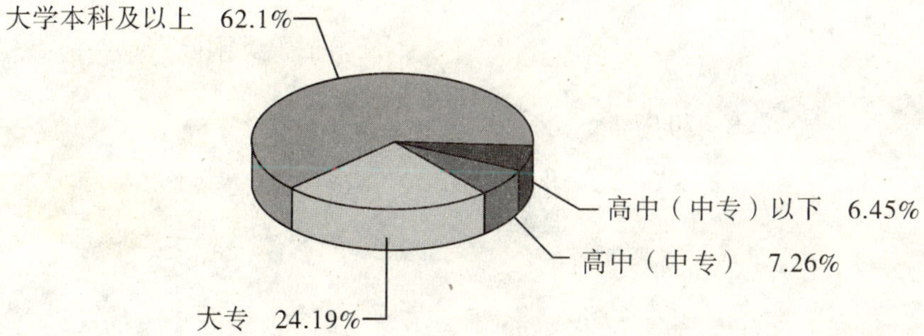

图1

2. **对《条例》的了解程度**

调查数据显示，有 11.29% 的受调查者表示完全不知道有《条例》，知道有《条例》但从来没有了解过的占 38.71%，了解一些的占 41.13%，而详细了解过的只占 8.87%（见图2）。《条例》自 2006 年 7 月 1 日就已颁布，但据这次的调查结果，有关部门对《条例》的宣传力度远远不够。如果市民根本都不知道有《条例》的存在，又谈何按照《条例》规定规范自身的养犬行为呢？

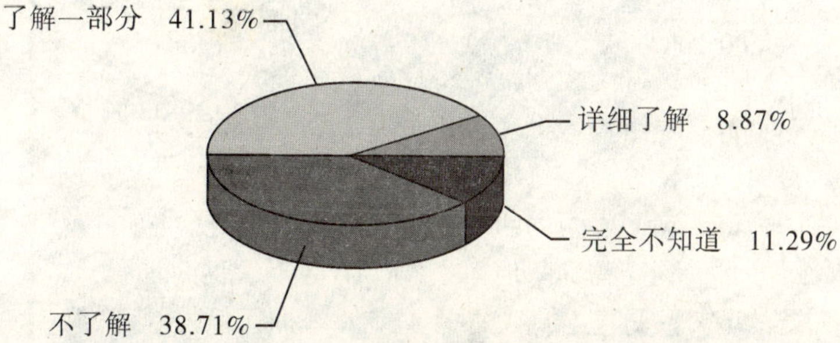

图2

3. **对《条例》的宣传**

调查数据显示，表示小区内有对《条例》进行宣传的人数占被调查者总数的 35.48%，表示不清楚的占 43.55%，表示小区内从来没有相关知识宣传的占 20.97%（见图3）。由此可见，应加强《条例》等相关养犬管理规范知识的宣传。

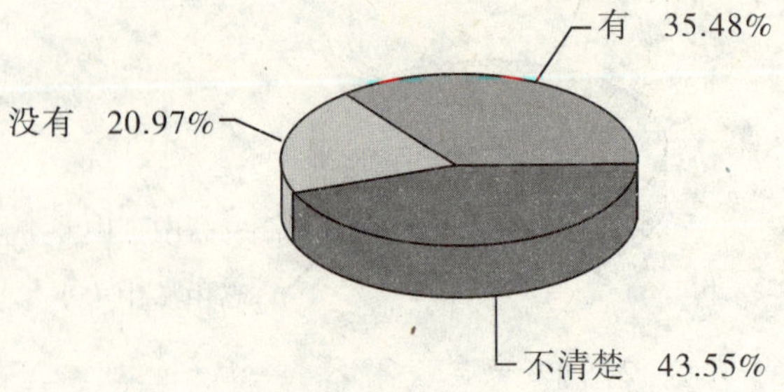

图3

4. **社区街道办是否有向本社区居民或单位公开养犬登记管理事项**

调查数据显示，59. 68%的受调查居民不清楚所在社区街道办是否有公开相关养犬登记管理事项，18. 55%的受调查居民表示所在社区没有公开相关养犬登记管理事项，21. 77%的受调查居民表示所在社区有公开相关养犬登记管理事项（见图4）。这说明在养犬管理过程中，办理养犬登记的单位信息公开透明程度还有待加强。

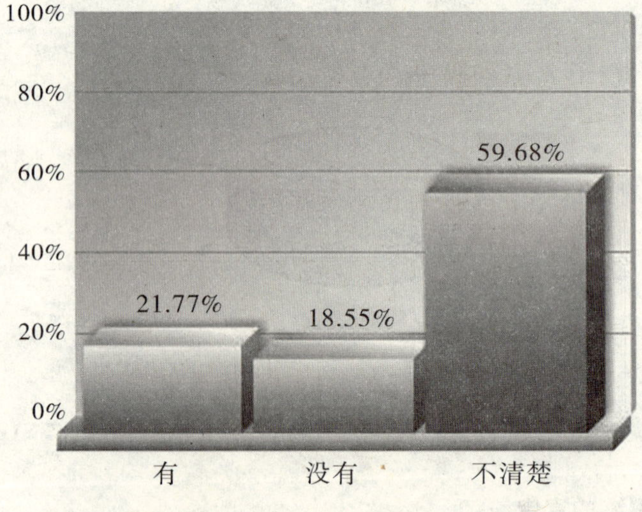

图4

5. **家中是否有饲养犬只**

调查数据显示，受调查居民中，30. 65%的人家中有饲养犬只，数量相比过去有一定增长（见图5）。

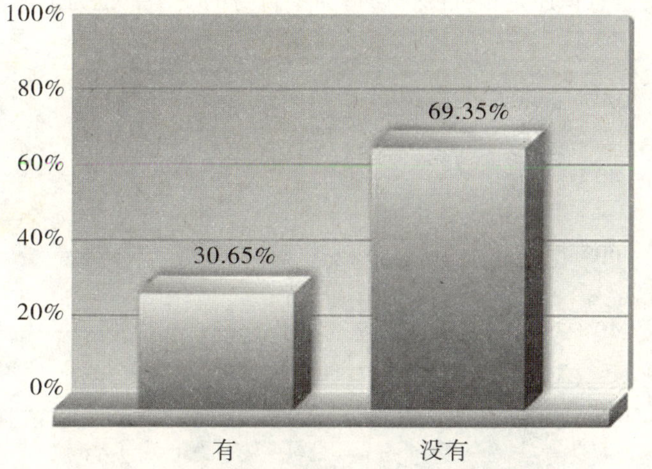

图5

6. **犬只上牌登记情况**

调查数据显示，社区内81.58%的犬只都已经登记上牌，但坚持每年按时年审的只占39.47%，另外还有18.42%的犬只没有登记上牌（见图6）。

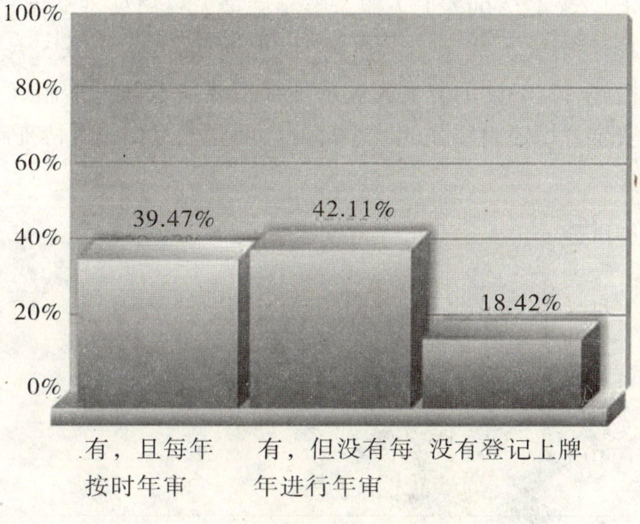

图6

7. **犬只免疫情况**

调查数据显示，社区内78.95%的犬只都注射了疫苗并取得免疫证明，18.42%的犬只注射了疫苗但由于各种原因还没有取得免疫证明，只有2.63%的犬只还没有接受疫苗注射（见图7）。但据我们进一步了解，这部分犬只是由于刚刚买回来或者领养的，还没来得及去注射疫苗，犬只主人表示会尽快带犬只去注射疫苗。这说明大部分养犬人的防疫安全意识还是很强的，懂得为了自身的安全，也为了他人的安全着想。

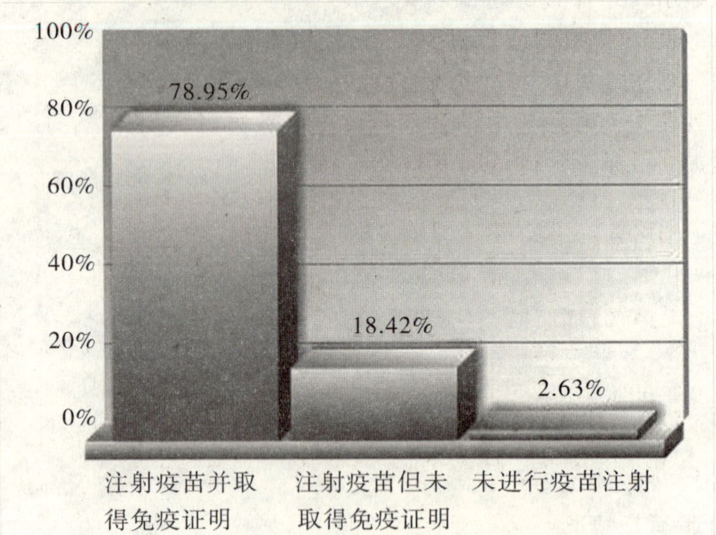

图7

8. **携带犬只出门时采取的安全防范措施情况**

调查数据显示，68.42%的养犬人表示每次携带犬只出外都会做足安全措施，以防犬只伤人，18.42%的养犬人表示偶尔想到了才会采取措施，10.53%的养犬人表示从来不会采取任何措施，2.63%的养犬人表示不知道要采取防范措施（见图8）。这说明大部分养犬人的安全意识还是很强的，小部分人的安全意识仍有待提高。

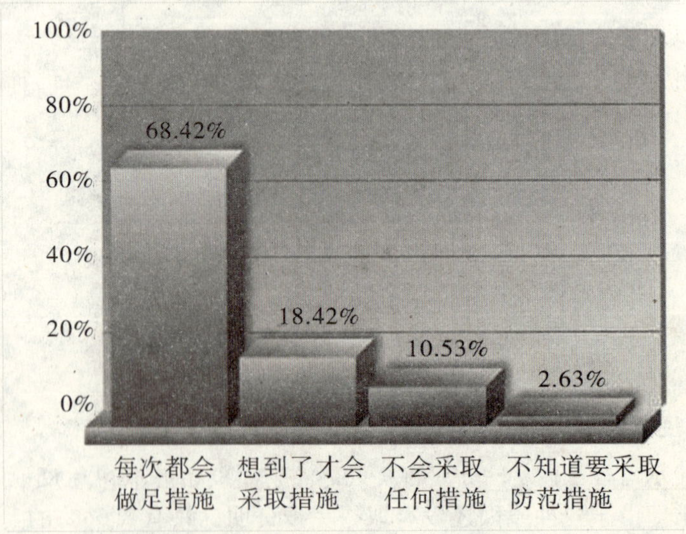

图8

9. 对养犬管理费用用途的了解

调查数据显示，只有2.63%的养犬人表示非常清楚政府收取养犬管理费的用途，42.11%的养犬人表示大概知道管理费的用途，而有55.26%的养犬人表示不清楚管理费的具体去向和用途（见图9）。养犬管理费用的用途一直是大家关注的重点，政府在养犬管理费的具体去向和用途方面的信息应该更加透明和公开，让广大养犬人明了，只有这样才能提高《条例》的认同度和执行度。

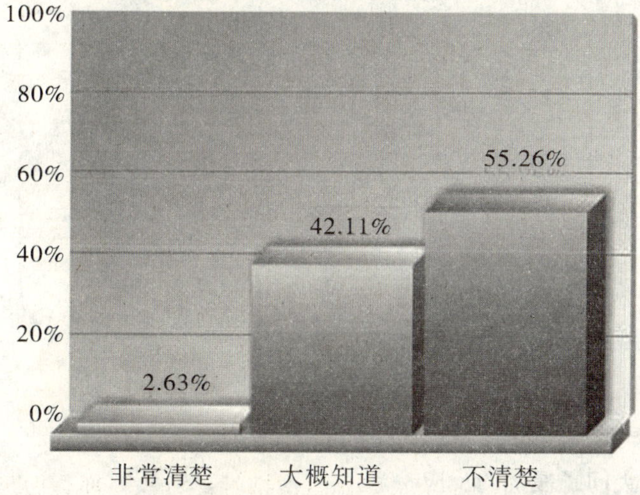

图9

10. 社区内常见的养犬现象

居民反映，社区内养犬比较突出的问题是：犬只随地大小便，犬吠声扰民，犬只在小区内随意走动而养犬人没有采取相关防护措施（见图10）。犬只毕竟是动物，很多行为也许是可以理解的，但这并不是说不可避免，关键是养犬人自身的素养。只要养犬人自觉提高自身素养，做到文明养犬，很多问题就可以减少甚至得到彻底的解决。

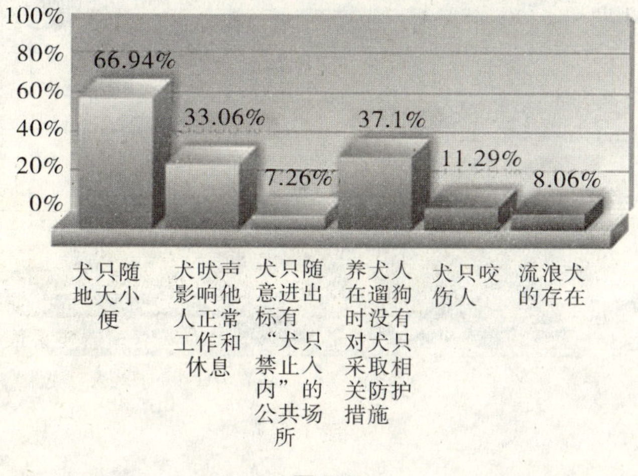

图10

11．对投诉途径的了解

调查数据显示，65.32%的受调查居民表示在受到犬只侵扰的情况下不知道应该找哪个部门单位投诉（见图11）。这在一定程度上说明了养犬管理工作的具体职能分管不为民众所知。

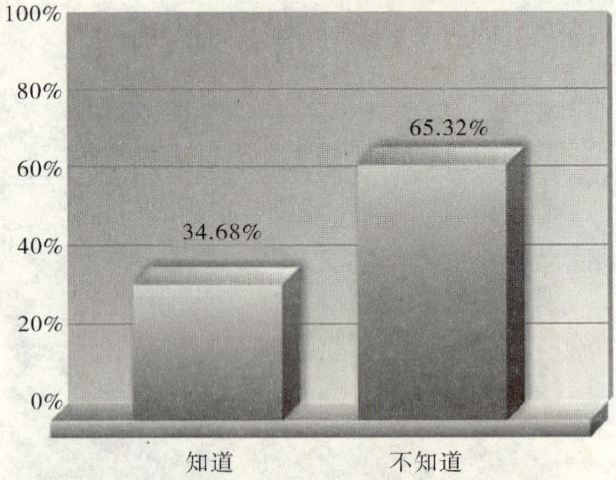

图11

12．遇到养犬问题侵扰的反应

调查数据显示，44.35%的受调查居民表示遇到犬只侵扰问题时，如果事情不太严重的话一般不会与养犬人发生争执，自己忍忍就过去了；22.58%的居民表示会与养犬人私下解决，实在不行的话再考虑采取其他方法；21.77%的居民表示发生问题会主动找居委会等机构协商解决，这样效率会高一些；11.29%的居民表示会提起诉讼，要求对犬只主人按照相关法律法规进行处罚（见图12）。这说明在可能的情况下，大多数人遇到犬只侵扰问题的时候都倾向于"大事化小"，这与我们中国人的传统思想观念有一定的关系。

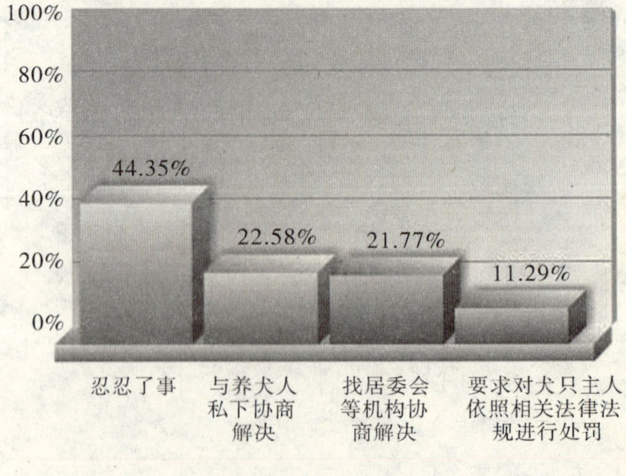

图12

13. **关于养犬管理工作的责任落实**

调查结果显示，59.68%的居民表示养犬管理工作应该综合发挥各个部门单位的作用，把养犬管理工作的责任落到实处（见图13）。

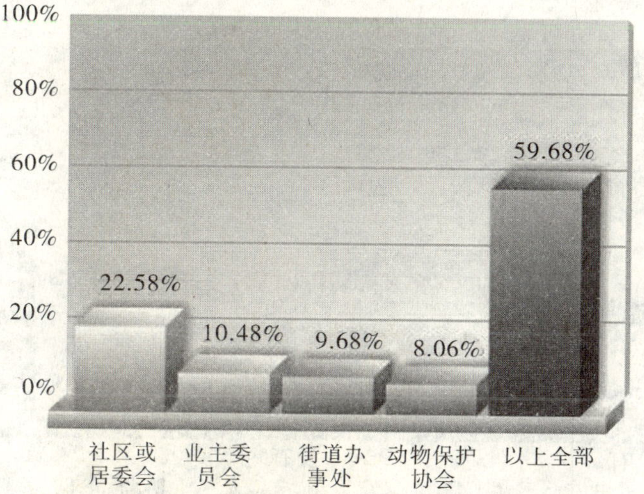

图13

14. **交叉分析**

（1）对第11点投诉途径、第12点居民遇到养犬问题侵扰的反应的交叉分析。

由图14的数据可以看出，对投诉途径不了解的居民在遇到养犬问题侵扰时会倾向于选择“忍忍了事”或者与养犬人私下解决，了解相关投诉途径的居民会根据侵扰问题的严重性适当找有关部门单位投诉，以求得到高效彻底的解决。这说明，居民了解养犬管理工作各部门的具体职能分工还是有必要的，这有助于提高问题解决的效率和质量。

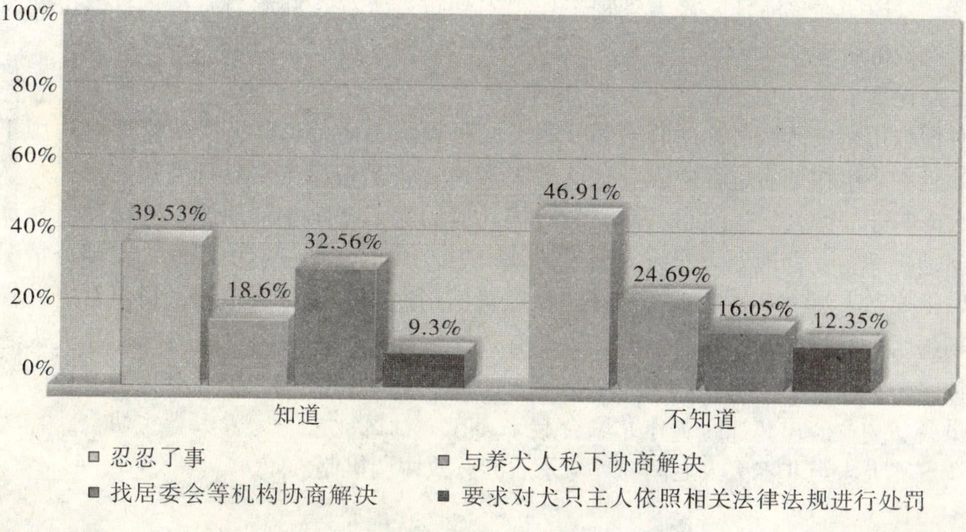

图14

(2) 对第3点对《条例》的宣传、第10点社区内常见养犬现象的交叉分析。

由图15的数据可以看出，有对《条例》进行相关知识宣传的小区不文明养犬的现象相对少发，而没有进行相关养犬规定知识宣传的小区不文明养犬的现象相对多发。这说明对《条例》等规定的宣传在一定程度上会影响居民的文明养犬意识。

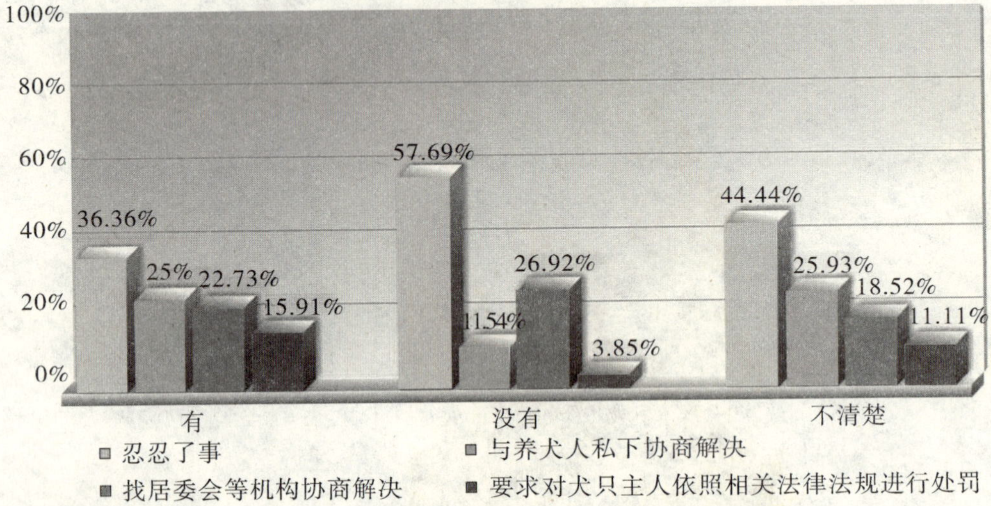

图15

五、调查结论

结论1

深圳市南山区滨海社区的所有犬只中，登记的只有少数，且大部分业主表示不清楚社区工作站或者居住的小区物业是否有对《条例》进行宣传或者公开养犬管理登记事项。这说明在滨海社区养犬管理工作得不到重视，存在漏洞与不足，目前也并没有一个有效的管理模式。

结论2

深圳市南山区滨海社区的大部分养犬居民表示不清楚自己上交的管理费用用于何处，且本小组在调研过程中发现这些养犬居民并不是情愿上交管理费用的。另外，在养犬人与非养犬人发生纠纷、冲突的时候，他们除了找物业管理处并不知道该找谁解决问题，而物业管理处只能派人出来协调双方，并不能真正解决问题，大部分情况下依旧需要私下解决。这反映对于养犬管理费用用途这方面政府工作做得不够，并没能做到透明公开，同时，当前并没有一个有效的协调机制来解决养犬人与非养犬人之间的冲突。在此，本小组在收集了多方资料后认为，可将养犬人、非养犬人、业主管理委员会、物业公司和社区工作站联合起来，在大社区成立一个养犬自主协会，作为一个调解养犬人与非养犬人之间冲突与矛盾的有效协调机制。

结论3

滨海社区在养犬管理工作以及宣传工作上虽然做得并不十分尽责，但滨海社区居民普遍反映周围居住的环境受到犬只的影响并不是很大。在调研过程中，本小组也发现，该社区居民文化程度较高，大部分都是本科及本科以上学历，这在一定程度上也说明养犬管理工作更多的还是要靠养犬人的自律与自觉。

六、网络等媒体对养犬的态度

关于养犬的问题一直都是深深困扰市民的热点问题，针对此问题，网上有许多呼声，有的持反对态度，有的持支持态度，有的保持中立。本小组从网络等媒体资料上找到以下信息，总体表达了市民对养犬不同的观点态度。

罗湖鹏兴花园

大型犬只多　斗殴殃居民

近日，本报接市民投诉，称每到傍晚，罗湖鹏兴花园一期内，不少业主在小区牵狗遛弯，犬只间不时发生斗殴、撕咬事件，导致养狗居民邻里不和，而且高亢的犬吠声还十分扰民。

连日来，记者前往鹏兴花园小区实地调查，发现该小区养狗的居民确实不少，其中不乏金毛、松狮、萨摩耶、牧羊犬、雪橇犬等体形庞大的犬只。虽然大部分犬只都拴有牵狗绳，但均未佩戴口罩，庞大的体形使得不少居民纷纷躲避。

记者在小区采访期间，远处突然传来混乱的狗叫声，只见一只体形庞大的大白狗逃离了主人的束缚，正在追咬一只中型犬。一名瘦弱的中年女子在小区内来回奔跑，多次试图捡起牵狗绳，制服大白狗，但大白狗四处奔跑，与主人兜圈子，不时还欺负中型犬。随后，中型犬的主人恼羞成怒，也在小区内追打大白狗，边打还边骂："你这个畜生！"楼下的混战显然引起了楼内狗狗的兴趣，一时间楼内犬吠声此起彼伏。

"这只大白狗站起来比人还高，狗主人根本追不上，这样的大型犬平时就不应该随意牵出来遛。"王女士称，个别犬只声如洪钟，并且经常在半夜嘶吼，严重扰乱市民生活。

罗湖莲塘北片区

流浪狗乱窜　宠物犬便溺

"本来心情挺好，傍晚去仙湖路上散散步，没想到刚走几步，连踩两摊狗屎。"近日，市民钟先生郁闷地致电报社投诉，称罗湖莲塘北片区流浪狗和宠物狗非常多，而且经常随地便溺。

近日，记者前往罗湖莲塘北片区实地调查，走访了莲塘的坳下社区、鹏兴社区以及多条街道，发现犬只数量确实很多。"最近几年，莲塘的居住人口骤增，养狗的市民越来越多，各色超市、餐馆、菜市场常年吸引着不少流浪狗汇聚于此，就是在人流聚集的岁宝百货、华润万家以及仙湖植物园门口，都能经常看到犬只的身影。"附近居民表示，犬只数量猛增，对环境造成极大影响。

记者在仙湖路上采访时，就见一对中年夫妇带着宠物狗悠闲地散步，走到一半时，没有佩戴狗绳的宠物狗蹲在人行道中央，旁若无人地随意便溺。狗主人见状没有制止，也没有进行清理。

南山高山花园

烈犬扑过来　女童血淋淋

日前，在南山区高山花园小区，一名7岁的女童在楼下玩耍时，被一条近1米高的雪橇犬抓伤腹部。

韩女士告诉记者，事发当晚，她和邻居正在小区的花园内聊天，女儿和几个同龄的孩子在一旁玩耍，突然听到远处传来女儿凄惨的哭叫，跑过去一看，只见女儿脸色苍白倒卧在地，腹部一片鲜血淋漓，几道撕裂的口子皮肉绽开。一旁的孩子告诉韩女士，刚才一个中年男子牵着三条狗从电梯里出来，其中一条大狗冲上来抓伤了韩女士的女儿，男子却未停留，转身带着狗离去。

又急又气的韩女士，在邻居的协助下四处寻找，终于找到了正在小区内散步的狗主，狗主一开始还矢口否认，后得知电梯附近有视频监控，才答应送韩女士的女儿去医院。

韩女士说，小区内恶狗伤人这已经不是第一次，几个月前，一个5岁的小女孩就被一条大狗扑倒在地，幸亏女孩的爸爸在一旁，及时用手中的水瓶将狗赶走。

另一位住户袁先生表示，小区内目前养狗成风，最多的一户人家居然养了5条狗，而且大多都没有办许可证，一到晚上，花园里的狗有时比人还多。

福田皇御苑

半夜狗狂吠　居民难入眠

在福田区的皇御苑小区，养狗的人较多。近日，记者在小区内逛了一大圈，虽然没看到大型狗，但不时可见到一些小狗出没，大多没有牵系狗绳，跟随在主人旁跑前跑后，看到陌生人还不时吠叫几声。记者看到一只白色的哈巴狗，突然跑到一个垃圾箱旁，顿时留下一摊黄色的液体，狗主见了，只是轻声地吆喝了几句，便带着小狗转身离去。

“现在这个时候肯定看不到多少狗，每当夜幕降临，业主们才会陆续出来遛狗，那时候才叫热闹，大多数狗都没有佩束犬链，在家闷了一天的狗，简直就像脱缰的野马，相互追赶咬叫，或是跑到草丛中大小便，臭气熏天。有时晚上睡觉也不得安宁，一只狗突然狂吠，引发一群狗跟着乱叫，经常十几分钟都不停止，让人心烦意乱，难以入眠。”住户刘阿姨气愤地告诉记者。

张小姐在皇御苑已经居住了3年多，平时最害怕就是在电梯里遇到狗，“小区养狗的人太多了，电梯里空间本来就不大，一些狗还喜欢往人身上蹭，有时遇到一些大型犬，露出狰狞的尖牙，看得我脚都发软”。

约束效果差　条例需修改

各方热议完善养犬条例

《深圳市养犬管理条例》实施了5年，时至今日大量不文明养狗的行为却屡禁不绝，是条例不明确，还是监管不到位？是惩罚力度太轻，还是根本无人监管？到底该如何提高养犬市民的文明意识？近日，记者带着诸多疑问，采访了各方人士。

鹏兴花园管理处相关工作人员在接受记者采访时表示，该小区狗只数量的确很多，他们一般会在小区各处贴上告示，劝说狗主人管好他们的狗，遛狗时要拴上绳子，处理好排泄物。有时候管理人员看到有人遛狗不拴绳子，也会上前劝告。但是，如果有狗主人不听劝，他们也没办法。要改善目前的养犬乱象，根本上还是要提高小区居民的文明意识。

无独有偶，龙军花园管理处刘主任在采访中也感慨地说，他们小区有上百只宠物狗，平时最头疼的问题就是处理狗的排泄物，小区管理处不得不聘请很多清洁工，跟在狗后面清理狗粪。

对此，广东深明德律师事务所律师来瑞磊表示，“根据我国法规，饲养的动物造成对他人侵权的，动物饲养人或管理人应当承担侵权责任，协商不成的，可以向法院起诉”。

深圳市人大代表杨勤接受采访时也表示，我市现行的养犬条例过于宽松，处罚金额较低，对狗主的不文明行为惩处轻微，难以达到约束狗主的效果，且不易操作，城管、街道等部门多头管理，反而形成了管理“真空”。国外对宠物扰民或侵害公共利益的处罚严厉细致，值得我们借鉴。从现状来看，养犬条例有些规定已经落后，亟须修改。

市民回音

担心遭狗咬　出门带棍棒

本报报道在市民中引起强烈反响，不少市民纷纷致电本报，历数身边不文明养犬的种种乱象，以及大量流浪狗游走在深圳街头巷角的现状。

家住宝安龙华龙军花园的市民吴先生表示，前晚，其与妻子在小区内散步，此时一条没有拴狗绳的狗突然扑过来，吓得夫妻俩险些跌倒。事发后他们与狗主发生激烈争执，最终导致报警，原本和睦的邻里关系也出现了裂痕。

家住布吉桂芳园小区的一户居民就没有那么幸运了。前晚7点多，该小区沐风居B座楼下，一条宠物狗没拴狗绳，在小区内奔跑，并将一名孩童咬伤。事发后，孩童被家长送往医院打预防针。

家住罗湖银湖金碧苑小区的程女士更是无奈地表示：“就快被小区里的狗折磨成精神病了。”程女士介绍说，金碧苑小区的狗非常多，而狗主人极少对狗的排泄物进行清理，人行道、草地甚至楼梯上都布满了狗粪。每到傍晚，犬吠声不绝于耳，而且主人遛狗时基本不拴狗绳，任凭狗向他人狂吠而不加以制止，如果有人对狗主人加以质疑，反而会遭对方一顿斥骂。程女士无奈地表示，她现在出门时都要带着一根木棍自卫，以防被狗咬伤。

（资料来源：深圳特区报，http://sztqb. sznews. com/html/2011 - 12/01/content_1846561. htm.）

有些大狗的确很吓人，但您也不能片面地看待问题，我们是建设和谐社会而不是暴力社会，关键在于提高全民素质，而不是滥杀无辜，狗是不可能灭绝的，堵不如疏。建议随便领狗大小便的罚款，不打疫苗的罚款。

——网友：市民

北京、上海等地正在进行狗患专项整治，希望我市有关部门迅速采取行动，严厉打击狗患，切实保护大多数市民的利益。

——网友：市民

要养狗得有个地方才行，狗不像花啊草啊，它是需要活动场所的，禁锢了它于心不忍。哪天去乡下了，广大天地的，也考虑养条狗，城市里，这一巴掌的地儿，就算了吧。

——网友：婉婉如此

我不是要反对养狗，这是个人的爱好而已，只不过现在养狗的太扰民了，小区到处是狗屎狗尿，提醒狗主人还要被骂。我所住小区的超市，我见到一个女人带着狗在超市卖菜的地方撒尿，我说她，她还瞪着我。善待动物也要分清主次，前提是不能牺牲他人的利益。需向养狗人士多做宣传，让其遵守城市养狗的规定，自觉为狗打防疫针，自觉清洁狗便，做到不扰民。若能做到文明养狗，相信大家不会反对养狗。

——网友：_ 好好学习_

禁，看怎么禁法，狗是人养的，我觉得相关的政策应该针对人而不是针对狗，狗如果知道咬人不对它就不会去咬了。第一，我觉得养狗人应去相关社区或部门申请和登记；第二，如发生狗咬伤人，我觉得应对养狗人重罚，并让其负法律责任，像禁酒驾一样坚决，那样，养狗人如果知道自家养的狗狗性不好，可能会伤人，他也不敢养了。狗也有可爱温顺的，我看到过杀狗，狗很可怜的。

——网友：知足是福

（资料来源：网上民声，http://a. jiaodong. net/minsheng/ms_detail. asp? info_id=167998.）

从以上资料可见，社区内因为养狗而出现的问题还是普遍存在的，不过大多数市民还是支持有关部门加强对于养狗条规的完善，而不是单纯地禁止养狗，这是治标不治本的方法。我们可以通过设置严格的养狗条规，如严格规定遛狗范围，给狗上户口、打疫苗等，以此来防止有的狗威胁到市民生命安全的情况发生。

七、对深圳养犬管理的建议

1. 对政府及其养犬管理机构的建议

（1）关注民众呼声。出台有关养犬管理条例的政策前要深入调研，了解各方面群众的满意程度和自觉接受程度。开设公众论坛，赋予各种群体代表提交议案的机会。

（2）严格设定进入宠物行业的市场门槛。要求市场上用于交易的犬只必须已经建立电子档案、注射过疫苗并且接受过基本的培训，另外还必须接受公众的监督。

（3）管理费用。公开透明养犬管理费用的收取和使用情况，并且规定只能用在与养犬管理相关的事项中。

（4）明文规定办证的养犬人权利。如政府出资专门设立宠物公园，已办证的爱犬人士可在宠物公园遛狗等。

（5）提高办证率。降低办证费用，减少办证程序，提高办证效率。通过赋予已办证的养犬人士各种权利，鼓励无证的养犬人士及时办证，建立完善的电子档案。

（6）强制要求宠物狗接受培训。要求所有的狗都有正式的“户口”和“学历”。狗狗俱乐部遍布全国各地，应让绝大多数的狗都在这里度过它们的“幼年时代”，即学习与人相处和接受相关的技能训练。

（7）严格要求养犬人士必须履行的义务。不得抛弃宠物狗（转赠需要办理手续），尊重宠物狗的生命，必须让宠物狗接受严格的培训等。

（8）规定严厉的惩罚手段。如果违反养犬管理条例，将面临高额的经济罚款，甚至可能被刑事拘留。

（9）严格管束市场为宠物狗提供的服务和物品。严格把控宠物食品的质量标准，高额惩罚由于市场外部效应导致的卫生、安全等问题，还可提供相关保险等。

（10）更多地授权。让宠物医院、养犬协会、居委会、狗狗俱乐部等非政府组织协助管理，如对流浪犬集中收养、注射疫苗、做绝育手术等。

2. 对养犬人士的建议

（1）仔细研读《养犬管理条例》。明确养犬是出于情感的需要而不是跟风，根据自身情况衡量在享受权利的同时是否能够承担起必须履行的义务。

（2）提高自身对宠物狗的基本认识。通过政府的宣传了解或是向非政府组织咨询。

（3）文明养犬靠自律。在公共场合给宠物狗戴上口罩、套上狗绳，及时清理狗的粪便等。

参考文献

［1］肖雄鹏，杨明铭，李至一. 养狗人，请管好自家的狗狗. 深圳特区报，2011－12－01.

［2］关于居民养狗的问题. http://a.jiaodong.net/minsheng/ms_detail.asp? info_id=167998.

［3］深圳市第四届人民代表大会常务委员会. 深圳市养犬管理条例.

关于深圳市社会工作人才流失问题的调研报告

詹　倩　黄业锋　赖锦海　黄成超　马博伦
（管理学院管理科学系）
指导老师　张　蕾

【摘　要】1992年12月，深圳市成立社会工作者协会，开始关注、思考和探索社会工作。至此，深圳社会工作已初步形成了具有本土特色的社会工作模式。然而，在“1+7”文件发布和“社工+义工”联动模式开启等取得重要发展的同时，也出现了一些问题，导致深圳社会工作人才流失较严重。本次调研采用调查法、文献法以及实地考察法等对此进行研究，并最终形成对有关社工机构及政府部门的建议。

【关键词】深圳市　社会工作　工资　流失率　专业化　转型　社区

一、导致深圳市社会工作人才流失的相关问题

（一）工资拖欠

社工工资的发放普遍存在拖欠行为。在百度进行高级搜索，竟有34 200个带有“社工工资拖欠”关键字的网址，令人唏嘘不已。如2012年3月2日《人民日报》的新闻《深圳社工基本工资有望提高》中就这样写道：“截至今年2月28日，市区两级财政和福彩公益金资助的岗位、项目和社区服务中心，应到账而未到账款项总额为1 218.47万元，共涉及27家社工机构。相关负责人表示，深圳民政局已经向深圳市政府提交报告，解决深圳社工欠薪问题。不过，多名业内人士指出，目前欠薪的最主要原因是政府未按时履约、严肃执行与社工机构签订的服务购买合同。”深圳社工协会相关负责人表示：“这意味着平均每家机构未到账45万元。这1 218.47万元中，因评估原因未到位款项是233.887万元。”深圳有50余家社工机构，这意味着超过一半的社工机构没及时拿到购买服务费。

（二）专业水平低

社会工作在发达国家已有上百年历史，并且是家喻户晓的成熟职业，而在我国的发展则明显滞后，特别是在内地，社会工作人才总量严重不足。从社工占总人口的比例来看，美国、瑞士为2%，日本为5%，加拿大为2.2%，我国香港地区仅注册的社工就达1.7%，而据深圳市社工机构统计的专业社工只有1 800余名。虽然深圳市社会工作人才的专业化、职业化已经有4年历史，但员工普遍对政策了解不足，根据小组统计数据分析，约有83.5%的社工对社工行业的政策法规不熟悉。可见社工人才队伍专业化、职业化的完善和加强还需要一个过程。

（三）待遇低

据有关部门介绍，由于社工未被纳入专业技术人员职称系列，待遇无法落实，造成福利中心目前大量社工专业人员的待遇都是按照行政职位、职级在操作，致使其不能安心工作，很难留住社工人才。专家建议，应制定社工职业薪酬标准，改善社工人才的收入、福利待遇，建立社会工作者专业技术职称系列，为社工人才的职业发展提供足够空间。

（四）培训体系不健全

大多数社工服务机构只通过社工协会组织培训，机构自身没有培训体系。深圳市50余家社工服务机构1 800余名专业社工的岗前培训和继续教育主要都由社工协会所组织。由于在资金、经验以及培训专业体系建立等方面存在困难，故很少机构有自己的培训体系，也没有能力自己举办社工培训。

（五）政府对社工支持力度不够

广东省省委十届九次全会审议通过了《中共广东省委、广东省人民政府关于加强社会建设的决定》，文中提到，广东将大力培养社会工作者，5年后要达千万人。政府将会下放部分的权力：第一，政府能下放的都要下放。第二，从过去的“万能政府”转变成“有限政府”，关键是要做好服务。第三，通过“让渡”实现权力下放，本来是政府管的，按照法定的程序让渡给社会组织进行管理。第四，通过购买服务发挥社会组织作用。第五，培养培训社会人员和义务志愿人员，发挥他们的作用管理社会，鼓励大专院校招生时设置相关专业，让更多人才踊跃地投身到社会组织中来。

但政策的落实是一个问题，现在参与社会工作的人还是太少，深圳市相对多些，也才约25万人。相对一个上千万人口的城市来说，这仍是不够的。我们有理由担心5年内要如何培养1 000万人参与社会工作的问题。

（六）宣传渠道不多，网络渠道利用不够

在社会工作中，如果社工表示将免费为服务对象解决家庭纠纷或者提供生活帮助，对方第一反应往往是质疑，甚至会认为社工另有所图，从而不敢接受服务。这其实是因为国内民众普遍对社工的了解不足。

社工不像义工那样被广泛认知，在深圳，义工已经做到了人人皆知、大家称赞。通过对丛飞事迹的宣传，全国人民都对义工有了非常良好的印象。但社工则不同，由于没有明星人物的宣传，其宣传工作显得软弱无力。

另外，社工的宣传历来过于注重传统渠道，而对新渠道如微博等表现得不够重视。例如，@深圳市社联社工服务中心（新浪官方微博）粉丝仅1 480人，仅发布754条微博；而对比@深圳义工花姐姐（个人微博），其5 048的粉丝数，大大超越了社工微博的活跃度。又如深圳社工协会社工论坛，新会员可以注册，但明显无人浏览，且只有三个板块，每个板块只有零星几个帖子，发布人为一些机构和院校，零星的几个回复也是来自他们的工作人员。

（七）现代媒体过于商业化，对社工的公益宣传不够

媒体的商业化本身无可厚非，但我国的公益广告不仅与发达国家相比尚有很大距

离，甚至离广电总局规定的公益广告不得少于广告播出总量 3% 的要求也有不小距离，且质量堪忧，让人印象深刻的公益广告寥若晨星。

好的公益广告能打动人的心灵，甚至改变人的价值观念和生活方式，给社会带来正能量。但公益广告在我国却步履维艰，其主要原因就是缺乏有效的机制。出于广告收入考虑，有些电视台不愿腾出好时段来播放公益广告，公益广告只是作为硬性指标被投放到无人关注的时段，大大降低了社会关注度；有的电视台为了省钱，制作和播出最简单粗糙的标语口号作为公益广告，使传播效果大打折扣。

而社工这类为人免费服务的人群，如果没有宣传的帮助，就很难被普通百姓理解，也很难开展工作。

（八）培训太费时，且对工作没有实际的帮助

社工机构一般对不同岗位的员工设立了培训的最低时限要求，但培训往往放在周末，影响了社工的正常休息。

另外，社工工作除了需要专业知识，更需要从业的热情和爱心，而社工培训主要针对专业知识，对社工爱心的培养没有帮助，也没有专门的课程帮助社工舒缓心境，而这才是社工工作能保证质量的核心要素。

（九）晋升空间较小，晋升过程不够清晰

以广东省社工委为例，其既是省委的工作机构，又是省政府的工作机构。省编办核定省社工委行政编制 18 名，其中主任 1 名（由省委专职副书记兼任），副主任 6 名（其中 3 名副主任分别由省委、省政府分管政法、信访和民政工作的省领导同志兼任；另外 3 名为专职副主任，其中 1 名为正厅级、2 名为副厅级）。

省社工委实行委员制，由省委组织部、省委宣传部等单位作为成员单位，派出委员。省社工委建立决策、执行既相对分离又相互协调的社会工作运行机制，负责研究和统筹处理社会工作中的重大问题，成员单位按照委员会的决策和部门职责分工做好贯彻落实工作。

正是这种工作方式，使得省里对社工的管理混乱，多个部门共同管理，但实际出了问题就陷入部门之间“踢皮球”的窘境。而且由于这种多部委联合的行为，使得社工变成游离在正式体制外的“后娘养的孩子”，没有一个明确的晋升空间，最多只能到达基层的领导岗位，或者开始为其他社工进行培训，而更高的岗位总是由各部委的派出人员担任。

（十）专业考核证书获取难，且与现实工作脱节

目前，深圳市内几所院校都设置了社工专业，但由于市内专业社工机构较少，社会工作相关实务部门对社工的认可度低，尚未建立起较完善的社工督导制度等，社工实务训练有限，难以将所学理论知识应用于实践。

社工专业考核证书往往为地方设置，局限性大，且没有实践的考核，往往和死记硬背相结合，就算证书考试考过了，实用价值也不大。

（十一）原属事业单位的老员工转型困难

各地都有相当庞大的事业单位系统，保障了如老人院、孤儿院、救济所、心理工

作站等机构的运作，深圳也不例外。现在社工体系的建立，就是把部分人员从部分事业单位的结构中剥离出来。然而，尽管这些员工对社工的具体工作了解细致，但他们年龄普遍较大，学习新鲜事物能力弱，往往无法通过对于年轻人来说较为容易的社工资格考试，成了有能力没资格的“双面人”。

二、深圳市社会工作人才流失的原因分析

近几年，深圳市社工上岗人数剧增，从首批社工上岗那一刻起，就非常注重专业化和职业化。社工入门把关很严，除了小部分应届毕业生尚未领取“社工上岗证”之外，其余都是持证上岗。但是，这支逐渐壮大且顺应社会发展方向的队伍存在着许多如上所述的问题，这些都是导致社工人才流失直接或间接的因素，究其原因如下：

（1）社会工作者职业准入条件高，且岗位设置、职级以及薪酬待遇规定划分严格。

深圳社会工作职业化的一个体现是职业准入条件。从2008年全国开始社会工作者职业资格考试以后，深圳即原则上要求从业社工必须通过全国社工资格考试，并把这一条件在购买合同上清楚写出。2009年6月27日，深圳市社会工作者协会第三届会员代表大会审议通过了《深圳市社会工作者登记和注册管理办法（草案）》及《深圳市社会工作者守则》。深圳社会工作职业化的另一体现是对社工岗位的设置、社工职级的设置以及社工薪资待遇的规定。为了保障社会工作者的地位和待遇，《深圳市关于加强社会工作人才队伍建设推进社会工作发展的意见》指出，要以体现专业人才价值为导向，建立健全多层次、全方位的社会工作人才薪酬保障机制。

（2）社会工作者人才技术职位与薪酬匹配要求严格。

《深圳市社会工作人才专业技术职位设置及薪酬待遇方案（试行）》对社工的地位及薪酬标准进行了明确的说明：“（一）党政机关、参照公务员管理的事业单位以及财政核拨事业单位和人民团体在编的社会工作专业人员薪酬按机关事业单位有关工资政策执行。（二）社会公益性民间组织内从事社会工作的专业技术人员薪酬与其他福利待遇由签约机构按拟聘用人员学历、资历、工作任务和工作能力执行岗位薪酬协议合同制。”

（3）社会公益性民间组织工作的社会工作者薪酬考核标准与在公务员岗位的社会工作者差异化。

在公务员岗位及参照公务员管理的岗位从事社会工作的社会工作人才，获得相应职级的公务员薪酬；社会工作者受聘岗位为事业编制，应执行专业技术人员工资标准；在社会公益性民间组织工作的社会工作者，要采取学历、资历、资格、业绩、岗位等多种指标相结合的方式，按照以岗定薪、以绩定奖、按劳取酬的原则，保证其薪酬不低于同等条件专业技术人员薪酬水平。

深圳市2007年社会工作类专业技术人员薪酬指导价位表

专业技术职位名称		平均薪酬数（元/月）
中级	七级社工师	5 230
	八级社工师	4 930
	九级社工师	4 510
助理级	十级助理社工师	3 960
	十一级助理社工师	3 720
士级	社工士	3 330
见习期	专科毕业	3 190
	本科毕业	3 660
	双学士、研究生班毕业（无硕士学位）	3 890
	硕士研究生	4 320
	博士研究生	4 920

（4）各民间机构为社工提供的薪酬标准和福利待遇存在一定的差异，即使有规范的政府指导文件，也并未实现完全规范化。

（5）对社工机构的监管工作在职责划分上不够明确，实际监管不到位。

监管涉及两个方面，一是由谁监管，二是监管谁（即监管对象）；前者是指监管主体，后者是指监管客体。监管客体包括社工机构及社工。监管主体包括市民政局社工办、市社工协会、区民政局及其他相关的用人单位。社工机构也同时是社工的监管主体。

具体来说，对社工的监管主体比较多。首先是社工机构。社工的招聘、培训岗位安排及管理都由社工机构负责。其次是社工协会。社工协会作为社会工作的行业组织，从理论上承担着社工的注册登记和培训监管等职能。但从目前情况来看，社工协会对社工的监管职能几乎没有发挥，协会在很大程度上是在做民政局社工处交办的工作，只是有所侧重。再次是用人单位。根据社工与用人单位签订的服务协议，用人单位需要尽量为社工提供办公条件，同时负责对社工进行业务指导和工作监管。

对于社工机构，监管主体首先是负责其注册登记的民间组织登记管理机关，其次是民政局社工处及社工协会。民间组织登记管理机关主要从程序上检查、审核社工机构，比如说，组织程序是否合法，所从事的服务是否与章程上的一致，等等。民政局社工处与社工协会目前对社工机构的监管工作在职责划分上还不够明确，实际监管还不是非常到位。目前的监管主要是集中在政府购买的程序运作、全市性的社工活动、社工机构的评估等。

（6）实行岗位购买时，用人单位介入社工机构的人事安排，造成社工机构的困扰和影响社工服务的质量。

用人单位可能会将其雇员或关系人推荐给社工机构。如果社工机构不接受，会影响用人单位与机构的关系，甚至中止购买；如果机构接受了，又会影响社工服务的质量及社工专业化的发展。在全国社工职业资格考试以后，这个问题可能会更加突出。从理论上说，通过了全国社工职业资格考试就意味着具备了社工从业资格。然而，从近年来的全国社工职业资格考试（特别是初级）来看，考试内容与专业实践有很大的差距，考试成绩并不能很好地反映专业素质和能力，一部分非社工专业的工作人员，包括一些高中甚至初中毕业的人，也能够顺利通过考试。由于上文提到的用人单位或其他因素的影响，一批学历较低（如大专甚至初中）但通过了全国社工职业资格考试的非社工专业人员将陆续进入深圳社工队伍。这可能造成的后果是：①社工队伍素质下降，专业化程度降低；②专业服务水平下降；③社会工作的地位降低；④社工专业应届毕业生做不了社工（因为他们一般毕业后才报考社工职业资格考试）。

（7）岗位的不确定性比较强，且服务于该岗位的机构和社工也有可能经常变动。

社会服务项目通常是针对有需要的弱势人群，如老年人、青少年、残疾人、贫困人群，以及提供婚姻家庭服务等。这些方面的服务一般需要具有连续性。如果建立社区/家庭综合服务中心，并以项目的形式打包购买，就可以为上述人群提供持续的服务。同一个机构长期服务于同一个项目，服务机构及社工就会对社区的情况非常了解，并且已经掌握了很多社区资源；同时，社区居民也比较熟悉服务机构及社工，这样有利于服务的开展和管理。

（8）社会工作者自身的问题。

深圳的大多数社工都热爱社会工作，工作富有热情，但由于国内社工教育与世界发达国家和地区还存在很大差距，高校社工专业毕业生在社工理论和方法掌握等方面都有很大的不足。深圳社工绝大多数都是毕业不久甚至是即将毕业的学生，他们在许多方面都存在问题：

第一，少数社工在价值理念及其对社工的热爱方面存在不足。部分学生仅仅是把社工当作一份暂时性工作，当找到发展前景更好或收入更好的工作时，他们会选择离开。目前深圳社工的流失率为3% ~5%。

第二，社工的实务能力非常欠缺。

第三，社工对国内社会制度和社会政策，特别是特定人群以及所在地区的社会政策缺乏了解，普遍缺乏整合社会资源、掌握帮助服务对象的政策方面的知识和能力。

第四，社工生活阅历欠缺，沟通协调能力不足，工作缺乏主动性和创造性，在面对困难的情境时很难打开局面。

第五，社工学生男少女多，而且愿意做社工的也是男少女多，因此，社工队伍中出现严重的性别失衡。这给招聘及岗位安排带来一些困难。由于一些岗位更适合于男生，一些用人单位甚至直接要求男生。

（9）政府拨款程序存在漏洞，造成拖欠社会工作者工资现象。

早在2007年，深圳就出台了促进社会工作发展的“1+7”文件，明确规定了社工的级别及工资，但因财政支付体系问题，社工欠薪已成常态。一些社工每年都有几个月被欠薪，那些能发一半薪水的机构也是机构自己垫付的，政府的钱不能及时到位。

（10）考核制度不公正，晋升机会渺茫。

最打击社工积极性的还是考核制度和晋升机制。一位早年从事心理咨询行业，后转行做社工的刘先生分析："社工都是被机构派驻到各单位上班的，出勤率好统计，可考核工作质量就比较难。如无有效的考核，晋级难以落实。"他还听说个别机构有刚做了一年多的社工就直接晋升督导了。他觉得："社工是一个特别讲究实务（实践）的工作，香港许多优秀督导都是做一线社工10年以上的。"

（11）深圳社工因机构、业界未能提供事业发展的机会和空间，也未能为他们创造有潜力的行业生态，出现了心理不平衡，无工作满足感和动力，投入感不强，以致只能退而求其次，追求薪酬待遇。

（12）政府对社会工作服务机构投入不足，宣传力度不够，使得社工工作的社会认可度不高。

（13）社会观念现实，社会发展趋于严重商业化，社工人才匮乏。

三、总结与建议

首先，针对社工工资拖欠以及流失率高的问题，我们认为，把社工公务员化是一个有效措施，因为在社工高度发达的香港也是采取这个措施的。香港社会工作人员数量多，素质较高。香港总人口约700多万，社工人员就有16 000多人，社工占比与西欧、北欧及北美诸国不相上下。在香港，社工是由香港政府雇佣的，他们享有香港公务员文官的同等待遇。由此可见，公务员化有利于社工群体的壮大，降低人才流失率。但是，针对深圳目前社工发展的程度，贸然公务员化也是不妥的。一来，突然公务员化会使从事社工的人骤增，质量也会良莠不齐。二来，政府不一定能在短时间内进行拨款。所以，可以先在名义上公务员化，工资还是维持现状，然后再一步一步提升，但是在其他方面要尽量与公务员看齐。

对于社工工资的拖欠问题，我们建议政府可以向银行申请短期贷款，或者发行短期债券，务必先把工资补齐了，等以后财政压力小了再进行还款。另外，可以成立专业的基金会，专门补助社工，避免工资拖欠。

如果社工公务员化，那么必定会吸引大批人投入社工的行业，使得原本专业整体水平就不高的现状进一步恶化。所以在公务员化的同时还要提高社工的准入门槛，学习香港建立社工等级制度。香港的社工有一套完整的等级制度，他们大致分为8个等级（层次），即社会福利员、高级社会福利员、社会工作助理、高级社会工作助理、助理社会工作主任、社会工作主任、总社会工作主任、首席社会工作主任。其中，首席社会工作主任、总社会工作主任、社会工作主任为高级职务，助理社会工作主任、高级社会工作助理为中级职务，社会工作助理、高级社会福利员、社会福利员为低级职务。根据我们的调查，现在工龄长与工龄短的社工的工资都是相差不多的，这极大地挫伤了社工的积极性，也造成了人才的流失。效仿香港建立社工等级制度有利于提升整体的专业化程度。

除了通过设置资格认证、等级制度之外，还可以通过鼓励社工专业的毕业大学生从事社工行业来提高社工群体的专业化水平。我们可以通过让社工专业的本科生在毕业时自动获取社工资格证以及直接成为社会工作助理（8个等级中的第3级）的形式来提高他们从事社工行业的积极性。

在调查中我们发现，社工的培训量是很少的，这与“十一五”社工规划中的指导有很大的出入。鉴于深圳的社工并没有发展到很大的规模，也难以建立起自己的培训体系，所以我们认为可以将社工的培训业务外包，请外面专业的公司来对社工进行针对性的培训。另外，我们可以多与香港的社工进行经验交流，多组织社工去香港参观学习，这也是非常有效的培训方式。

我们还发现，深圳的义工是发展得很好的，基本每个人都了解义工，可是大家对于社工却知之甚少，这也让从事社工的人觉得自己不被社会重视，地位不高，从而挫伤他们的积极性。社工不被大家了解，很大程度上是宣传做得不好，深圳义工的广告宣传在各种媒体中都可以看到，反而是社工的公益广告少之又少。政府现在完全可以把花在义工的宣传费用转投到社工行业上去，义工现在已经不需要更多的宣传了。另外，在香港，很多电影的题材都是跟社工有关的，如《何必有我》、《天水围的日与夜》等。深圳也可以投资一些社工题材的电影，宣传社工对社会发展的积极作用。

最后，社工的心理问题也值得大家关注。虽然社工是以助人为本职工作，但是由于上述的众多因素，社工的工作压力一直很大。我们通过调查发现，许多受访的社工都有一定程度的心理焦虑。所以如果机构能组织一些心理专家充当义工，专门为社工服务，并在每个机构都成立心理诊室，这样就可以在一定程度上缓解他们的压力了。

参考文献

[1] 余智晟．深圳社工先行先试路线图．北京：中国社会出版社，2011.

[2] 谢建社，何大进．中国社会工作创新与管理．广州：广东人民出版社，2012.

[3] 严书翔．深圳社会工作实务．北京：中国社会出版社，2010.

[4] 刘润华．深圳社会工作研究．http://wenku.baidu.com/view/fe45ef14cc7931b765 ce1547.html.

[5] 黄建宏．社会工作人才建设的过程思考．http://wenku.baidu.com/view/026b66270722192e4536f678.html.

[6] 董秀．深圳市“社工＋义工”联动参与社区治理的思考．http://wenku.baidu.com/view/3fcc5adc5022aaea998f0f79.html.

[7] 易松国．深圳社工职业化进程及问题和建议．http://www.hnshx.com/Article_Show.asp? ArticleID＝6872&ArticlePage＝1.